本书是国家社会科学基金青年项目 "罗素哲学与中国近现代哲学的关系研究"（22CZX038）和教育部人文社会科学研究青年基金项目 "罗素哲学在近现代中国的接受研究"（21YJC720003）的阶段性成果。

实在主义
知识论的转化

罗素哲学对中国近现代哲学的影响

黄兆慧——著

上海人民出版社

序 言

顾红亮

　　20世纪初，杜威和罗素等西方思想家相继来华访问，掀起一股西学东渐的热潮，激发本土思想家的学习和创作热情。在中国近现代史上，"西方思想家在中国"成为一个著名的文化现象和学术事件。深入分析这一独特的文化现象成为当代世界性的学术课题。黄兆慧博士这部著作所触及的话题就属于这一领域。该著作聚焦罗素来华这一哲学史事件进行剖析，从一个侧面呈现"西方思想家在中国"的学术面貌。

　　黄兆慧博士的这部著作是在博士论文的基础上修改而成的，我作为其博士论文的指导老师，有幸成为第一批读者，对其印象深刻。今天，博士论文最终修改成为专题性著作，可喜可贺。

　　从方法论上，该著作有两个特点，值得关注。

　　第一，具有聚焦化思维。学术著作的选题一般有明确的问题导向，力图解决某个具体领域的学术问题。如果作者的思维不聚焦，所要研究的问题的边界就会模糊不清，得出的结论也可能似是而非。西方思想家来中国讲学，应当时中国学者的要求作了很多场演讲，这些演讲主题比较广泛，涉及社会改造、哲学思想、教育体制、文明互鉴等话题。如果缺乏聚焦化思维方式，很可能使"西方思想家在中国"的研究碎片化。黄兆慧博士的这部著作具有清晰的问题意识，层层聚焦。该著作研究"罗素在中国"这一颇具历史意义的文化事件。它没有对"罗素在中国"的现象进行全面研究，而是聚焦到"罗素的知识论在中国"的话题。它也没有对罗素知识论展开全方位研究，而是聚焦到罗素、金岳霖、张岱年等三位哲学家的知识论体系构建的主题。该著作的作者运用聚焦化的思维方式，让研究选题一步步聚焦，把"罗素在中国"的研究主题聚焦到知识论，把研究人物聚焦到三位哲学家，不仅把研究对象的范围界定清楚，而且把研究话题的内涵辨析准确。

第二，具有中国化视角。研究西方思想家与中国近现代哲学的关系，通常有几个研究角度。一个角度侧重研究西方思想家对中国近现代哲学产生怎么样的影响，在哪些中国哲学家的努力下，西方思想得到了什么样的传播。这个研究进路可简称为影响化进路。另一个角度侧重研究中国近现代哲学家在中国现实和历史的背景下如何消化吸收西方思想家的理论，进而在中西方思想的基础上推陈出新。这个研究进路可简称为中国化进路。这两个进路不能截然割裂，但各有侧重。黄兆慧博士的这部著作虽然有较多篇幅谈及罗素哲学对中国近现代哲学的影响，但是，较为侧重于中国化的研究视角，呈现罗素的实在主义知识论如何被中国式转化了，即如何被中国化了。它论述金岳霖和张岱年怎样在吸收罗素知识论哲学的基础上尝试构建起中国式的知识论体系。论述的重点不仅仅在于罗素哲学如何影响中国，而且在于一些中国的哲学家如何主动扬弃、如何中国化罗素哲学。这部著作的标题是"实在主义知识论的转化"，在一定程度上，可以解读为"实在主义知识论的中国化"。

如何更深入地研究"西方思想家在中国"的话题，是中国近现代哲学史上的重要课题。黄兆慧博士的这部著作为我们提供了一个有效的案例，作出了一些有益的探索。作为脱胎于博士论文的学术著作，不免有这样那样有待于进一步扩展之处。比如，金岳霖和张岱年的知识论体系的形成，除了消化罗素哲学的养料外，是否还吸收其他哲学家的思想养分，是否还与其他的哲学流派进行对话互动，这些养料和养分的作用机制和对话机制是如何起作用的，都值得深入探究。

多年前，我做过"杜威在中国"的课题研究，编辑过杜威论述中国的文献，整理过"杜威在中国"的学谱，分析过杜威实用主义被误读和被儒化的状况,对于杜威、罗素等"西方思想家在中国"的文化现象的研究有一些体会。这里借作序的机会,谈两点粗浅的认识。

第一,持续推进哲学史的数据挖掘和哲学思辨的结合。杜威、罗素等西方哲学家来华访问是中国近现代哲学史上的知名事件。研究这样的哲学史事件既需要哲学理论的思辨批判,也需要档案文献数据的获取和分析。随着时间的流逝,搜集和挖掘这些历史事件的文献资料的难度越来越大。缺乏精准的哲学史的史实,很难勾勒西方思想家访华的面貌,很难科学分析西方思想如何进入近现代中国语境、怎样影响中国知识界和思想界。今天,运用数字技术,多渠道、多方位搜集抓取素材成为有效的研究工具,是"西方思想家在中国"课题研究的重要环节。

第二,持续推进西方思想家影响中国和中国影响西方思想家的双向研究。西方思想家来华访问一段时间,既以其异域的思想魅力影响中国思想界,是中国思想的"老师",也在与中国知识分子的交流中受到中国思想文化的熏陶,是中国思想的"学生",两者交互作用。在今天的学术界,做双向研究势在必行,既要分析西方思想家施与中国的影响,也要分析中国施与西方思想家的影响。

期待黄兆慧博士的这部新著激起大家对于"西方思想家在中国"课题研究的兴趣。

2024 年 7 月 7 日
上海丽娃河畔

目 录

前　言

　　罗素哲学对中国近现代哲学产生过何种程度的影响？自 20 世纪 90 年代开始，学术界对此问题就进行过较多讨论，而一种代表性的观点认为罗素"没有成为影响中国近现代历史进程的关键思想家"。这种看法能否成立是值得讨论的。从中国近现代哲学的发展历程而言，罗素哲学对中国近现代哲学的影响表现在历史观、知识论、逻辑和方法论等诸多方面，这构成了中国近现代哲学变革过程中的一个环节。本书以"实在主义知识论的转化"为主题，从知识论方面回答罗素哲学对中国近现代哲学产生的影响。

　　实在主义知识论的转化，具体表现为金岳霖和张岱年通过批判地继承罗素的实在主义知识论，进而构建各自知识论体系的过程。在构建各自知识论体系的过程中，金岳霖和张岱年都使用了罗素的逻辑分析方法。金岳霖在《知识论》的开篇，运用逻辑分析方法对西方哲学史上的"唯主"出发方式进行批评，并继承新实在论超越唯物和唯心的实在主义传统，提出了实在主义知识论；张岱年对知识论中的诸多概念进行逻辑分析，并结合唯物辩证法，逐步构造起具有辩证唯物论因素的实在主义知识论。受罗素哲学的影响，逻辑分析方法成为金岳霖和张岱年研究知识论的基本方法。

　　在感觉论、概念论、真理观等知识论的核心问题上，金岳霖和张岱年接续罗素哲学展开讨论。在感觉论上，罗素从实在主义角度，提出感觉是人们通向外在世界的桥梁，对外在世界知识的考察是从感觉经验开始的，而构成知识的最基本原料是"感觉材料"。金岳霖对罗素的"感觉材料"进行了详细批评，认为"感觉材料"只是主观性的，这并不能为知识提供坚实的客观基础，所以他提出了"所与"理论，"所与"将内容和对象融于一身，而这能够保证知识的客观性。张岱年用"感相"代替了罗素的

"感觉材料"，并结合中国传统哲学中的能知、所知对"感相"及其关系进行解释，通过对"感相"的分析获得关于外物的知识。在概念论上，罗素借助摹状词理论使特殊的经验知识过渡到普遍的必然知识。金岳霖吸收了罗素的摹状词理论，但他认为获得普遍的必然知识不仅仅需要摹状，同时也需要规律，他通过概念对所与的摹状与规律，使知识超越具体的、特殊的层面达到普遍的、必然的层面。张岱年一方面继承罗素的共相理论，另一方面又吸收辩证唯物论，提出"共同意谓"说，他认为外在世界有其固有的条理与规律（共相），"共同意谓"（概念范畴）就是对普遍的条理与规律的反映、摹写，而这个过程是通过实践作用实现的。在真理观上，罗素对真理的看法发生过多次转变，但他的基本主张未脱离真理符合论的立场，即真理就是信念（命题）符合于事实。金岳霖在真理观上也持符合论立场，但他批评了罗素所代表的照相式真理符合论，提倡地图式或目录式的"一一相应"的真理符合论。张岱年在真理观上融合了辩证唯物论与新实在论，坚持摹写或反映的真理符合论，他主张真理就是命题符合于感觉经验（事实），但真理仍然需要经过实践的检验。

总体而言，本书论述金岳霖和张岱年是如何在批判地继承罗素哲学基础上构建知识论体系的，由此呈现出罗素实在主义的知识论对中国近现代哲学中知识论的影响，从而展现近代以来中西哲学会通的一个侧面和场景。

第一章

罗素哲学在中国

中国近现代哲学中知识论[①]问题的兴起，与西方哲学的传入紧密相连。包括张东荪、金岳霖、贺麟、张岱年等在内的中国近现代哲学家都专门研究过知识论问题，并完成了有关知识论的著作。而他们研究知识论的问题意识，基本是在西方知识论的刺激下产生的。在西方诸多学派的知识论中，罗素的实在主义[②]知识论对中国近现代哲学的知识论具有较为深远的影响，这种影响主要体现在金岳霖和张岱年那里。揭示金岳霖、张岱年是如何吸收和转化罗素实在主义知识论，从而形成自身知识论体系，就是本书的主旨。一旦这一主旨得以揭示，那就说明罗素哲学对中国近现代哲学的影响并非无足轻重，而是中国近现代哲学变革过程中的一个重要环节。

在第一章中，我们的首要任务便是提出问题及提供解决问题的思路。这里先从罗素哲学为什么会对中国近现代哲学产生影响开始，讨论罗素哲学与中国近现代哲学的古今中西之争的关系，进而将罗素哲学对中国近现代哲学的影响聚焦在知识论问题上。为了回答罗素在中国近现代知识论中的影响，我们以深受罗素哲学影响的金岳霖和张岱年为例，依次对知识论的几个问题展开论述，来说明他们是如何将罗素的实在主义知识论进行转化的。当然，我们的问题意识并非凭空而来，前人对此已经做了较多工作，我们必须立足于既有成果，才能继续推进和深化本书的研究。因此，我们需要总结以往的研究成果。另外，我们将罗素哲学对中国近现代哲学的影响聚焦在知识论上，但不能忽视罗素哲学是作为新实在论思潮的一部

[①]　知识论与认识论在本书中不作区分。虽然有不少西方学者对知识论和认识论的含义作过明确区分，但在中国近现代哲学中，对知识论和认识论的使用没有太大区别，如张东荪使用"认识论"，金岳霖和张岱年在1949年之前多使用"知识论"，此后则多用"认识论"。故本书在知识论和认识论的使用上并不作区别。

[②]　在本书中，实在主义与新实在论指同一含义，不作区分。学界通常使用"新实在论"说明罗素哲学，但"新实在论"仍然属于实在主义的哲学范畴，所以称罗素哲学为实在主义是没有问题的。而金岳霖在《知识论》中明确指出他的知识论是立足于实在主义的，罗素的"新实在论"与金岳霖的"实在主义"是在同一意义上使用的。因此，为了行文一致，我们这里接续金岳霖的提法，以"实在主义"来贯彻罗素、金岳霖和张岱年的知识论。当然，在某些章节，为了与流行论述相衔接，我们同样使用"新实在论"的提法。无论如何，实在主义与新实在论在本书中意义相同。

分被引入和介绍到中国的。所以在本章中，我们同时需要对新实在论思潮东渐的过程作一些梳理，以此为理解金岳霖、张岱年对罗素实在主义知识论的转化提供参考背景。

第一节　罗素哲学与中国近现代哲学的古今中西之争

1920 年罗素访华，成为当时中国思想界热议的话题。当时中国知识分子竞相传阅、翻译和讨论罗素的著作，各地报纸杂志争相报道罗素的新闻、介绍罗素的思想。罗素在中国将近一年的访问及其相关的主旨演讲，使新文化运动时期中西之间产生了为数不多的直接的思想碰撞；同时也使新文化运动中持有不同主张的中国知识分子进行了多次思想交锋与论辩。中国知识分子为什么要重视罗素？其中最主要原因就是希望从罗素那里获得关于"中国向何处去"这个时代中心问题的答案。而中国知识分子为什么相信罗素能够为此问题提供解决思路？这可从两方面作答：其一，罗素哲学本身的价值；其二，能够满足当时中国学术界面临的迫切需要。在第一个方面，罗素是公认的现代西方著名哲学家，他被称为西方最后一批百科全书式的学者之一，其哲学涵盖的范围广，涉及本体论、认识论、伦理学、逻辑学、数理哲学、政治哲学等。作为享誉世界的哲学家，罗素在当时中国的报纸杂志的报道中备受推崇，如《申报》称罗素为"近代全球四大哲学家之一"[1]，《东方杂志》刊登张申府介绍罗素的文章，称他为"现代世界至极伟大的数理哲学家"[2]，等等。所以当罗素访华消息传开后，持有不同主张的知识分子（无论是保守主义者还是激进主义者）都满怀期待罗素的到来，希望援引罗素的思想来为自己的理念辩护。在第二个方面，中

---

[1]　《大哲学家罗素将来北大讲学》，《申报》1920 年 7 月 11 日。
[2]　张崧年（张申府）：《志罗素》，《东方杂志》1920 年第 17 卷第 18 号。

国学者接纳罗素哲学，主要是为了解决当时中国学术界面临的迫切问题。"科学"与"民主"是新文化运动中的两面大旗。在文化领域内，如何在"科学"的旗帜下反思传统文化、批判经学、整理国故，使传统文化在现代学科的体系下重新焕发活力，是新文化运动中知识分子的普遍诉求。胡适以科学精神和实证方法书写的《中国哲学史大纲》，就是满足这一诉求的成功案例。他运用西方实证论的方法，一反"我注六经"的传统经学研究模式，将自己的观点作为核心内容和正文，而用经典原文为自身观点论证的证据，打破了经学独断论的传统。然而，新文化运动的目的是要全方位反省传统，仅胡适做的工作还远远不够。鉴于罗素哲学本身的价值及其推崇者在中国不遗余力地宣传，罗素哲学在当时几乎成为"科学"的代名词。中国学者极其渴望罗素来华讲学，并希望他为中国提供改造方案。梁启超在讲学社欢迎罗素大会上的致辞，从学术层面给出了邀请罗素来华的答案。他认为罗素的学说能够满足人类"生活的理想化，理想的生活化"的要求，罗素把"他自己研究学问的方法传授给我们，我们用先生的方法研究下去，自然可以做到先生一样的学问"。[①] 中国知识分子希望运用科学的方法分析传统文化，以实现中国传统文化的转型，使之适应现代化的学科体系和研究方式，从而激活传统文化在现代社会的新生命。

　　研究罗素哲学对中国的影响，首先面临的问题就是：罗素哲学对中国近现代哲学产生过何种程度的影响？针对这个问题，中国知识界在罗素访华结束后不久，便发生过激烈的争论。由刁德仁主办的英文报纸《北京导报》（*Peking Leader*），在 1921 年 8 月 4 日刊登了一篇评论罗素在华影响的文章，该文认为罗素对中国的影响微乎其微，罗素思想未被中国青年普遍接受和认同。这篇评论旋即招致丁文江和赵元任的批驳，二人先后致

---

① 《讲学社欢迎罗素之盛会》，《晨报》1920 年 11 月 10 日。

信《北京导报》编辑部要求撤销对罗素的不实评论。[①]罗素在华期间的随行翻译工作一直由赵元任承担。在赵元任看来，中国知识分子对罗素的热情世所未见，青年学生挤满罗素演讲礼堂，著名学者也时常来访罗素。关于罗素对中国思想界影响甚微的论调，在20世纪90年代仍有学者支持。冯崇义就明确指出，虽然当年罗素访华举世瞩目，然而罗素终究未站到中国知识界的舞台中央，未能成为使中国历史或思想进程发生转变的重要一员。[②]其评判标准就是罗素思想没有在中国主导过任何社会运动，没有为"中国向何处去"的时势问题提出有效的意识形态的指导。然而，在社会、政治领域迅速降温的"罗素思想"，却在中国近现代哲学领域内开疆拓土。冯友兰在陈述他的哲学发展历程时便说，他的哲学立场是由实用主义转向新实在论的。新实在论是罗素和摩尔在20世纪初期批判新黑格尔主义而发起的哲学运动，"柏拉图式的（共相）新实在论"正是罗素所主张的哲学理念。冯友兰"新理学"的哲学体系，是在新实在论和逻辑分析方法的基础上构建起来的。在中国近现代哲学界，金岳霖受罗素哲学的影响最深最广。从他的第一部哲学著作《逻辑》，到《论道》《知识论》，再到最后一部哲学著作《罗素哲学》，金岳霖的哲学探索之路，自始至终与罗素哲学紧密相连。张申府和张岱年步入哲学之门，皆是缘于阅读罗素的《我们关于外间世界的知识》这本著作。此外，梁漱溟、贺麟、洪谦、沈有鼎、王浩等中国近现代哲学界的人物，都不同程度地受到了罗素哲学的影响。

由上可知，罗素哲学的引入，一开始便与中国近现代哲学的古今中西之争紧密相连。冯契指出："中国向何处去"这个时代中心问题"在政治

---

① 丁文江致《北京导报》编辑部，1921年8月5日；赵元任致丁文江致《北京导报》编辑部，1921年8月7日。原件存罗素档案馆。转引自冯崇义：《罗素与中国：西方思想在中国的一次经历》，生活·读书·新知三联书店1994年版，第195页。
② 冯崇义：《罗素与中国：西方思想在中国的一次经历》，生活·读书·新知三联书店1994年版，第196页。

思想领域表现为古今中西之争，其内容就是如何向西方学习，并且对自己的传统进行反省，来寻求救国救民的真理"。[1]众所周知，中国近现代哲学的古今中西之争面临的首要任务，就是如何学习和吸收西方哲学，完成中国哲学由传统向近现代的变革与转型。其具体"主要是围绕四个问题展开的：历史观、认识论、思维方式和逻辑方法论、理想社会和理想人格"。[2]罗素哲学参与中国近现代哲学的古今中西之争，也是通过这几个问题展开的，而主要集中在历史观、认识论、逻辑和方法论三个问题上。

一、罗素哲学与古今中西之争的历史观问题

近代以来，进化论和唯物史观先后成为支配中国知识分子的历史观。从戊戌变法到五四运动之前，康有为倡导"公羊三世说"、谭嗣同抨击"器变道不变"的观念、严复以"力今胜古""日进无疆"的进化论思想改造传统"今不如古"的历史观、章太炎提倡"俱分进化论"，都能表明进化论成为中国知识分子的主流历史观。自严复翻译《天演论》开始，时人便能全面且深入地了解西方进化论。在新文化运动时期，陈独秀、李大钊等马克思主义者系统地介绍了唯物史观，并在以后通过"社会主义的论战""问题与主义的论战"及"科玄论战"等，使唯物史观得到广泛传播并深入人心。而在进化论和唯物史观外，罗素提倡的社会历史观，在当时中国知识界也产生了一定的影响。

罗素的社会历史观刚引入中国就参与了古今中西的争论。在罗素初至上海的欢迎会上，江苏教育总会主席沈信卿致欢迎词说："罗素先生主张改造社会与思想。而今日我国所亟需要者，即在乎此。是所望于罗素先生拜在此一年之间，予我中国以种种指导。俾完成我国之改造事业也。"[3]

---

① 冯契主编：《中国近代哲学史》（修订版）上册，生活·读书·新知三联书店 2014 年版，第 4 页。
② 陈卫平：《中国近代哲学的转型：变革与继承的统一》，《安徽师范大学学报》（人文社会科学版）2012 年第 5 期。
③ 《沪七团体欢迎罗素记》，《晨报》1920 年 10 月 16 日。

这明确表达出当时中国知识界邀请罗素的初衷：希望罗素能为"中国向何处去"的时代问题提供解决方案。然而，罗素在华的第一场演讲，便引起了一些争论。《申报》登载了罗素在上海欢迎晚宴上的致辞，并以《罗博士言中国宜保存固有国粹》为题进行报道。此报道一出就招致诘难。仲密（周作人）批评罗素，认为无论罗素是出于主客交际的目的还是真有此想法都不可取，因为中国传统如老庄等优秀的思想已经断绝，现在所存的"国粹"都是类似"尊王攘夷"这样的妄自尊大的思想，这实在不妥。① 有人批评罗素，自然也有人为他辩解。F.L. 认为罗素提倡的改造社会和保存国粹并不冲突，这两件事情并不是相反而实在是相成的。保存国粹，在某种意义上是改造社会的源泉，正因为保存了国粹，有史可鉴，才可以把握社会需要改造的方面和进步的方向。② 张申府得知由《申报》报道引起的误会后，在第一时间致信上海的《时事新报》，对罗素的演讲给予说明。他认为《申报》将罗素的演讲主题总结为"保存国粹"，未免离罗素的原意太远。罗素希望中国保存固有的优秀传统文化，如传统艺术，以免受西方资本主义、军国主义的破坏。"保存国粹"四个字，在提倡新文化的知识分子那里是极不合适的，同时也与最注重创造性的罗素思想本身不符。③

　　如果说"保存国粹"的争论只是罗素在古今中西之争的边缘徘徊，那么，罗素在长沙作了关于"布尔什维克与世界政治"的演讲后，他逐渐走到了古今中西之争的中心地带，而标志性事件就是那场关于"社会主义"的论战。这场论战是张东荪在《时事新报》上发表的《由内地旅行而得之又一教训》所引发的。张东荪随罗素到长沙，并在长沙听完罗素的演讲后返回上海发表了这篇文章。文章大意是：中国现在积贫积弱，唯一救国出路就是发展实业、增加财富，谈什么社会主义、国家主义、无政府主义等

---

① 参见仲密：《罗素与国粹》，《晨报副刊》1920 年 10 月 19 日。仲密即周作人的笔名。
② 参见 F.L.：《改造社会与保存国粹》，《晨报》1920 年 10 月 19 日。
③ 参见皓明：《国人对于罗素的误解》，《晨报》1920 年 10 月 20 日。

都必定没有结果。他还援引罗素为自己辩护："罗素先生观察各地情形以后，他也说中国除了开发实业以外无以自立。"①得悉张东荪的观点后，主张在中国实行社会主义的陈望道、江春、邵力子等旋即发文诘难张东荪，他们大致都同意中国需要发展实业、增强经济，但这与提倡社会主义并不冲突。实行社会主义，实现社会正义、人人平等，才是改变中国贫穷落后局面的根本方法。如果只注重发展实业而不讲社会主义，中国的财富仍可能集中在少数人手里，大众仍然是贫穷落后的。张东荪随后对这些诘难进行了反击。他进一步解释，外国资本主义在中国太强大，中国劳工阶级、农民阶级根本无力反抗，只有先通过发展实业，发展中国的资本主义，以此抵抗外国资本主义势力。在反击过程中，张东荪仍不忘引罗素为同盟，他认为罗素提倡的基尔特社会主义能改变中国糟糕的境况，但首先也要发展实业、发展资本主义，才能过渡到基尔特社会主义。鉴于引发了关于"社会主义"的讨论，杨端六特意询问罗素对资本主义的态度，以及如何才能改造社会。杨端六转述罗素的观点，认为改造社会最好的方式就是发展实业，而发展实业最好依赖基尔特社会主义。因为靠资本主义发展实业在欧美已经弊病百出，最近的例子就是第一次世界大战的发生；劳动阶级无论是经济能力还是知识水平都较差，靠劳动阶级发展实业难以产生良好的结果。陈独秀作为新文化运动的旗帜性人物，又是当时坚定的社会主义事业的支持者，对于要不要在中国先实行"社会主义"的问题，自然持肯定态度。陈独秀直接写信质问张东荪在中国实行社会主义的可行性，要点有二：一是中国社会有无实现工业的可能；二是在通商口岸和城市过着"人的生活"的那群人，是否能代表中国大众的实际需求。张东荪对陈独秀的质问进行了回应，但陈独秀非常不满，再次写信质问张东荪，并提出了自己的总体看法。陈独秀认为，不论是依靠本国资本主义还是外国资本主义，都不可能改变中国贫穷的局面，唯有将中国劳动阶级联合起来进行

---

① 张东荪：《由内地旅行而得之又一教训》，《时事新报》1920 年 11 月 5 日。

社会革命，改变生产制度，才能挽救中国，保证中国独立自主。[①] 这次"社会主义"论战的双方都未被说服，但总体而言，支持在中国先实行社会主义者占据上风。

在这次论战中，虽然社会主义者的焦点在张东荪身上，但他们根本上是在对罗素进行质问，最初的源头就是罗素的"布尔什维克与世界政治"的演讲。罗素敏锐地抓住了许多中国知识分子的向往，他们渴望了解关于十月革命后共产主义在苏俄的真实情况，而罗素在访华之前刚去苏俄作了一个多月的访问。根据《罗素自传》所述，他对访俄的印象十分不好[②]，所以当中国知识分子渴望复制苏俄模式时，罗素希望把真实的苏俄情况呈现给中国知识分子。在演讲中，罗素认为布尔塞维克在苏俄是失败的，因为苏俄并未建立起工业体系，人民仍然极度贫困。在演讲的末尾，罗素说共产主义有成功的希望，但不是直接通过落后的农业国进行革命实现的，而是经过工业的发达后过渡到共产主义，当时最有可能实现共产主义的是美国，就因为它是发达的工业国。中国情况与苏俄类似，农业人口占全国人口的大多数，并且绝大多数农民都处在贫困状态。因此，罗素认为共产主义不适合当时的中国，中国应该循次渐进先发展实业、发展教育，等时机成熟时再实行共产主义。在演讲后，许多共产主义者对罗素表达了不满，包括陈独秀、袁振英、毛泽东等。陈独秀对罗素失去了信心，除参加在上海的欢迎会外，就再未参加过罗素的其他活动。袁振英在《新青年》连发两篇文章表达对罗素失望透顶。毛泽东当时在长沙参与了罗素的演讲，他对罗素的主张的评语是："理论上说得通，事实上做不到。"[③] 可能有鉴于人们对罗素的不满，方东美翻译了一篇《罗素眼中苏维埃的俄罗斯》长文，

---

① 陈独秀把这次论战的 13 篇文章汇集成"关于社会主义的讨论"，刊登在 1920 年 12 月《新青年》第 8 卷第 4 号上；张东荪也将梁启超、费觉天、蓝公武等与他观点相似的论战文章集结成"社会主义研究"，刊发在 1921 年 2 月《改造》第 3 卷第 6 号上。

② 罗素认为在俄国度过的时间是一场"噩梦"，他对苏俄的布尔什维克感到失望。参见〔英〕罗素：《罗素自传》第 2 卷第 2 章"俄国"，陈启伟译，商务印书馆 2015 年版，第 144—188 页。

③ 《毛泽东致蔡和森等》，载《毛泽东书信选集》，中央文献出版社 2003 年版，第 4 页。

以此向中国知识分子呈现罗素对苏俄的真实态度。而胡愈之也差不多同时翻译了这篇文章，并以《罗素的新俄观》为题，刊登在《东方杂志》上。[①]该文从六个部分详细剖析了罗素在苏俄的见闻和对苏俄的看法，并且认为应该对苏俄的布尔什维克党采取包容、支持态度，而不应该像欧美一样对其进行封锁，苏俄面临很多问题，但如果布尔什维克党能"实践自由底真义和德谟克拉西的政府"，这些问题便能够迎刃而解。罗素对共产主义（布尔什维克）的态度是赞成的，这可从他在北京女子高师的演讲《布尔什维克的思想》中得到验证。他再次重申共产主义在苏俄失败了，原因很多，包括战争频繁、科学知识缺乏、经济困难、实业不发达等。在这次演讲中，罗素没有明确提到当时中国应不应该实行共产主义，但他的意思还是希望中国谨慎选择。

　　在经过两次论争后，罗素深入参与了近现代中国的古今中西的争论。尤其关于"社会主义"的论战，在当时产生了不小影响。罗素尽可能将自己的所见所感呈现给中国知识界，使知识分子慎重选择中国未来的道路。罗素的社会历史观虽然没有被众多知识分子接受，但由于罗素介入了在中国要不要实行社会主义的辩论，使中国马克思主义者得到了更多展现的平台和机会，这客观上宣传了马克思主义者的主张，为在中国推行社会主义做了理论准备。此外，罗素关于唯物史观的演讲也被翻译到中国。[②]在这篇演讲中，罗素对唯物史观进行了详细的哲学分析，对当时的中国知识分子理解唯物史观提供了参考。虽然罗素为"中国向何处去"的问题提供了某些解决思路，但他的理论贡献毕竟有限，不像进化论或唯物史观那样在古今中西之争的历史观领域成为关键一环。然而，在认识论领域，罗素哲学成为中国知识分子回答古今中西之争的重要理论资源。

---

① 《罗素眼中苏维埃的俄罗斯》，方东美译，《少年世界》1920 年第 1 卷第 10 期；《罗素的新俄观》，胡愈之译，《东方杂志》1920 年第 17 卷第 19、20 期。
② 《罗素论唯物史观》，剑译，《东方杂志》1920 年第 17 卷第 21 期。

二、罗素哲学与古今中西之争的认识论问题

中国近现代哲学继承古代哲学的传统，仍以心物（知行）之辩为中心来讨论认识论问题。但在探讨认识论问题上，中国近现代哲学与古代哲学有一个根本差异：中国近现代哲学注重吸收西方近代哲学以来的认识论传统，使认识论成为独立的哲学论域。西方近代哲学经历了"认识论转向"，自笛卡尔、斯宾诺莎开始，认识论便成为哲学讨论的核心，哲学家们注重讨论主体的认识能力和方法、客体的性质和界限、知识的形成和范围，等等。而中国古代哲学有"仁智"统一的传统，即认识论与伦理学的合流，例如孔子说"未知焉得仁"、宋明理学讨论"德性之知"。虽然古代哲学的心物（知行）问题具有认识论意义，但它总是关涉价值领域，以道德认知和道德践履为依托。当西方近代哲学的认识论传入中国后，许多中国近现代哲学家意识到了这个问题，他们学习和吸收西方近代认识论，试图使认识论研究从"仁智"统一的传统中独立出来。贺麟在《知行合一新论》中明确提出，应将知行问题从伦理道德范围内解放出来，并首先从认识论的角度对知行问题进行重新考察。他说："不理知与行根本的关系，一味只知下'汝应如此'、'汝应如彼'，使'由'不使'知'的道德命令的人，当然就是狭义的、武断的道德家。而不审问他人行为背后的知识基础，只知从表面上去判断别人行为的是非善恶的人，则他们所下的道德判断，也就是武断的道德判断。因为反对武断的道德判断、道德命令和道德学上的武断主义，所以我们要提出知行问题。"[1] 贺麟强调，要厘清知与行的概念以及它们涵盖的范围，对知行关系问题进行详细的分析，从而使伦理学或形而上学建立在知行问题的基础上。有学者认为贺麟的这种尝试，"是对中国传统哲学的一个带有根本意义的变革"。[2] 如果站在中国传统哲学向近

---

[1] 贺麟：《近代唯心论简释》，商务印书馆 2011 年版，第 50 页。
[2] 胡军：《中国哲学的现代转型》，北京大学出版社 2013 年版，第 77 页。

现代哲学转型的角度看，对贺麟的评价是中肯的。并且，贺麟将认识论进行独立研究的尝试并非个案。在 20 世纪 30—40 年代，中国哲学界许多学者（如张东荪、金岳霖、张岱年等）都进行过这种尝试工作。而这种尝试的兴起，与罗素哲学在中国的传播有密切关系。

罗素在华主要有"五大演讲"，其中"哲学问题""心的分析""物的分析"是罗素在华耗时最长、用力最深的三个系列演讲，且它们讨论的都是关于认识论的问题，这与罗素自身学术旨趣相关。1910 年以后，罗素哲学研究的重心由数理逻辑转向了认识论，他在中国的演讲也主要以认识论问题为主。在关于"哲学问题"的系列演讲中，罗素选择以西方近代认识论讨论最广泛的实质问题（Problems of Substance）、因果问题（Problems of Causations）和真理问题（Problems of Truth）为主题，对它们进行详细剖析，向中国知识分子介绍西方哲学。例如在"现象与实在"的问题上，罗素援引最新的物理学成果——爱因斯坦的相对论对现象和实在进行解释，同时他批判了唯物论、唯心论及现象主义的观点，提出实在的世界既不是物，也不是心，更不是现象构成的，而是由许许多多事情（Events）构成的。在"心的分析"系列演讲中，罗素从最新的心理学成果出发，对通常被视作心灵本质的意识进行了批判。他在分析心灵概念时，始终借用威廉·詹姆士的中立一元论和约翰·华生的行为主义观点为自己立论，同时也不忘援引弗洛伊德和荣格等现代心理学家的理论。在"物的分析"系列演讲中，罗素大量引用现代物理学公式和数学公式对"物"的问题进行分析。他认为"物"的问题已不仅仅是哲学研究的问题，物理学领域对物的研究相较以往已经发生了很大变化。他详细介绍了爱因斯坦的相对论的时空观，并以"时—空"一体化来理解"物"，以此取代经典物理学以绝对空间和时间来解释物质和运动的观念。罗素通过这一系列讲座向中国知识分子呈现了他最新的哲学研究成果，中国知识分子第一次亲密接触到西方哲学家如何运用科学的方法来进行哲学的研究。不过对于西方哲学基础薄弱的中国知识分子而言，绝大部分人并不能理解罗素所讲的内容，同时也对罗素的纯粹哲学几无兴趣。蔡元培明确提道："罗素的数学与哲学，我国人能了解而且兴会的，很不多。"[①] 一位"罗素学说研究会"的成员向赵元任表达了自己的不满："我发现他的研究班仅仅局限于技术哲学，这使我很失望。现在我冒昧要求不再参加以后的讨论会。这并不是因为我对那些问题望而生畏，而是因为我对技术哲学几乎毫无根底，也几乎毫无兴趣。"[②] 这一点在罗素的自传中也得到了印证，他说当时的讨论班中"除了一人例外，他们全都是布尔什维克派"。[③] 对于中国知识分子来说，所有的学术或知识要与救亡图存相衔接才能凸显其价值，所以他们渴望获得罗素关于"中国向何处去"的社会改造方案，而不是罗素的数理哲学或认识论。必须承认的是，罗素哲学相比于杜威的实用主义，它在五四时期对中国知识界的实际影响确实要小得多。就连起初对罗素"崇拜到十二分"的张东荪，后来也渐渐失去了对罗素的兴趣。

虽然罗素的哲学演讲在当时反响有限，但他的演讲内容是值得注意的。在系列演讲中，罗素反复强调，他吸收物理学、数学和心理学等现代科学的最新理论成果，同时运用科学的逻辑方法，来探讨心、物及心物关系问题。罗素十分重视最新的科学成果和科学方法，他将自己的哲学称为"科学的哲学"，这与新文化运动时期中国知识分子推崇科学的态度若合符节。正是因为罗素哲学所蕴含的科学精神，吸引了中国近现代哲学家的目光。当中国哲学界试图改造传统哲学，以使之适应现代化的学科体系和研究方式时，一部分人将焦点重新投射在罗素身上。

如何发展和研究认识论，是中国近现代哲学的重要课题。包括张东荪、金岳霖、张岱年、贺麟等在内的中国近现代哲学家，对认识论问题都给予了较多关注，并写成了研究认识论的相关著作。张东荪是试图在中国

---

① 蔡元培：《五十年来中国之哲学》，载《蔡元培全集》第 4 卷，中华书局 1984 年版，第 365 页。
② Coken Chen 致赵元任，1920 年 12 月 10 日。原件存罗素档案馆。转引自冯崇义：《罗素与中国：西方思想在中国的一次经历》，生活·读书·新知三联书店 1994 年版，第 201 页。
③ ［英］罗素：《罗素自传》第 2 卷，陈启伟译，商务印书馆 2015 年版，第 194 页。

构建认识论体系的先行者，他倡导"多元认识论"，以新康德主义的认识论为基础，并杂糅各家学说，著成《认识论》一书。张东荪强调要接续西方哲学的传统，在中国来一次"认识论转向"，他要否定"本体"，而以认识论为形而上学或本体论奠基。①可以说，张东荪作了一种积极的理论尝试。更为值得注意的是，罗素哲学在激发中国近现代哲学的认识论研究中扮演着关键角色，这主要体现在受罗素哲学影响较深的中国哲学家那里。金岳霖在《中国哲学》一文中提出，"中国哲学的特点之一，是那种可称为逻辑和认识论的意识不发达"。②逻辑和认识论意识的薄弱，容易使中国哲学家在表达思想时陷入杂乱无章、边界不明的境地，这导致中国传统哲学难以产生像西方那种思维缜密、概念明晰、层次分明的哲学体系。一般认为，发达的逻辑和认识论是西方产生近代科学的部分原因，从这个角度而言，中国无法产生科学的部分因素就在于逻辑和认识论意识的薄弱。因此，在中国提倡科学，首先要培养发达的逻辑和认识论的意识。从这个问题意识出发，金岳霖先后写了《逻辑》和《知识论》两部著作。《逻辑》第三部分的内容概要介绍了罗素的数理逻辑。《知识论》体系的构建是从批判罗素哲学开始的。他批评罗素的认识论，认为从"唯主"的方式出发，无法得到关于外在世界的客观知识；他也看到罗素在处理心、物及心物关系问题上面临的棘手难题，所以他尽量避开心与物的讨论，他说："本书没有一章讨论心物的，心物两字也不常见。"③此外，罗素哲学的感觉论、外在关系说、因果论、真理观等有关认识论的核心问题，对金岳霖构建知识论体系都有直接的影响，这可在《知识论》中找到依据。当然，在金岳霖知识理论的形成过程中，休谟、康德、摩尔、刘易斯等西方哲学家对其都产生过不同程度的影响，但罗素哲学的影响是根本性的。毫不夸张

---

① 张耀南对张东荪的认识论转向进行了细致的讨论。参见张耀南：《知识论转向——张氏构建与中华哲学新子学时代》，人民出版社2018年版，第1—21页。
② 金岳霖：《中国哲学》，载《金岳霖全集》第6卷，人民出版社2013年版，第377页。
③ 金岳霖：《知识论》，载《金岳霖全集》第3卷上，人民出版社2013年版，第22页。

地说，罗素哲学的影响贯穿着金岳霖一生的哲学研究，从他早年的哲学论文到最后一本哲学著作《罗素哲学》都是证明。

除了金岳霖外，在中国哲学界受罗素哲学影响较大的还有张申府（张申府没有关于认识论的专著或文章）和张岱年。在张岱年看来，不论是何种哲学学说都离不开认识论，认识论是哲学研究领域的必要组成部分。但是，中国传统哲学在认识论的研究上比较欠缺，他说："总观中国知论，派别不若西洋之众，所论问题亦不若西洋所论者之多而细；至于论证之详晰不及西洋，更不必论矣。"① 有鉴于此，张岱年非常重视认识论的研究。他的《天人五论》中的《知实论》是关于认识论的专著，他试图从感觉的分析来证明外在世界的实在。而张岱年这一思想，就是来源于罗素的《哲学问题》和《我们关于外间世界的知识》，罗素这两本著作的主题是从感觉出发论证客观世界的实在。例如，张岱年认为认识的无可怀疑的出发点是当下所见所闻的"原给"或"今有"（Given），这个"原给"或"今有"就是罗素哲学中"感觉材料"的翻版。总体而言，张岱年在认识论方面的研究，主要受罗素哲学的影响。

研究认识论问题，是在哲学领域回答"中国向何处去"和古今中西之争的一种积极尝试。而罗素哲学关于认识论的研究，经过金岳霖和张岱年的批判与继承，成为中国近现代哲学认识论领域中的关键一环。也就是说，在认识论层面，罗素哲学参与古今中西之争，并成为中国哲学家回答古今中西之争的重要理论支撑。需要注意的是，不仅在认识论上，罗素哲学还在逻辑和方法论层面对中国近现代哲学产生了影响。

三、罗素哲学与古今中西之争的逻辑和方法论问题

中国近现代哲学家普遍认为中国未产生科学的原因之一，是缺乏作为近代科学方法的基础的形式逻辑。而中国传统哲学以注释经典为主的经学

---

① 张岱年：《中国知论大要》，载《张岱年全集》第 1 卷，河北人民出版社 1996 年版，第 128 页。

方法，严重禁锢了人们的思想，阻碍了近代科学的产生。因此，批判传统的思维方式和研究模式，学习西方科学的逻辑和方法论，成为中国近现代哲学研究的重要组成部分，也成为回答古今中西之争的内在要求。严复介绍培根的归纳法，又翻译《穆勒名学》，向中国哲学界详细介绍了逻辑的归纳法；章太炎将西方传统形式逻辑的三段论、印度因明学及墨家《墨辩》中的推理形式进行比较，他注重逻辑的演绎法。到了 20 世纪 30 年代，金岳霖写了中国第一本逻辑学著作《逻辑》，全面系统介绍了形式逻辑，书中的主要内容是关于罗素的数理逻辑。可以说，注重逻辑和方法论的研究，成为中国哲学由传统向近代转型的显著特征。而罗素哲学的逻辑分析方法，在回答古今中西之争的逻辑和方法论问题上提供了丰富资源。

"数学逻辑"是罗素在华的"五大演讲"之一，主要内容是关于数理逻辑的基本概念和简单常识，并且他仅就这一主题作过两次讲座。因为他认为数理逻辑过于深奥烦琐、技术性强，而当时中国知识分子的数学基础又十分薄弱，不太可能理解数理逻辑的主要内容。罗素向中国知识分子指出，"普通数学是向前的，数学逻辑是向后的"[①]。普通数学研究的是从一些命题推论出其他命题，而数理逻辑则研究这些命题是由哪些更简单、数量更少的命题推论出来的。换句话说，就是对这些命题进行溯源。罗素认为，历史上任何数学推理系统，都可以从几个简单公理或假设中推论出来。在罗素看来，数理逻辑与具体的事物或事情无关，涉及具体事物时，应该用"p""q""r"等逻辑符号表示，这样便能保证数理逻辑的普适性和客观性。罗素关于"数学逻辑"的演讲，在当时没有得到什么回应，连报纸杂志也鲜有报道，只有王星拱、汪奠基、张申府等少数人对罗素的数理逻辑进行了介绍。然而，在 20 世纪 30 年代以后，罗素建立在数理逻辑基础上的分析方法，逐渐被中国哲学界接受和使用。

[①] 《罗素及勃拉克讲演集·数理逻辑》，惟一日报社 1921 年版，第 1 页。

罗素认为："逻辑是哲学的本质。"① 从事哲学研究，就是进行逻辑分析，逻辑分析方法是他在哲学研究中"最强、最坚定的成见"②。在罗素看来，要打破传统形而上学的束缚使哲学成为一门科学，就必须使用逻辑分析方法对以往的哲学问题进行分析，而只有将运用这种方法后的结果展示给世人，人们才能真正理解它的意义。罗素认为有两条道路可使哲学走在科学的康庄大道上，一条是哲学利用新近科学所得到的最一般的结论，并对其作普遍化的处理；另外一条是研究科学所使用的方法，并对其进行必要改造，然后再将改造后的方法运用到哲学领域。在第一条道路上，由于对结论的过分关注，许多受到科学鼓舞的哲学已经误入了歧途，有鉴于此，罗素关注的重心在方法而不是结论上。并且，这种方法只运用于哲学的一般命题，不过问具体的事物，这是他通过研究数理逻辑得到的启示。虽然罗素从未对逻辑分析方法下过定义，但在他 1910 年以后的几乎所有哲学著作中都可见此方法的运用。《我们关于外间世界的知识》一书，就是他运用此方法的典范之作。而该书对中国近现代哲学家了解和接受逻辑分析方法有较大影响，尤其是张申府和张岱年。

作为在中国宣传罗素哲学的先驱，张申府从 20 世纪 20 年代开始就服膺于罗素哲学，直至去世。他在晚年《我对罗素的敬仰与了解》一文中说："我赞佩罗素，敬仰罗素，最主要的是他在哲学上的伟大贡献——数理逻辑。"③ 张申府翻译过罗素的许多著作，对罗素的思想有全面的了解，但他最看重数理逻辑和逻辑分析方法。他始终强调，数理逻辑称得上最接近科学的哲学，逻辑分析方法是研究哲学的科学方法。张申府自述其哲学的核心是"具体相对论"，而"它的最直接的渊源就是罗素的数理逻辑上

---

① ［英］罗素：《我们关于外间世界的知识——哲学上科学方法应用的一个领域》，陈启伟译，上海译文出版社 2008 年版，第 21 页。
② ［英］罗素：《我的哲学的发展》，温锡增译，商务印书馆 1982 年版，第 129 页。
③ 张申府：《我对罗素的敬仰与了解》，载《张申府文集》第 3 卷，河北人民出版社 2005 年版，第 515 页。

的类型说。与罗素鼓吹最力的逻辑解析法，当然大有关系"。① 在接纳罗素哲学的基础上，张申府融合辩证唯物论，提出了"解析的唯物论"。他认为逻辑分析和辩证唯物是现代哲学的主流思潮，两种哲学可以融合也应该融合，这代表了世界哲学未来的发展方向和趋势。张申府提出了很多哲学创见，但他并未进行详细论证，也未构建起哲学体系，他的哲学工作主要是引介性质的。张申府未竟的哲学事业，被张岱年继承和发展了。因为张申府的影响，罗素哲学成为张岱年构建哲学体系的三大理论来源之一。

不论是研究中国哲学史还是哲学理论，张岱年对逻辑分析方法都十分信赖。他认为逻辑分析方法是"哲学中的科学方法"，"是二十世纪初以来在哲学中最占优势的方法，而也是最有成效的方法"。② 所以要做哲学，首先要学会逻辑分析方法。对如何理解逻辑分析方法，张岱年试着从两个方面进行了作答。第一，要知道逻辑分析方法的根本倾向或态度。逻辑分析方法作为科学的方法注重对细节的分析，它的根本态度是要求概念的精确性和命题的可证实性。第二，要知道逻辑分析的对象。它的对象并非具体的事物或东西，而仅指概念和命题，他说："逻辑解析乃是考察常识中科学中的根本概念和根本命题的意谓。"③ 他在《中国哲学大纲》的"自序"中提出，该书最注重的研究方法有四点，其中一点是"析其辞命意味"，即要对传统哲学中的概念进行精密辨析以确定其确切含义，而对概念进行精密辨析的方法，就是罗素的"解析法（Analytic Method）在中国哲学上的应用"④。也正是对逻辑分析方法的重视，张岱年在《知实论》中对认识论的诸多问题进行了详尽的分析。

金岳霖未曾写过有关逻辑分析方法的专门文章，但在他的著作中随处

---

① 张申府：《我的哲学的中心点——具体相对论》，载《张申府文集》第 2 卷，河北人民出版社 2005 年版，第 341 页。

② 张岱年：《逻辑解析》，载《张岱年全集》第 1 卷，河北人民出版社 1996 年版，第 177 页。

③ 张岱年：《逻辑解析》，载《张岱年全集》第 1 卷，河北人民出版社 1996 年版，第 178 页。

④ 张岱年：《中国哲学大纲·自序》，载《张岱年全集》第 2 卷，河北人民出版社 1996 年版，第 2 页。

可见逻辑分析方法的运用。他对逻辑分析如此关注，源自阅读罗素的《数学的原理》。该书所使用的分析方法，刷新了金岳霖对哲学研究的认知：研究哲学不一定非要研究哲学的大问题，对日常概念进行细致的分析也属于哲学。他的本体论著作《论道》，便是运用逻辑分析方法对中国传统哲学的核心概念"道"进行逻辑分析的成果，而他的《知识论》体系也是通过逻辑分析方法构建起来的。金岳霖对逻辑分析方法有着清晰的认识，他说："我们的问题主要是对基本的哲学思想进行逻辑分析，而不是对逻辑概念进行哲学讨论。"[1] 逻辑分析主要是作为研究哲学的一种方法，而不是作为哲学研究的主题进行讨论的。从金岳霖学术历程看，不论是对道的形而上学的构建还是对知识理论的分析，逻辑分析方法都是被他当作基本方法来使用的。

一般认为，中国传统哲学重个人直觉而轻逻辑推理、重体悟意会而轻概念辨析。学习西方哲学的逻辑和方法论，对中国传统哲学的变革不是隔靴搔痒，而是釜底抽薪。引入西方逻辑和方法论后，中国近现代哲学家开始自觉拒斥传统的经学研究方式，有意识地运用新方法来梳理传统哲学问题、辨析传统哲学概念。而罗素的数理逻辑和逻辑分析方法对中国哲学的影响较大。如冯友兰所说："就我所能看出的而论，西方哲学对中国哲学的永久性贡献，是逻辑分析方法。"[2] 中国近现代哲学史上的两位代表性人物——金岳霖和张岱年，他们构建哲学体系的方法就是罗素哲学的逻辑分析方法。

罗素哲学主要通过历史观、认识论、逻辑和方法论三个方面参与中国近现代哲学的古今中西之争。在历史观问题上，罗素在华演讲引起了中国知识分子关于"保存国粹"的争论和"社会主义的论战"，尤其是关于"社会主义的论战"，客观上促进了唯物史观在中国的传播。在认识论

---

[1]　金岳霖:《逻辑的作用》，载《金岳霖全集》第 6 卷，人民出版社 2013 年版，第 484 页。

[2]　冯友兰:《中国哲学简史》，载《三松堂全集》第 6 卷，河南人民出版社 2001 年版，第 277 页。

问题上，金岳霖、张岱年等通过吸收罗素哲学构建起认识论体系，使认识论进一步成为中国近现代哲学独立的研究领域，这是中国哲学由传统向近代转型的重要特征。在逻辑和方法论问题上，许多中国哲学家将罗素的逻辑分析方法作为从事哲学研究的基本方法，注重梳理哲学问题、辨析哲学概念，这是对传统哲学的思维方式和研究方法的显著变革。学习和吸收罗素哲学，是中国知识分子为回答"中国向何处去"和古今中西之争作出的一种尝试。不论尝试成功与否，罗素哲学在古今中西之争的历史观、认识论、逻辑和方法论等领域都留下了印记。换言之，罗素哲学在中国的传播，是中国近现代哲学变革过程中的一个环节，构成了中国近现代哲学史的有机部分。

第二节 实在主义知识论转化的问题与结构

对中国近现代哲学家来说，研究认识论问题，是在哲学领域回答"中国向何处去"和古今中西之争的一种积极尝试。罗素对中国近现代哲学影响的一个重要方面就是知识论。一般认为，注重知识论研究是中国传统哲学向近现代哲学转型过程中的一个重要内容，而罗素哲学在激发中国近现代哲学的知识论研究中扮演着关键角色，这主要体现在受罗素哲学影响较深的中国哲学家那里。罗素哲学关于知识论的研究，经过金岳霖和张岱年的批判与继承，成为中国近现代哲学的认识论领域中的关键一环。也就是说，在认识论层面，罗素哲学参与了古今中西之争，并成为中国哲学家回答古今中西之争的重要理论支撑。对构建起知识论体系的金岳霖和张岱年来说，他们直接的理论来源就是罗素哲学。

具体而言，本书围绕几个问题（逻辑分析方法、感觉论、概念论、真理观），详细论述和辨析金岳霖和张岱年是如何将罗素的实在主义知识论转化到自己的知识论体系中的，同时又指出他们在哪些地方批判或超越了罗素的知识论。需要指出的是，虽然中国近现代哲学中的认识论问题是在西方哲学的刺激下产生的，但金岳霖和张岱年并没有被动地照搬罗素或其他任何一位西方哲学家的思想，他们总是既吸收中国传统哲学的因素（比如金岳霖以《论道》为知识论奠基，张岱年以"理"统摄规律、形式、共相等），又主动地接受西方哲学并将其培植到中国传统哲学的土壤中。从这个意义上说，罗素哲学的转化过程，既是一个传播的过程，又是一个学习的过程，更是一个吸收和消化的过程。

根据实在主义知识论的内容和特点，这里将从逻辑分析方法、感觉论、概念论、真理观等方面，展现金岳霖和张岱年对罗素知识论的转化的过程。本书主要结构如下：

一是在逻辑分析方法论部分，主要论述罗素、金岳霖和张岱年是如何运用逻辑分析方法来研究知识论的。使用逻辑分析方法是新实在论（实在主义）的主要特征之一。在罗素看来，逻辑分析方法贯穿了他哲学研究的始终，当然也包括知识论方面。我们通过罗素对心与物的分析过程，具体呈现罗素是如何使用逻辑分析方法对知识论进行研究的。罗素的这种方法对金岳霖和张岱年产生了深刻的影响。无论是在本体论著作《论道》，还是在知识论著作《知识论》中，金岳霖都使用了逻辑分析方法。张岱年在知识论及中国哲学史的研究过程中，也贯穿着逻辑分析方法。当然，张岱年在继承逻辑分析方法之余，还吸收了唯物辩证法、直觉主义方法等，它们共同构成了张岱年在知识论上的研究方法。

二是在感觉论部分，经历了西方近代哲学的认识论转向后，哲学家们探讨哲学问题往往从感觉出发。如笛卡尔的怀疑主义是从怀疑各种感觉入手的；知觉的普遍可靠性是莱布尼茨哲学的一个前提；贝克莱强调存在即是被觉知；休谟认为人类一切知觉可分为印象和观念，它们是构成人类知识的基础；等等。基于感觉论在认识论中的基础性地位，在罗素、金岳霖和张岱年的各自著作中，他们都用较大篇幅对感觉论进行了讨论，以此拉开了研究知识论的序幕。罗素在感觉论上围绕着感觉材料展开论述；金岳霖在批判罗素感觉材料的基础上，提出了能够统一内容和对象的"所与"；张岱年以"感相"来代替罗素的感觉材料，通过"感相"来认识外在世界。

三是在概念论部分，从感觉经验而来的知识是个人的、特殊的，但知识论的目标是要获得普遍的、必然的知识，也就是罗素所说的关于外在世界的确定性知识，这个确定性知识就是超越个人层面的普遍的知识。如何从个人的、特殊的知识过渡到普遍的知识，这是贯穿于罗素哲学不同发展阶段的主线，同时是金岳霖知识论的核心问题，也是张岱年讨论知识论的关键。罗素通过分析摹状词理论，使经验知识能够超越个人层面成为普遍知识。相较于罗素主要通过语言的逻辑分析获得普遍必然性知识，金岳霖坚持了实在主义立场，以概念摹状和规律所与的方式，实现了从特殊的、具体的经验知识过渡到普遍的、必然的知识的目标。张岱年在概念论的立场上已经走出实在主义而走向辩证唯物主义，外部的实在世界有其固有的条理与规律，概念范畴就是对普遍的条理与规律的反映、摹写，而这个过程是通过实践的作用实现的。

四是在真理观部分，罗素从 20 世纪初期至 50 年代，对真理问题给予了充分的关注，而这与他始终追求确定性的知识是密不可分的。罗素在真理问题上的观点有过几次变更，但绝大多数时候的主张与符合论相契合。受罗素的影响，金岳霖在真理观上坚持符合论的立场，他批判了照相式符合论，提倡地图式或目录式的"一一相应"的真理符合论，并对此作了详细的诠释分析。而张岱年一方面受罗素真理符合论的影响，另一方面又吸收了辩证唯物主义的真理理论，并将二者进行融合，提出了兼具实在主义与辩证唯物主义的真理符合论。可以说，真理理论是他们知识论体系的一个重要组成部分。

五是对金岳霖和张岱年的实在主义知识论的成果进行总结，并指出金岳霖和张岱年对罗素实在主义知识论转化的意义。以金岳霖和张岱年为代表的中国近现代哲学家，他们的知识论思想受罗素实在主义知识论影响颇深。在研究知识论的方法问题上，他们继承新实在论的分析方法，提倡运用逻辑分析方法来研究知识论；在涉及知识论的核心问题——感觉论、概念论及真理观时，其对新实在论既有继承也有批判。金岳霖和张岱年都展现了将实在主义知识论中国化的趋势。

　　总体而言，本书试图阐明金岳霖和张岱年是如何在转化罗素哲学基础上构建知识论体系的，由此呈现罗素实在主义的知识论对中国近现代哲学中的知识论的影响，从而展现近代以来中西哲学会通的一个侧面和场景。

第三节　罗素哲学在中国的研究进程

　　以新实在论（实在主义）为主题，论述新实在论在中国的传播及其影响的专著是胡伟希的《知识、逻辑与价值——中国新实在论思潮的兴起》和张耀南、陈鹏的《实在论在中国》。《知识、逻辑与价值——中国新实在论思潮的兴起》系统阐述了新实在论思潮在中国的兴盛过程，对金岳霖、冯友兰、张岱年的哲学思想进行解剖，深入分析了他们与西方新实在论之间的理论关联。该书有两大特点：一是从中西比较的视域切入，以认识论和价值论为主线，呈现了中西新实在论思潮之间的相似和差别；二是梳理了中国新实在论思潮自身的逻辑进程，具体从剖析冯友兰、金岳霖及张岱年的哲学思想入手，展示了中国新实在论的发展历程。[①]《实在论在中国》从整体上研究了实在论在中国的传播和影响，主要从"新实在论""批判实在论""科学实在论"在中国的情况进行论述。该书详细分析了隶属清华学派的张申府、金岳霖、冯友兰、张岱年与新实在论之间的关系。[②]以上两本著作都涉及罗素实在主义的知识论对金岳霖和张岱年的影响。尤其是

---

①　参见胡伟希：《知识、逻辑与价值——中国新实在论思潮的兴起》，清华大学出版社 2002 年版。

②　参见张耀南、陈鹏：《实在论在中国》，首都师范大学出版社 2011 年版。

《知识、逻辑与价值——中国新实在论思潮的兴起》，较为详细地论述了金岳霖和张岱年对新实在论的转化过程。它们为我们研究罗素实在主义的知识论在中国的传播和影响，提供了致思方向和理论前提。但也应该看到，上述两本著作主要是从整体上审视和考察新实在论在中国的情况，而对许多有关中国实在主义知识论问题有待深入讨论，同时也没有系统论述金岳霖和张岱年是如何通过吸收罗素的知识论构建起知识论体系的。

以"罗素与中国"为主题，论述罗素思想对中国产生影响的专著，现有冯崇义的《罗素与中国：西方思想在中国的一次经历》、胡军的《分析哲学在中国》、丁子江的《罗素与中华文化：东西方思想的一场直接对话》、刘检的《罗素看中国：罗素与中国新文化运动》。冯崇义的《罗素与中国：西方思想在中国的一次经历》，主要从历史学角度研究了罗素和中国之间的关系。以翔实可靠的史料为基础，介绍了罗素及其基本思想，阐述了罗素在华行程及其演讲内容，围绕《中国问题》分析了罗素对中国的看法，考察了罗素对中国的影响。冯著为我们重现了罗素访华的历史情境，系统研究了罗素与中国之间的复杂关系。也正是因为从整体上研究罗素与中国的关系，该书对罗素哲学在中国的影响的阐述基本属于概述，对具体影响的分析只是浅尝辄止。[1] 胡军的《分析哲学在中国》，主要以分析哲学思潮在中国的传播和发展为主题，分析了中国为何能接受分析哲学的土壤、考察了罗素访华对分析哲学在中国传播的影响，阐发了张申府、冯友兰、洪谦、金岳霖、张岱年等中国现代哲学家对分析哲学的接受和发扬。胡著论述了几位具有鲜明特征的中国现代哲学家在构建自身的哲学理论过程中，同分析哲学所使用的逻辑分析方法的密切关联，这为我们提供了一些理论材料。但应该看到，该著着眼方向主要在分析几位哲学家是如何吸收运用分析哲学的方法来构建哲学体系的，而在阐释罗素的知识论对

---

[1] 参见冯崇义：《罗素与中国：西方思想在中国的一次经历》，生活·读书·新知三联书店1994年版。

中国近现代哲学中的认识论有过哪些影响则较少涉及。① 丁子江的《罗素与中华文化：东西方思想的一场直接对话》详细勾勒了罗素与中华文化之间的关联，阅读此著犹如欣赏一幅展开了的罗素与中华文化间的大画卷。从论述罗素的访华语境到罗素的中国情结，再到罗素与诸位中国文人、政治精英及哲学家之间千丝万缕的联系，同时也不忘阐述罗素在华演讲及其影响，对比罗素在中国与杜威在中国之间的异同、得失，该书全方位展现了罗素和中华文化之间的联系。② 刘检的《罗素看中国：罗素与中国新文化运动》以罗素与中国新文化运动的互动为主题，试图从历史语境中呈现罗素思考问题的来源、对中国社会的观察、罗素演讲点在中国的接受，以及中国之行对他本人的影响，以"民族—国家"问题作为贯穿该书的线索，多维度展现新文化运动时期罗素对中国问题的考察与建议。③

不可否认的是，以上四部专著为本书的研究预备了扎实的理论前提，提示了可靠的致思方向，提供了广阔的平台和视野。然而，所见与所弊往往相伴相随，要全面论述罗素与中国的关系，就难以深入细致地探讨罗素哲学与中国近现代哲学的认识论问题的理论关联。从这些著作中能够明显看到，虽然它们都或多或少涉及罗素的知识论与金岳霖、张岱年之间的关联，但基本是概述性质的。

在研究金岳霖、张岱年的哲学思想（包括知识论）的专著中，有些也会讨论金岳霖、张岱年与罗素的理论渊源。例如胡伟希在《金岳霖哲学思想》中，论述了金岳霖的认识论思想与西方近代认识论之间的联系。他强调金岳霖认识论的本体论立场，"既不是实证主义，也不是唯理主义，而是新实在论"④，这个新实在论就是从摩尔、罗素那里继承过来的。胡军、王中江、诸葛殷同、张家龙、刘培育在《金岳霖思想研究》中，分析了金

---

① 参见胡军：《分析哲学在中国》，首都师范大学出版社 2011 年版。
② 参见丁子江：《罗素与中华文化：东西方思想的一场直接对话》，北京大学出版社 2015 年版。
③ 参见刘检：《罗素看中国：罗素与中国新文化运动》，中国大百科全书出版社 2021 年版。
④ 胡伟希：《金岳霖哲学思想》，湖北人民出版社 1994 年版，第 28 页。

岳霖认识论的实在主义立场、逻辑分析方法等，在论述具体的认识论问题时也讨论了他和罗素之间的关联。在该著中，专门有一卷写了金岳霖评价罗素的文章，具体围绕金岳霖对罗素的逻辑哲学、感觉材料论及中立一元论三个部分的批评而展开。[①] 刘军平在《传统的守望者——张岱年哲学思想研究》中，对张岱年注重融合唯物、理想、解析的哲学理论体系进行了分析。该著提出，在张岱年哲学理论构建过程中，"罗素思想的影响如影随形，到处可见"[②]，像解析法、"感相"理论、外界实在理论等，直接来源于罗素哲学。从研究金岳霖和张岱年的专著中，能够看到一些金、张对罗素哲学继承或批判的研究，这是我们应当关注的。

此外，许多研究性论文也值得参考和借鉴。这些研究罗素哲学对中国影响的论文，大致可归为以下几类：一是对中国现代逻辑的影响；二是对新文化运动时期的中国思想界的影响；三是对西方哲学在中国传播的影响；四是对某位中国现代哲学家的影响。

关注第一个问题的，主要以林夏水、张尚水、杜国平、何杨等为代表。林夏水、张尚水[③] 认为数理逻辑在中国的形成和发展同罗素密不可分，罗素在华演讲《数理逻辑》使得不少中国学者开始接触数理逻辑，他的《算理哲学》被译成中文而传播开来。此外，金岳霖1936年写的《逻辑》，正式推广和传播了罗素的数理逻辑。杜国平[④] 提出，金岳霖构建的"范围逻辑"为解决罗素悖论提供了新的思路。言下之意即是，金岳霖写作"范围的逻辑"一文，主要是受罗素悖论的启发和影响。何杨[⑤] 通过分析20世纪上半叶现代逻辑在中国的翻译和介绍情况，阐述了张申府、金岳霖、汪奠基等翻译和介绍罗素的著作，使罗素数理逻辑传入了中国。

---

① 参见胡军、王中江、诸葛殷同、张家龙、刘培育：《金岳霖思想研究》，中国社会科学出版社2004年版。
② 刘军平：《传统的守望者——张岱年哲学思想研究》，人民出版社2007年版，第167页。
③ 林夏水、张尚水：《数理逻辑在中国》，《自然科学史研究》1983年第2期。
④ 杜国平：《金岳霖"范围逻辑"的扩充》，《湖南科技大学学报》(社会科学版)2017年第5期。
⑤ 何杨：《20世纪前期现代逻辑在中国的译介补述》，《现代哲学》2017年第2期。

关注第二个问题的，主要以郑师渠、王明生等为代表。郑师渠[1]指出，罗素的人生哲学和反思现代性的思想，对当时中国思想界反省"全盘西化论"和形成"东方文化派"产生了重大影响。例如，罗素的人生哲学启发了梁启超反思利用儒家资源走向"合理的社会"和"理想的生活"；罗素对中华文化的观点极大影响了梁漱溟对中华文化的态度和观念；罗素提倡的社会改造理论刺激了陈独秀"社会改造"理论的变动；罗素对"中国问题"的观点，使中国青年更倾向于"以俄为师"；等等。王明生[2]认为，罗素在华讲学时提过有关中国社会改造的两个建议：一是中国应按照自己的情形发展，而不要照搬西方模式；二是中国产业落后、国民贫穷，应先实行资本主义再行社会主义，而并非直接进行社会主义改造。这两个建议的提出，加上张东荪发表的一篇文章，掀起了 1920 年前后中国知识界著名的关于"社会主义的论战"。参与讨论的梁启超、杨端六、张东荪等受罗素的影响，支持罗素关于社会改造的理论和言论，而陈独秀、李大钊、毛泽东、李达等则极力反对罗素的观点。

关注第三个问题的，主要以胡伟希、胡军、江怡等为代表。胡伟希[3]指出，由罗素和摩尔提倡的新实在论思潮，在新文化运动时期传入中国，张东荪、瞿菊农、张申府等对罗素的新实在论进行了介绍。金岳霖、冯友兰是在中国推崇新实在论的主力健将。根据金岳霖自述，他进入新实在论的原因之一就是阅读了罗素的《数学原理》。新实在论在中国的产生和发展，就是在罗素哲学传播的基础上形成的。胡军[4]对分析哲学进入中国的方式和途径作了细致的研究，主要是：杜威在华讲学对罗素哲学的介绍和传播、罗素著作的译介及访华讲学的影响、洪谦等维也纳学派成员的推广

---

[1] 郑师渠：《五四前后外国名哲来华讲学与中国思想界的变动》，《近代史研究》2012 年第 2 期。

[2] 王明生：《罗素的两大命题与 20 世纪初社会主义论战的再审视》，《江苏社会科学》2010 年第 2 期。

[3] 胡伟希：《中国新实在论思潮的兴起》，《中国人民大学学报》2002 年第 4 期。

[4] 胡军：《中国现代哲学视野下的分析哲学》，《广东社会科学》2009 年第 6 期。

和传播。但罗素的逻辑分析方法对中国的影响最大。冯友兰、金岳霖、张岱年等不同程度吸收了逻辑分析方法，以重构自身的形而上学体系，从而实现中国传统哲学向现代哲学的转型。罗素分析哲学的传入在中国传统哲学的转型过程中功不可没。江怡[①] 梳理了分析哲学在中国的研究进程和现状，认为罗素是将分析哲学引入中国的第一人。罗素在华演讲及其著作的译介，首先在中国传播了分析哲学。在 1923—1924 年的科玄论战中，科学派引用罗素的逻辑分析方法与玄学派论战，推广了分析哲学。在 20 世纪 40 年代，金岳霖对罗素哲学进行了反思和批判，同时也运用逻辑分析方法进行研究，促进了分析哲学在中国进一步发展。

　　关注第四个问题的，主要以许全兴、陈波、顾红亮、许宁等为代表。许全兴[②] 指出，张申府最先将罗素的逻辑解析方法介绍到中国，并在罗素哲学的影响下，提倡逻辑解析方法。此外，张申府还力图将中国传统哲学、辩证唯物论与逻辑解析方法融合在一起，以促进中国学术由传统向现代的转型。陈波[③] 以中西会通的重要问题——归纳问题为切入点，将罗素与金岳霖在这个问题上的看法进行了对比研究。在回答休谟的归纳问题上，金岳霖同罗素之间有较深的理论渊源。他总结了金岳霖与罗素在此问题上的五个相同地方，同时也指出了两点不同。但无论怎样，罗素和金岳霖对归纳问题的解决都是失败的，他们仍然没有解决休谟问题。顾红亮[④] 认为，梁漱溟因阅读罗素的《社会改造原理》而受到罗素影响，并以此为出发点，进行罗素哲学的"儒化"进程。梁漱溟对罗素哲学的"儒化"可分为三个阶段：一是将罗素纳入儒家行列，罗素文化哲学表现出的路向与儒家哲学相一致；二是吸收罗素提出的"创造性冲动"和"占有性冲动"

①　江怡：《分析哲学在中国》，《中国社会科学》2000 年第 6 期。

②　许全兴：《张申府与中国现代哲学》，《清华大学学报》（哲学社会科学版）1996 年第 1 期。

③　陈波：《归纳问题：罗素与金岳霖——中西哲学交流的一个案例》，《社会科学论丛》2011 年第 9 期。

④　顾红亮：《论梁漱溟对罗素哲学的儒化》，《学术月刊》2015 年第 4 期。

的观点，把它转化成了直觉主义的理论；三是通过汲取罗素提出的人心为本能、理智、灵性的人心三分法，将"灵性"改造为"理性"，这一"理性"也构成了梁漱溟新儒学思想的核心观念。许宁①认为，张岱年从多方面吸收了罗素哲学，如哲学研究方法、哲学命题分析、哲学问题讨论等，张岱年还将罗素哲学同马克思主义、中国古典哲学相融合，张岱年所进行的诠释与会通的工作具有重要的哲学史价值。

　　国外文献关于罗素哲学对中国近现代哲学产生影响的研究，已经从社会改造理论、逻辑哲学、文化哲学、知识论等多个层面展开。一是在社会改造理论问题上，罗素的基尔特社会主义在 20 世纪 20 年代的中国产生了较大影响，为当时一部分中国知识分子提供了思想指南，但最终以失败告终；虽然罗素的社会改造理论失败了，但罗素关于教育的理论还是在中国得到了一定发展，例如 20 世纪 30—40 年代上海新式教育的尝试，深受罗素教育思想的影响。②二是在逻辑哲学问题上，中国现代逻辑的发展得益于罗素数理逻辑的传播，罗素在 1920 年访华时就进行过几次关于数理逻辑的演讲，此后汪奠基、金岳霖等在数理逻辑的翻译和研究方面取得了长足进步。③三是在文化哲学上，罗素访华在当时中国知识界是一次重要文化事件，罗素演讲引起了不同派别知识分子的多次讨论，主题包括教育、社会改造、数理逻辑、哲学问题等，对当时"全盘西化论者""文化保守主义者""社会主义者"等都产生了刺激作用，罗素哲学对当时中国文化的影响是全面的。④四是在知识论问题上，罗素通过逻辑分析的原子得到原子事实，由众多的原子事实通过否定词和量词的连接，得到负事实、普

---

① 许宁：《论张岱年对罗素哲学的诠释与会通》，《东岳论丛》2017 年第 12 期。

② S. P. Ogden, "The sage in the inkpot: Bertrand Russell and China's social reconstruction in the 1920s", *Modern Asian Studies*, 1982, 16(4), pp.529-600.

③ Xu Yibao, "Bertrand Russell and the introduction of mathematical logic in China", *History and Philosophy of Logic*, 2003, 24(3), pp.181-196.

④ Ding Zijiang, "A Comparison of Dewey's and Russell's Influences on China", *A Journal of Comparative Philosophy*, 2007, 6(2), pp.149-165.

遍事实和存在事实。金岳霖可能受到罗素及其哲学的影响，对有关事实的诸多问题作了系统的探讨，认为事实是被接受和安排了的所与，兼具客观性和主观性。① 从国外文献研究可见，关于罗素哲学施与中国近现代哲学的影响研究从早期的传播史叙述，逐渐深入了哲学理论的探讨，探讨的主题范围也在逐渐扩大。但与罗素哲学在中国近现代哲学产生的影响相比，现有国外研究仍然显得相对较少。

通过上述文献分析，可以大致窥探目前学术界的研究进程和状况。立足于已有的研究成果，来考察金岳霖和张岱年如何批判地继承罗素的实在主义知识论，从而分别构建各自知识论体系，是本书的中心任务。在前面研究罗素哲学对中国影响的文献中，能够发现与本书比较契合的研究成果，并从中寻找到罗素知识论对中国近现代的知识论产生影响的蛛丝马迹。然而，从学术史的梳理中，还未发现有专门集中论述罗素实在主义知识论对金岳霖和张岱年产生影响的著作，只是当涉及某人或某些具体的知识论问题时，才会讨论罗素的知识论与金岳霖、张岱年的知识论之间的关系。因此，这给本书留下了充足的研究空间。

第四节　新实在论东渐：实在主义知识论的转化背景

新实在论（neo-realism）是为批判以布拉德雷为代表的、主张唯心主义一元论的新黑格尔主义而产生的一种哲学思潮，摩尔与罗素正是引领这一哲学思潮的旗帜性人物。新实在论依循西方从柏拉图之后的实在论传统：强调"理念"或"共相"世界的实在。但与传统实在论不同，新实在论对"外物"的独立存在有着坚实的信念，"外物"的独立性就在于它的

---

① Chen Bo, "Russell and Jin Yuelin on Facts: From the Perspective of Comparative Philosophy", *Philosophy East and West*, 2019, 69(4), pp.929-950.

存在与主体的认识行为或认识能力无关。摩尔与罗素提倡新实在论始于反叛布拉德雷的"内在关系说"。罗素说："穆尔最关心的是否定唯心论，而我最感兴趣的是否定一元论，二者却是紧密相连的。其紧密相连是由于关于关系的学说。这个学说是布莱德雷从黑格尔的哲学里提炼出来的，我称之为'内在关系学说'，我称我的看法为'外在关系学说'。"① 罗素的意思是，他和摩尔虽然批判新黑格尔主义的立足点不同（摩尔批判唯心论，罗素批判一元论），但他们都指向了"内在关系学说"。摩尔 1903 年发表的《驳唯心主义》一文，被视为新实在论思潮正式诞生的标志，② 此后他与新黑格尔主义分道扬镳，由唯心论者转向了新实在论者。在后来《感觉材料的分析》《实在的概念》《外在关系与内在关系》等诸篇文章中，摩尔不断地推进和丰富他在认识论层面的新实在论思想。除了关注认识论以外，摩尔也精于研究伦理学问题。以上提到的他的文章都是关于认识论的。摩尔的名著《伦理学原理》立足于新实在论，对伦理学的基本原理进行了阐发。自从反叛新黑格尔主义后，摩尔在认识论和伦理学方面都是立足于新实在论的。罗素跟随着摩尔的脚步，一同反叛新黑格尔主义进而走向了新实在论。除了受摩尔的影响，另外一个使罗素转向新实在论的至关重要因素是对莱布尼茨哲学的研究。1900 年前后，罗素对莱布尼茨讨论过的实体观念、物质学说、单子论、知觉学说、认识论等进行了全面评述，这些评述成果集中体现在《对莱布尼茨哲学的批评性解释》中。该书出版使罗素哲学产生了"革命性"的变化，他从此由唯心论转到了新实在论和逻辑原子论的立场。一般认为，罗素的思想以多变著称，他由早期唯心论者转向新实在论者，再转向逻辑原子论，又转向中立一元论。但是，不论从感觉材料推论到外在世界，还是通过逻辑来构造外在世界，罗素都认为外在世界是独立的、实在的、客观的，从这一角度而言，他都没有离开过新实

---

① ［英］罗素：《我的哲学的发展》，温锡增译，商务印书馆 1982 年版，第 47 页。
② 程志民、江怡主编：《当代西方哲学新词典》，吉林人民出版社 2003 年版，第 292 页。

在论的立场。这可从罗素晚年的自述中得到证明，他在《我的哲学的发展》中总结其哲学立场时说："我仍然坚持外在关系学说和与之相连的多元论。……我认为经验是宇宙的一个很小部分的很有限、在宇宙中很微不足道的一方面。自从我放弃了康德和黑格尔的学说以来，我对于这些事物的见解一直没有变。"① 他始终承认外在世界是可以离开经验而独立存在的，而外在关系说和多元论，正是罗素的新实在论的重要内容。罗素自 1912 年至 1914 年间所完成的哲学著作②，几乎都是体现他立足于新实在论来研究认识论的代表性著作。

除了在英国的摩尔、罗素之外，以蒙塔古、培里、霍尔特、玛尔文等为代表的美国新实在论者，使美国成为新实在论思潮的另一重镇。美国新实在论者自觉主动地结成联盟，并设计他们的新实在论的方案和纲领，以展现他们共同的哲学研究方向。蒙塔古、培里等六位新实在论者在 1910年共同提出了《六个实在论者的纲领和第一篇宣言》，这是新实在论思潮在美国兴起的明确信号。两年后，这六位学者再次合作，完成了名著《新实在论》，该书全面论述了他们的哲学倾向，并对新实在论作了各自的发挥。他们认为新实在论是超越"素朴实在论""二元论"及"主观论"的，并且它"主要是研究认识过程和被认识的事物间的关系的学说"。③ 他们一方面继承西方近代认识论转向后的传统，注重探讨认识论问题；另一方面又将"形而上学从认识论中解放出来"④，认为外在事物的性质不能主要从知识的性质中分析或推论出来，外在事物有它的客观独立性。同时，他们拒斥一切神秘主义及直觉方法，注重逻辑分析和实证的方法。在西方近代认识论转向后的新传统的熏染下，摩尔、罗素及美国的新实在论者，在他们从事哲学研究过程中基本以认识论为主，并且他们呈现出相似的哲学理

---

① ［英］罗素：《我的哲学的发展》，温锡增译，商务印书馆 1982 年版，第 56 页。
② 这几本著作包括：《哲学问题》《我们关于外间世界的知识》《神秘主义与逻辑及其他论文》等。
③ ［美］霍尔特：《新实在论》，伍仁益译，郑之骧校，商务印书馆 2013 年版，第 4 页。
④ ［美］霍尔特：《新实在论》，伍仁益译，郑之骧校，商务印书馆 2013 年版，第 50 页。

念和方法。当新实在论思潮在英美兴盛时,在新文化运动时期向西方寻求真理以改造传统文化的中国知识分子,也对新实在论产生了浓厚的兴趣。

　　新实在论首次被详细介绍到中国,是 1920 年 5 月《少年中国》杂志以专刊的形式发表五篇介绍新实在论的文章。这几篇文章基本是对美国新实在论的介绍,包括新实在论的理论渊源、存在论、人生论、认识论、真理观等,较为全面地译述了新实在论。《少年中国》的译介,可谓是新实在论东渐的前奏,这也意味着中国哲学界开始重视盛行于英美的新实在论思潮。而新实在论东渐的高峰出现在罗素访华之后。当然,罗素访华时主要不是作为一位新实在论者被介绍的,人们更钟情于他的社会改造思想和科学的哲学方法、数理逻辑等。罗素作为一位新实在论者被提及,是张申府于 1920 年译述的《罗素》和《梦与事实》。张申府认为,罗素由于注重"关系在外说"而提倡"名理原子论"或"绝对多元论",在当时西方哲学界影响较大;罗素又用逻辑分析方法探讨心与物的问题,得出"中立一元论",这与美国新实在论的大部分理论相同。张申府认为,根据西方哲学家对罗素的研究,罗素的哲学可称为"新实在论""新新实在论""解析的实在论"或"数理实在论",罗素的哲学是以新实在论为基础的。罗素访华,使中国哲学界第一次亲炙新实在论思潮。在罗素离华之后,新实在论便开始在中国的哲学界流行开来了。[①]20 世纪 20—30 年代,在中国翻译引介和评述讨论新实在论的研究者众多,而我们将聚焦在张东荪和"清华学派"对新实在论的讨论上。因为张东荪对新实在论的"介绍最为详尽和深入"[②],而"清华学派"则是新实在论在中国绍述和融会的顶峰。

　　张东荪在《新哲学论丛》(1929 年)中,用了两章专门介绍与评述新

---

① 有研究指出:"新实在论在中国传播、介绍的高潮是在 20 年代和 30 年代初,而融会和创新的高峰则主要在 30 年代末以后。"张耀南、陈鹏:《实在论在中国》,首都师范大学出版社 2011 年版,第 37 页。

② 胡伟希:《观念的选择——20 世纪中国哲学与思想透析》,云南人民出版社 2002 年版,第 154 页。

实在论。他说："本篇专述晚近英美哲学上所谓新实在论（neorealism），而尤注意其论理主义方面。"① 张东荪注意"论理主义"，就是注重数理逻辑与新实在论之间的关系。他将新实在论的性质总结为五个方面："一、新实在论主张宇宙是多元的，在多元间自有多种的关系，这种关系的普遍不由心理所创造，所以新实在论是论理主义。二、新实在论主张这些关系的形式不尽在认识中，即不认识而这些关系依然存在，所以新实在论非经验主义。三、新实在论主张认识作用只是关系之一种，这种关系初非普遍的必然的，乃是占全宇宙之一部分罢了，所以新实在论不以为研究思想即是窥破宇宙的神秘。四、新实在论认宇宙是已成的而不是创造的，不过所谓已成的却是多样的，不是单纯的罢了。……五、新实在论主张认识的对象即是实物，不是其物的影象，但他们以为实在不尽在知识中，尚有未被知的东西，他们又以为论理的各种法则都不是绝对真理，而只是设准，所以不是十分崇尚理知。"② 它们包括提倡宇宙多元、关系外在、认识活动只是宇宙中的一部分，宇宙是既成的而非创造的以及认识对象就是客观实在的外在事物。张东荪大致指出了新实在论的核心观点，他对新实在论的评述也合理恰当。除了从整体上把握新实在论，张东荪对罗素及美国新实在论者的思想也进行了详细评述。他称罗素为"新实在论代表者"，并对其新实在论的基本特征进行概括：罗素既承认暂时的感觉世界的实在，也承认由逻辑构造的共相世界的实在，这两个世界都是真的世界，可以说它们既是心也是物或者既不是心也不是物的中立成分。张东荪在此突出了罗素在知识论上的新实在论倾向，他的论断基本与罗素思想相符。评论完罗素，张东荪接着陈述了美国新实在论的相关思想。他沿用美国新实在论者的表述，将其称作"新论理学"，并将它们归纳为九条，即：（1）新论理学是反对心理主义与惟用主义的。……以为论理的原理是客观的，即在外

---

① 张东荪：《新哲学论丛》，商务印书馆 1929 年版，第 225 页。
② 张东荪：《新哲学论丛》，商务印书馆 1929 年版，第 239—240 页。

物上。（2）旧论理学是"性"与"质"之论理学。而新论理学反之，此种性质概念虽不能完全抛弃，然总退居于小部分，而其重要的大部分则为"关系"之概念。（3）新论理学务求表示关系，如甲小于乙。（4）新论理学大部分是由系列之分析而发见的各种原理所组成。（5）新论理学承认关系有各种各样的，其中包括：不相称的关系、传递的关系、互依的关系、函数的关系，等等。（6）新论理学解决"无限"与"连续"之问题，承认"限界"。（7）新论理学以为部分之构成全体并非由于加集，故在同一的全体内得有相异的部分，各部分为一种非加集的关系。（8）新论理学以为同一的全体得属于各种世界，因其此种部分故属于此世界，因其彼种部分故属于彼世界，但是从此种部分所有关系而成的全体决不推断定由彼种部分所关系而成的全体。（9）旧论理学承认"相反"与"自明"是不可再推溯的绝对规范，而新论理学只视为"设准"（postulate），由此以探其结果。[①] 在张东荪看来，美国新实在论者所主张的观点和罗素的思想没有太大差别，他们属于同一个哲学思潮，而与旧实在论的最重要的区别是对"关系"的注重，以往实在论重视的"性质"，都可以转化为"关系"，同时这关系也不是"内在的"，而主要是"外在的"。张东荪引介新实在论，并非他自己要提倡和信奉，而是要借由新实在论来表达他的新康德主义的观点。但无论如何，他对新实在论的把握在当时中国哲学界属于一枝独秀，这在客观上为中国新实在论者吸收与融合英美新实在论做了理论准备。

张东荪对于新实在论有引介之功，然而真正吸纳它并使之中国化的是"清华学派"。[②] 这里讲新实在论的中国化，就是说中国新实在论者虽

---

① 详见张东荪：《新哲学论丛》，商务印书馆1929年版，第234—235页。

② 这里所讲的"清华学派"，专指20世纪30年代清华哲学系所体现的新实在论倾向的哲学。许多学者都对此作过论述。早在1935年，孙道昇就在《现代中国哲学界之解剖》一文中对中国的新实在论"学派"进行了评述，他说："中国哲学界的新实在论学派当然也是英美的新实在论的分枝，这派哲学是由陈大齐、冯友兰、张申府、邓以蛰、付佩青、金岳霖诸先生协力移植于中国的，继起而加入此派中的健将，则有沈有鼎、王宪钧、任华等等。目下清华（转下页）

然深受英美的影响，但他们并非简单地将新实在论移植到中国，而是要使新实在论融入中国哲学当中，对中国哲学进行改造而使之适应现代学术的要求。对新实在论传入中国的评价，胡伟希认为："中国的新实在论者与其说着意于西方新实在论思想在中国的传播，毋宁说更着意于新实在论思想在中国的创新。"① 所以，与新实在论刚被引入中国时只关注翻译和介绍不同，"清华学派"已开始自觉将新实在论作为自身哲学创作的理论资源，注重新实在论在中国的创新。金岳霖、冯友兰、张岱年等，都是当时"清华学派"中使新实在论中国化的佼佼者。

学界公认金岳霖为英美新实在论中国化的主要代表，这可从两方面考虑：一是金岳霖在多处提到，罗素是使他进入哲学领域的关键人物之一，罗素新实在论的哲学问题、研究方法对他从事哲学创作产生了重要影响；二是在金岳霖诸多哲学著作中，其所持的新实在论态度十分明显，如《唯物哲学与科学》（1926 年）、《内在关系与外在关系》（1930 年）、《关于真假的一个意见》（1935 年）等数篇文章，都明确显示了他的新实在论的立场。金岳霖留学归国后不久，便发文表达他的新实在论倾向，他说："我觉得唯物哲学与唯心哲学，从科学方面看起来，没有很大的分别，唯心哲学不能产生科学，唯物哲学也不能产生科学，而与科学有密切关系的不是唯物哲学，是唯实哲学。"② 金岳霖接续英美新实在论超越唯心与唯物的理论倾向，以为科学和新实在论的关系最契合。换言之，它说明了新实在论代表了科学的哲学方向。作为新实在论中国化的代表，金岳霖的工作绝不是为了简单地表明新实在论的立场，他是要用新实在论来改造中国传统哲学的薄弱环节。在金岳霖看来，西方近代科学的产生，与西方深厚的逻辑

（接上页）大学哲学系是此派哲学的势力范围。就中张申府先生之罗素、邓以蛰先生之美学、沈有鼎先生之逻辑，皆称一时独步，而首领则当然推金岳霖先生担任。"见郭湛波：《近五十年中国思想史》，上海古籍出版社 2010 年版，第 271 页。

① 胡伟希：《知识、逻辑与价值——中国新实在论思潮的兴起》，清华大学出版社 2002 年版，第 19 页。

② 金岳霖：《唯物哲学与科学》，载《金岳霖全集》第 2 卷，人民出版社 2013 年版，第 375 页。

和认识论传统有密切关系，而中国无法产生科学的部分原因，正在于这种意识的缺乏。所以金岳霖研究哲学的主要目标，就是弥补中国传统哲学中逻辑和认识论的不足。在英美新实在论者那里，他们研究的核心领域是知识论，而这恰好满足了金岳霖的需要。金岳霖在《知识论》中，明确指出他是站在实在主义的立场上构建知识论体系的，并且这个实在主义的理论资源主要来自罗素和摩尔。然而，金岳霖看到了罗素的知识论不足之处，即缺乏"统摄全部哲学的玄学"，这是导致罗素始终无法构建知识论体系的主要问题。鉴于罗素存在的问题，金岳霖从一开始构建知识论就对休谟、罗素等的"唯主的出发方式"进行了批判。并且，为了给知识论奠定玄学或形而上学的基础，金岳霖写了《论道》。由上可知，金岳霖既吸收英美新实在论思想以改造和弥补中国传统哲学的不足，又克服了英美实在主义知识论缺乏形而上学基础的问题。就此而言，金岳霖可谓是对中国的传统哲学和英美新实在论的双向超越。

冯友兰也是"清华学派"中将新实在论中国化的哲学家，但与金岳霖不同，他主要是融合新实在论构建自己的新理学的哲学体系，而不是研究认识论。根据冯友兰自述："在我的哲学思想中，先是实用主义占优势，后来新实在论占优势。"[1]影响他的哲学思想的两种西方哲学观念基本源自美国，这与他早年留学美国哥伦比亚大学有关，他在那里求学时，正好是实用主义与新实在论在哥伦比亚大学风靡之际。在他看来，实用主义的真理观实质上是不可知论，人对世界的认知不能超出经验的范围，超出经验范围的东西无法被认知。实用主义所追求的真理，就是有用即真理，而"所谓的客观真理是没有的"[2]。实用主义的真理观明显不能满足他对构建新理学体系的要求，他要寻找到客观实在的"理"世界，才能为新理学奠定形而上学的根基。另外，维也纳学派所极力提倡的逻辑分析方法也为冯友兰所注重，但他对该派排斥形而上学的做法比较不满。当实用主义与维

①② 冯友兰：《三松堂自序》，载《三松堂全集》第 1 卷，河南人民出版社 2001 年版，第 179 页。

也纳学派都难以符合冯友兰的理论预期时，他在美国新实在论那里找到了所需的理论资源。美国新实在论者自述其最显著的特点是"把形而上学从认识论中解放出来"，并且承认柏拉图式的"共相"的独立实在，而这与程朱理学所主张的形而上的"理"有相通之处。这就意味着新实在论的诸多理论特征与冯友兰的理论需求契合度极高，冯友兰自然地将目光投向了新实在论。冯友兰将新实在论融入中国传统哲学尤其是程朱理学之中，构建出新理学的哲学体系。但应该注意到，冯友兰主要是吸收"共相"实在的理论为人生哲学奠基，而对于新实在论的核心领域认识论没有多大兴趣。[①] 冯友兰展现了与金岳霖不同的融合西方新实在论的进路，而张岱年在新实在论中国化的过程中又不同于前两者。

张申府对新实在论的引介做了很多工作，但主要集中在罗素身上。作为在中国宣传罗素哲学的鼻祖，张申府从 20 世纪 20 年代开始就服膺于罗素哲学，直至他去世，他在晚年所写文章中指出："我赞佩罗素，敬仰罗素，最主要的是他在哲学上的伟大贡献——数理逻辑。"[②] 张申府翻译过罗素的许多著作，对罗素的思想有全面的了解，但他最看重数理逻辑和逻辑分析方法。他始终强调，数理逻辑称得上最接近科学的哲学理论，而逻辑分析方法可称为研究哲学的科学方法。张申府自述其哲学的核心是"具体相对论"，而"它的最直接的渊源就是罗素的数理逻辑上的类型说。与罗素鼓吹最力的逻辑解析法，当然大有关系"。[③] 在接纳罗素哲学基础上，张申府进一步将辩证唯物主义融入其中，提出了"解析的唯物

---

① 对冯友兰与英美新实在论的关系，以下评价较为中肯："冯友兰与西方新实在论在形而上学方面的根本差别在于：后者的形而上学是认识论导向的，为认识论提供理论基础的；前者则是人生导向的，为他的人生境界论提供基础。"见胡伟希：《知识、逻辑与价值——中国新实在论思潮的兴起》，清华大学出版社 2002 年版，第 19 页。

② 张申府：《我对罗素的敬仰与了解》，载《张申府文集》第 3 卷，河北人民出版社 2005 年版，第 515 页。

③ 张申府：《我的哲学的中心点——具体相对论》，载《张申府文集》第 2 卷，河北人民出版社 2005 年版，第 341 页。

论"。他认为逻辑分析和辩证唯物是现代哲学的主流思潮，两种哲学可以融合也应该融合，这代表了世界哲学未来的发展方向和趋势。张申府提出了很多哲学创见，但他并未进行详细论证，也未构建起哲学体系，他的哲学工作主要是引介性质的。张申府未竟的哲学事业，被张岱年继承和发展了。因张申府的影响，罗素哲学成为张岱年构建哲学体系的三重思想来源之一。

张岱年对辩证唯物主义和罗素的新实在论都产生了浓厚兴趣，他提倡新实在论中国化的主要特点是将中国传统哲学、英美新实在论、辩证唯物论三者融为一体，形成一个综合的哲学理论体系。据张岱年回忆，自从拜读了《我们关于外间世界的知识》这本书后，他开始服膺于罗素哲学，也就从此开始接受新实在论的洗礼。这里可从两方面了解到张岱年受到新实在论的影响：一方面对知识论问题的关注，另一方面对逻辑分析方法的采用。他在早期写了多篇涉及新实在论的文章，如《破"唯我论"》（1932年）、《知识论与客观方法》（1932年）、《论外界的实在》（1933年）、《谭"理"》（1933年）等。在这些文章中，张岱年对新实在论面临的主要问题和使用的主要方法都进行了讨论。关于外在世界是否实在的问题，他依据新实在论的看法，认为外在世界是"实有"的，外在世界的"理"或"共相"也不依赖于人的认识而"实有"。这个"实有"就是实在，实在是不以现存为限的，曾经存在过的事虽然过去了也是实在。但是，"理"虽然实在，却是不能脱离个别事物的。"理"寓于个别事物之中，个别事物有生灭，"理"也有生灭。他的这一观点明显受到辩证唯物论的影响，而这也是他所主张的新实在论有别于英美实在论的地方。张岱年吸收了实在主义知识论，这反映在论述其哲学体系的《天人五论》中。当然，在所有影响张岱年的思想中，最深刻的当属新实在论的逻辑分析方法。张岱年认为此方法是19世纪末以后最有成效的研究方法，所以他将此方法运用到对中国传统哲学的研究当中，其《中国哲学大纲》便是使用逻辑分析方法重新诠释中国传统哲学的典范之作。然而，张岱年对英美新实在论不注重人生哲学是不满的，他认为人生哲学应成为哲学的中心问题，而英美新实在论对此忽视是它的缺陷。因此，张岱年讨论知识论之余，也关注人生哲学的问题，这可谓是他超越英美新实在论之所在。

以上粗略概述了新实在论的东渐历程。新实在论在中国的传播远比上述所讲的丰富和繁杂，从整体上研究新实在论在中国的传播并不是我们的任务，这里旨在为罗素实在主义知识论对中国近现代知识论的影响提供一些参考背景。

第二章

以逻辑分析方法研究知识论

以逻辑分析方法（Method of Logical Analysis）来研究哲学的相关问题，被视为罗素哲学的一大特点。罗素说："自从我放弃了康德和黑格尔的哲学以后，我一直是用分析的方法来寻求哲学问题的解决。我仍然坚信……只有用分析才能有进步。"① 在写作《数学原理》（1910年）后的一系列哲学著作中，他始终运用逻辑分析方法对具体的哲学问题进行分析和研究。罗素将"逻辑分析哲学"作为其《西方哲学史》这本书的总结部分，这意味着他将自己的逻辑分析哲学视作超越以往西方哲学的最新阶段。罗素一直在寻找确定的、科学的知识，并且通过不同的方式和理论为这个问题寻求答案。诚如埃蒙斯所认为的那样，在这将近40年的时间里，"知识论成为罗素哲学研究的一个中心"②。正是通过多篇知识论著作，我们可以看见罗素是怎样利用逻辑分析方法去讨论有关知识问题的。

金岳霖深谙逻辑分析之道，其本体论著作《论道》便是运用逻辑分析方法对中国传统哲学的核心概念"道"进行哲学分析的典范。他在绪论中写道："罗素底那本书我那时虽然不见得看得懂，然而它使我想到哲理之为哲理不一定要靠大题目，就是日常生活中所常用的概念也可以有很精深的分析，而此精深的分析也就是哲学。"③ 在这里，金岳霖直接承认他的逻辑分析方法就是来自罗素哲学。在另一本著作《知识论》中，逻辑分析方法也贯穿在金岳霖研究各种知识问题的始终。

张岱年称罗素是对其哲学思想影响最深的两位西方哲学家之一。他指出："逻辑分析应是哲学的基本方法，对于任何概念、任何命题，都应进行必要的分析。"④ 他尝试融合唯物辩证法和逻辑分析方法，以此重新诠释中国哲学史以及各种哲学问题。他在为《中国哲学大纲》所作的序中提

---

① ［英］罗素：《我的哲学的发展》，温锡增译，商务印书馆1982年版，第10页。

② Elizabeth R. Eames, *Bertrand Russell's Theory of Knowledge*, London: George Allen and Unwin LTD, 2013, pp.24-25.

③ 金岳霖：《论道》，载《金岳霖全集》第2卷，人民出版社2013年版，第6页。

④ 张岱年：《自序》，载《张岱年全集》第1卷，河北人民出版社1996年版，第3页。

出，该书最关心的研究方法有四种，其中一种便是"析其辞命意味"，即要对传统哲学中的概念进行精密辨析以确定其确切含义，而对概念进行精密辨析的方法，就是罗素的"解析法（Analytic Method）在中国哲学上的应用"。[①]《天人五论》之《知实论》是张岱年研究知识论的著作，正因为对逻辑分析方法的注重，张岱年在这本书中对知识论的诸多问题进行了详尽的分析。不论从研究的内容上还是方法上，《知实论》烙下了罗素实在主义知识论的深刻印记。

既然逻辑分析方法在罗素、金岳霖和张岱年那里都是从事哲学研究的基本方法，那么论述逻辑分析方法的必要性就成为首先需要解决的问题，这是本章第一节主要论述的内容。罗素在其总结性著作《我的哲学的发展》中，提到了逻辑分析方法的重要性，以及该方法在哲学研究（知识论）中的必要性。金岳霖明确提出，他是在罗素哲学的熏陶下开始使用逻辑分析方法的。虽然金岳霖没有专门论述逻辑分析方法的文章，然而我们可以在他的诸多著作中看到该方法的娴熟运用。由此可见，逻辑分析方法在金岳霖这里也是必要的。张岱年不同于金岳霖，他对逻辑分析方法有过专门论述，他认为该方法是进行哲学研究的科学方法，不仅在研究知识论等具体的哲学问题上，在研究哲学史中，逻辑分析方法都具有必要性。逻辑分析方法是必要的，但它如何运用到知识论中，是这里更需要关注的问题。所以，接下去要论述的就是罗素、金岳霖和张岱年在各自的著作中，是如何在讨论具体的知识论问题时运用逻辑分析方法的，这是本章第二节主要论述的内容。金岳霖、张岱年继承了罗素将逻辑分析方法运用于知识论的方式，但他们并未严格遵循罗素的使用方式。罗素使用逻辑分析方法来讨论心与物，以此来消解传统的形而上学，然而金岳霖却使用该方法去构造"道"的形而上学为知识论奠基，这成为金岳霖知识论的显著特征。张岱年不仅吸收逻辑分析方法，同时也吸收了唯物辩证法，试图将它们进

---

① 张岱年：《自序》，载《张岱年全集》第 2 卷，河北人民出版社 1996 年版，第 2 页。

行融合来研究知识论问题。

第一节 逻辑分析方法的必要性

罗素指出:"逻辑是哲学的本质。"[①] 他认为从事哲学研究,就是进行逻辑分析。不少学者认为,罗素在哲学方面最重要的贡献,便是提倡使用逻辑分析方法,正是因为极力推广该方法,使他成为分析哲学思潮的奠基者之一。罗素为何要提倡逻辑分析方法?换言之,逻辑分析方法为什么在哲学研究中是必要的?罗素给出了他的答案。在罗素看来,逻辑分析能给人以新知识,并且对原有的知识无所损害。他以对污水的认识为例,当我们用肉眼观察污水,我们只能看到浑浊不清澈的水,除此之外很难有对水的更多了解,但我们借助显微镜观察后,就能发现污水中的杆菌及其他的污染物,这就是增加了新的知识。用逻辑分析方法研究知识,就像用显微镜观察污水,能使我们进行细致深入的分析,从而获得新知识。罗素指出,逻辑分析方法是他一生从事学术研究中"最强、最坚定的成见"[②]。自1910年写完《数学原理》后,罗素的哲学著作大都运用了逻辑分析方法。较为成熟地运用逻辑分析方法的著述是《我们关于外间世界的知识》,该书的副标题叫"哲学上科学方法应用的一个领域"。罗素明确提出,该书就是"试图借助一些例证来说明哲学中逻辑分析方法的性质、能力和限度"[③]。在罗素看来,要打破传统形而上学的束缚使哲学成为一门科学,就必须使用逻辑分析方法对以往的哲学问题进行分析,而只有将使用这种方

① [英]罗素:《我们关于外间世界的知识——哲学上科学方法应用的一个领域》,陈启伟译,上海译文出版社2008年版,第21页。

② [英]罗素:《我的哲学的发展》,温锡增译,商务印书馆1982年版,第119页。

③ [英]罗素:《我们关于外间世界的知识——哲学上科学方法应用的一个领域》,陈启伟译,上海译文出版社2008年版,第1页。

法后的结果展示给世人,人们才能真正理解哲学的意义。所以,罗素选择了"外间世界的知识"这一古老的哲学问题进行逻辑分析,以期获得对这一哲学问题的全新的说明,进而获得客观的知识,最终证明逻辑分析方法的有效性。

除了获得新知识,罗素认为使用逻辑分析方法可以为知识带来精确性与清晰性。罗素说:"我注重确定性及清晰性,而反感神秘的模糊性。"①追求确定性的知识始终是罗素哲学的目标,他希望发现有多少事物是可知的以及对这些事物的认知有多大程度的精确性或可疑性。如何获得确定性的知识?罗素的方法就是通过逻辑分析对科学或常识所蕴含的核心概念和命题进行讨论,扫清由概念和命题所构成的思想上的混乱,又将与逻辑相关的知识从特殊学科里抽离以便获得精确性与清晰性知识。罗素认为,神秘的模糊性是阻碍人类获得确切知识的绊脚石,且神秘的模糊性源自传统的形而上学,要廓清这种模糊性,就需要对传统的形而上学进行批判分析。他在《神秘主义与逻辑》一文中,通过"理性与直觉""统一性与复多性""时间""善与恶"这四个问题,对"神秘主义"进行了逻辑分析。②神秘主义在上述四个问题上的态度,与科学研究相比具有显著差异。这里以"善与恶"的问题为例进行说明。善恶问题从赫拉克利特、柏拉图等开始就成为传统形而上学的重要议题,但罗素认为,善恶在神秘主义那里本质上就是具有一定强度和深度的情感,或者可称为某种信念。这种情感或信念对人的生活或行为而言是重要的,它揭示了人性的一种可能性,但它未向我们说明关于宇宙性质的东西。所以在罗素看来,无论是好抑或坏,又或者神秘主义者主张的充盈整个宇宙的高级善,皆可以视为人类本身的情感呈现于事物中,它们实质上并非事物本身的某个方面的内容。传统形

---

① Bertrand Russell, *The Basic Writing of Bertrand Russell*, edited by Robert E. Egner and Lester E. Denonn, London and New York, 2009, p.1.

② 关于"理性与直觉""统一性与复多性""时间""善与恶"四个问题的详细讨论,可以参见[英]罗素:《神秘主义与逻辑及其他论文》,贾可春译,商务印书馆 2017 年版,第 3—33 页。

而上学讨论的善恶问题，并不能为我们提供关于外在世界的确定性的知识，相反，有时它甚至会让我们带着某种感情色彩看待世界，使得我们认识世界具有很强的主观性。因此，要使哲学具有科学性，就应该保持"伦理的中立性"，抛弃神秘主义的伦理观。在扫清神秘主义的影响后，如何在哲学研究中让我们获得客观的确定性的知识，而使哲学具有科学性？罗素的回答是：在从事哲学研究过程中运用科学方法——逻辑分析方法。他在《论哲学中的科学方法》这篇文章中，对逻辑分析方法作为科学方法作了详细的诠释和说明。罗素认为有两条道路可使哲学走在科学的康庄大道上，一条是哲学利用新近科学所得到的最一般的结论，并对其作普遍化的处理；另外一条是研究科学所使用的方法，并对其进行必要改造，然后再将改造后的方法运用到哲学领域。在第一条道路上，由于对结论的过分关注，许多受到科学鼓舞的哲学已经误入了歧途，有鉴于此，罗素关注的重心是在方法而不是结论上。并且，这种方法只运用于哲学的一般命题，不过问具体的事物。罗素断言存在着一些可以表示每个事物的一般命题（即逻辑命题），通过逻辑分析这些命题，就能获得对事物的知识。在罗素看来，逻辑分析通常关注两方面的内容①：一是一般命题，这类命题不会涉及个别事物，它只讨论普遍性的东西；二是逻辑形式，它不涉及事实内容而只讨论事实的种类、命题类型等这种形式上的东西。如果能充分地分析一般命题和逻辑形式，就是将世界分成各个部分进行细致的研究，这样可以获得关于客观世界的详细知识。

以上旨在阐释逻辑分析方法是罗素从事哲学工作的必要方法。罗素的哲学思想以多变著称，但是其哲学研究方法却始终不离逻辑分析方法。虽

---

① 罗素对逻辑分析所关注的两方面内容，具体陈述如下：一、"它关心的是某些一般陈述，并且这些陈述是就一切事物做出的，却又不提及任何一个事物或谓词或关系"；二、"它关心逻辑形式的分析与列举，即关心可能出现的命题种类，关心不同类型的事实，并关心事实成分的分类。"见〔英〕罗素：《神秘主义与逻辑及其他论文》，贾可春译，商务印书馆 2017 年版，第109 页。

然罗素从未对逻辑分析方法下过定义，但在他几乎所有的哲学著作中，都能看到逻辑分析方法的使用，正如他所说："唯有在应用中，一种方法的意义或者说重要性才能被理解。"①

与罗素一样，金岳霖未曾写过有关逻辑分析方法的专门文章，但在他的著作中却随处可见逻辑分析方法的运用。金岳霖对逻辑分析如此关注，源自阅读罗素的那本《数学原理》。该书所使用的分析方法，刷新了金岳霖对哲学研究的认知，研究哲学不一定非要研究大问题，对普通生活中的概念进行细致的分析都属于哲学。在金岳霖看来，传统哲学家基本有这样的问题，他们总是试图构建无所不包的哲学体系，最注意自己哲学思想的融贯性，因此就不会重视增加对一事一物的具体知识，从而使传统哲学难以积累知识、缺乏继续发展的动力。要想推进传统哲学的发展，逻辑分析方法是必不可少的研究方法，因为它包含着科学的态度。金岳霖认为，科学家的"理智工作不旁扯一切，不包括全体，对于一事一物，用精密的方法，来增加我们的知识"。②哲学家要学习科学家的方法，对一事一物的具体知识都应当进行精密的分析，以此增加我们的知识。金岳霖的这个观点继承自罗素，罗素也批判过传统哲学存在的这个问题。罗素说："迄今为止，绝大多数哲学都被构造成了一个单一性的整体。"③这个"单一性的整体"，就是哲学家自己的哲学体系。要构建自己的"单一性的整体"，往往需要从头开始工作，这就容易忽视历史上已经拥有的确定性知识。所以，罗素希望他的哲学研究像科学一样"是零敲碎打式的"，对具体事物的知识进行细致分析，以此增加新知识。金岳霖认为，运用逻辑分析方法除了可以增加新知识外，还能够厘清传统哲学概念的模糊性。因为他认为传统哲学还有这样一种困难：传统哲学使用日常生活中的词汇来表达思想，而又不想涉及这些日常词汇的普通意义，但因为不区分，由此产生的后果就

---

①③ ［英］罗素：《神秘主义与逻辑及其他论文》，贾可春译，商务印书馆 2017 年版，第 110 页。
② 金岳霖：《唯物哲学与科学》，载《金岳霖全集》第 2 卷，人民出版社 2013 年版，第 378 页。

是日常词汇的意义还是掺杂到了传统哲学思想中。金岳霖的意思是，在哲学研究中使用日常语言，容易使日常语言本身的意义与哲学所要表达的意义含混不清，也容易导致普通意义与哲学表达的特殊意义之间的界限不明，由此带来了概念的混乱模糊。要避免传统哲学使用日常语言的模糊性，就需要对其进行逻辑分析，以保持概念的清晰性和明确性。通过逻辑分析方法的运用，就能克服传统哲学中存在的诸多问题，从而使哲学更具有科学性。

数理逻辑在 20 世纪初期所取得的成就让金岳霖确信，在哲学或知识论研究中最有用的方法便是逻辑分析方法。由于数学与逻辑的结合，逻辑摆脱了以往仅限于三段论范围内的状态，并且，逻辑通过数学符号的运用发展到了新阶段。新阶段的逻辑能够处理的问题的深度和广度，比传统逻辑要大得多，"一方面它允许更大的概括，另一方面，它可以简化到很少几个初始思想"[1]。此外，新阶段的逻辑是高度封闭的系统，它技术性极强以至于鲜有人问津，但也由于此，新阶段的逻辑才能够"以其最发达的形式"去"处理棘手的认识问题"。[2] 金岳霖所说的新阶段的逻辑就是罗素特别提倡的数理逻辑。罗素在《数理哲学导论》中提出，许多知识论问题至今还未得到很好的解决，也未获得确切的结论，而数理逻辑作为一种方法，有助于这些问题的讨论和解决。罗素的数理逻辑所使用的方法，即逻辑分析方法。因为非常信赖数理逻辑，所以金岳霖认为逻辑分析方法是从事哲学研究的方法中最强、最有成效的。他说："逻辑一旦被相信，就是哲学中最强有力的工具之一。"[3] 既然将逻辑分析方法作为最有效的方法，那么它是如何帮助哲学研究呢？金岳霖提出，在逻辑分析上树立严谨的态度、遵循严格的分析步骤，便能完全廓清混沌思想或笼统概念。对哲学命题进行严格的逻辑分析，就是对命题的函项进行细致分析，以保证命题的

---

①②　金岳霖：《逻辑的作用》，载《金岳霖全集》第 6 卷，人民出版社 2013 年版，第 468 页。
③　金岳霖：《逻辑的作用》，载《金岳霖全集》第 6 卷，人民出版社 2013 年版，第 482 页。

清晰明确，分析后再将命题重新组合，看其是否具有意义。通过继承罗素，金岳霖强调从事哲学研究工作就是对概念命题进行精密的逻辑分析。当然，金岳霖对此方法也有着清晰的认识，他认为逻辑分析主要被当作从事哲学研究的一种方法，而不是将其视为哲学研究的主题进行讨论。从金岳霖学术历程看，逻辑分析方法在其哲学体系中发挥了重要作用，不论是对"道"的形而上学的构建还是对知识理论的分析，它都是被金岳霖作为基本方法而使用的。

虽然都强调逻辑分析方法的必要性，但与罗素、金岳霖不同，张岱年为介绍逻辑分析方法写过专门的文章。[①] 不论在哲学史抑或在哲学理论的研究中，张岱年对逻辑分析方法都十分信赖。他同金岳霖一样，认为可将逻辑分析方法视为从事哲学研究的科学方法，该方法"是二十世纪初以来在哲学中最占优势的方法，而也是最有成效的方法"[②]。因为在他看来，西方 20 世纪初期的哲学名著，大多是运用逻辑分析方法完成的。罗素以为，要使哲学进步，必须使用逻辑分析方法。张岱年也持同样观点。张岱年指出："作哲学功夫，第一要作解析工夫。"[③] 也就是说，从事哲学工作，首先就要做好"解析"（逻辑分析）的工作。学习如何在哲学中运用"解析"方法，就成为张岱年从事哲学研究的前提和基础。那何谓逻辑分析方法呢？张岱年作了如下定义："所谓逻辑分析方法，即根据感官经验，对于概念命题进行缜密的分析，从而达到比较明确的结论。"[④] 他的这个定义由总结罗素而来，有着浓厚的新实在论色彩。对如何理解逻辑分析方法，张岱年试着从两个方面作答。第一，要知道该方法的根本倾向或态度。逻辑分析就是要从根本上取消传统形而上学，因为历史上的形而上学大多是通过想象构造起来的，具有空想性、不确定性，这不符合近代以来的科学精

---

① 例如张岱年专门写过《逻辑解析》《科学的哲学与唯物辩证法》《维也纳派的物理主义》等文章。
②③ 张岱年：《逻辑解析》，载《张岱年全集》第 1 卷，河北人民出版社 1996 年版，第 177 页。
④ 张岱年：《〈罗素哲学译述集〉序》，载《张岱年全集》第 8 卷，河北人民出版社 1996 年版，第 75 页。

神。张岱年认为逻辑分析方法作为科学的方法注重对细节的分析，它的根本态度是要求概念的精确性和命题的可证实性，而这与罗素哲学的科学精神基本一致。第二，还要知道逻辑分析的对象。它的对象并非具体的事物或东西，而仅指概念和命题。他说："逻辑解析乃是考察常识中科学中的根本概念和根本命题的意谓。"① 由于它的对象是概念和命题，所以它不存在人们通常所批判的拆散事物、割裂整体的问题，进行逻辑分析便要区分句子的不同意义、确定语言的使用范围。厘清概念和命题需要逻辑分析的方法，但同时也离不开经验的证实。张岱年指出："所谓厘清概念或命题，也即是把这概念或命题对于经验的关系显示出来。"② 他的观点明显沿袭了新实在论注重"经验"的学术传统。一个命题是否具有某种意义，主要在于它所表示的内容能否从经验中得到证实，如果它所表示的内容能为经验所证实，就说明它有意义；不能被证实就无从判断它的真伪，当然也无须谈论它的意义。因为特别强调逻辑分析方法在从事哲学工作中的作用，所以张岱年对该方法作了较为细致的考察；也因为对逻辑分析方法了解的深入，他更加确信该方法的必要性。

张岱年反复强调，研究哲学无法离开逻辑分析方法，因为"解析是哲学之基本工夫"③，但也不能全靠逻辑分析方法，除此之外还应当有辩证法、直觉法等。辩证法是指唯物辩证法，它具体可分为辩证的分析与综合这两种方法。张岱年极力融合逻辑分析方法与唯物辩证法来从事哲学研究，他认为两种方法相辅相成、互有补益。直觉法主要指"哲学的慧观"（philosophical insight or philosophical vision），它是罗素提倡的一种研究方法，也就是他在《我们关于外间世界的知识》一书中讲的"哲学洞见"，他说："当我们把可用方法去做一切都已做过了，我们就达

① 张岱年：《逻辑解析》，载《张岱年全集》第1卷，河北人民出版社1996年版，第178页。
② 张岱年：《逻辑解析》，载《张岱年全集》第1卷，河北人民出版社1996年版，第179页。
③ 张岱年：《哲学上一个可能的综合》，载《张岱年全集》第1卷，河北人民出版社1996年版，第269页。

到了只有直接的哲学洞见能使问题继续进展的地步。"[1] 张岱年继承了罗素的观点，也认为逻辑分析方法最后得到的结果，大多需要通过"慧观"来获得。如果没有直觉法，即使对概念命题进行了细致缜密的分析，也很难得出结论。可以说，在从事哲学研究的方法上，张岱年持多元的态度，但逻辑分析方法仍然占据主导地位，"解析在各方法中总不能不说是最根本、最基础的方法"。[2] 在使用其他的方法从事哲学研究时，必须以逻辑分析方法作为它们的基础或根本。

由于受罗素哲学的影响，金岳霖和张岱年都强调逻辑分析方法在从事哲学研究过程中的必要性。罗素主要运用逻辑分析方法去诠释辨析知识论的诸多问题，但金岳霖和张岱年不同。由于深受中国传统哲学的影响，金岳霖不仅将逻辑分析方法运用于知识论，还运用于构建"道"的形而上学；张岱年将逻辑分析方法运用于认识论、本体论、伦理学及哲学史等各个方面。这里主要围绕着知识论来展开，因此接下去要讨论的就是在罗素哲学的影响下，金岳霖和张岱年是如何将逻辑分析方法运用于知识论研究的。

第二节　通过逻辑分析方法为知识论奠基

当罗素从经验出发开始寻求世界的确定性知识的时候，他首先遭遇了哲学史上的一个棘手难题："现象"与"实在"的区别，即"事物好像是什么和它究竟是什么这两者之间的区别"。[3] 罗素以观察桌子为例。一个人观察桌子，从视觉看是方形的、棕色的，从触觉摸是硬的、光滑的，用力敲打时会发出木头的闷响声；然而当另外一个人观察这张桌子时，他可能

---

① ［英］罗素：《我们关于外间世界的知识——哲学上科学方法应用的一个领域》，陈启伟译，上海译文出版社 2008 年版，第 159 页。

② 张岱年：《逻辑解析》，载《张岱年全集》第 1 卷，河北人民出版社 1996 年版，第 181 页。

③ ［英］罗素：《哲学问题》，何兆武译，商务印书馆 2007 年版，第 3 页。

得出与前者不大相同的感受，假如他是色盲就很可能认为桌子是灰色的。从现象而言，不同的人对桌子的观察产生了不同的感觉，那便无法得出统一的确定性的知识，但为何我们都一致认为这是桌子而不是其他东西呢？罗素为此提出了两个问题：一是到底有没有一张实在的桌子？二是如果有，它可能是个什么样的客体？为了更好地解决这两个问题，罗素将能直接被感觉认识的对象叫"感觉材料"，而将能直接意识到对象的感性经验叫"感觉"。在上述例子中，颜色、硬度、形状这些直接被认知的东西都是感觉材料，感觉材料不是桌子本身，但要认识桌子就必须通过这些感觉材料。罗素把实际存在的桌子视作"物理的客体"，"物理客体的总和就叫做'物质'"。①这样，罗素就将"现象"与"实在"之间的关系问题转化为了"感觉材料"与"物质"（物理客体）之间的关系问题。由此，他对上述两个问题进行了重新表述：（1）究竟有无"物质"？（2）假如有，它的性质如何？在罗素之前，很多哲学家已对此进行过讨论，如笛卡尔、贝克莱、莱布尼茨、休谟、康德等，且由此产生了唯物与唯心的两种互相对立的传统。罗素在批判与总结前人的基础上，试图缓解唯物与唯心的对立，他根据威廉·詹姆士的中立一元论及美国新实在论所持的理论，提出"世界的'材料'既非精神的，亦非物质的，而是二者都从中构造出来的一种'中立的材料'"②，此即罗素的中立一元论（Neutral Monism）。金岳霖认为："中立一元论是罗素哲学和认识论的定型。"③金岳霖作此论断的一个重要依据，就是罗素通过中立一元论找到了世界的确定性知识的出发点，因为这个中立一元论，罗素知识论的演绎系统就有了最原始的元素，其知识论体系便能建立在坚固的地基之上。中立一元论的提出源自对心与物的详尽的逻辑分析，其具体成果表现在以下三本著作中。

　　在《心的分析》中，罗素首先从最新的心理学成果出发，对通常被视

①　［英］罗素：《哲学问题》，何兆武译，商务印书馆2007年版，第6页。
②　［英］罗素：《心的分析》，贾可春译，商务印书馆2010年版，第2页。
③　金岳霖：《罗素哲学》，载《金岳霖全集》第4卷上，人民出版社2013年版，第264页。

作心灵本质的意识进行了批判。他批判意识作为精神现象本质的直接理由"来自分析及分析的困难"①。罗素并未给意识下定义或说明意识是什么，他分析了以往心理学认为的意识所包含的"知觉""记忆""信念"等几种方式，并引出与这几种意识方式都相关的"对象"问题。他与布伦塔诺将对象视为"意向性的内存在"的理论进行了论战，同时也承认弗洛伊德所持的"无意识"之思想，其目的就是分析论证"意识"并非生命或心灵的本质，思想的本质也不在于同对象的关联。通过分析的方式确立了基本观点后，罗素进而对构成心灵或精神现象的诸要素进行了专门分析，如对"本能与习惯""欲望与感受""心理的因果律""内省""知觉""感觉与意象""记忆""词与意义""一般观念与思想""信念""真假""情感与意志"等的分析。通过对这些主题的细致分析，罗素重建了全新的心灵概念。不可忽视的是，罗素在分析心灵概念时，始终借用威廉·詹姆士的中立一元论和约翰·华生的行为主义观点为自己立论。在该书的"精神现象的特征"末章中，罗素对全书进行了总结。他试图指出，物理学和心理学都各有长处，不能简单以心灵否定物质或以物质否定心灵，心物之间没有根本差别，它们"同样都是逻辑的构造；它们由之构造出来或者说从中推论出来的那些殊相拥有各种不同的关系，其中的一些是物理学所研究的，而另外的一些是心理学所研究的"。②在《心的分析》中，罗素提出以逻辑构造的方式建构心与物，但他还只是做了一半的建构工作，他仍需完成"物"的建构任务。

通过《物的分析》这本著作，罗素对"物"明确地提出了从逻辑分析到逻辑建构的过程。该书分为三个部分：第一部分是"物理学的逻辑分析"；第二部分讨论涉及知识论的"物理学与知觉"的相关问题；第三部分讨论"物理世界的结构"问题，这涉及"物"的逻辑构造问题。从罗素的文章及其讨论而言，物的构造的复杂程度远胜于心的构造。"物"的构

① [英]罗素：《心的分析》，贾可春译，商务印书馆 2010 年版，第 3 页。
② [英]罗素：《心的分析》，贾可春译，商务印书馆 2010 年版，第 272 页。

造完成于《物的分析》，但早在《我们关于外间世界的知识》那本著作中就已开始讨论"物"了，同时在《神秘主义与逻辑及其他论文》中也有所体现。"物"的构造较为复杂的一项重要原因，就是 20 世纪物理学的迅速变化。罗素认为，物理学被视为科学的典范，要使知识论具有科学性，就必须了解最前沿的科学。为此，罗素写了《原子论 ABC》（1923 年）和《相对论 ABC》（1925 年）两本关于物理学的通俗著作，并得到了爱因斯坦的认可，这为他对物理学概念和问题作逻辑分析提供了有力支持。《物的分析》第一部分就是使用逻辑分析方法分析当代物理学，并且集中在量子力学及相对论上。在完成对现代物理学概念和问题的逻辑分析后，罗素接着深入探讨了物理学与知觉的关系问题。现代物理学愈来愈倾向于抽象，这就使得物理学与知觉之间的鸿沟愈来愈大，作为经验论哲学家，罗素需要维系现代物理学与知觉的纽带，以保证物理学知识的可靠性。罗素从基本知觉出发，经过对常识、经验科学、特殊事实、科学推理等分析，一步步论证知觉与物理学的关系。经过对物理学与知觉关系的逻辑分析后，罗素找到了维系物理学与知觉关系的纽带，即对物质进行逻辑构造，换句话说，就是发现了物理世界的结构。所以，罗素在《物的分析》的最后做了最重要的工作，就是用"事件（events）"作为构造的基本材料，对物进行逻辑构造，而这也延续了罗素中立一元论的一贯立场。在《物的分析》之前，罗素使用点、瞬间、感觉、感觉材料来构造物，但在《物的分析》后，它们就被"事件"所取代了。这主要是因为现代物理学的发展，相对论中的时—空一体化概念取代了经典物理学分立的时间和空间概念，所谓的"事件"就是占据一个时—空区域的存在体或结构。从《心的分析》到《物的分析》，罗素将逻辑分析与逻辑构造的方法贯彻始终，他指出："把物理学和心理学、心灵和物质分离开来的传统做法在形而上学上是站不住脚的。"[①] 他认为心灵和物质并无根本不同，它们只是因"事件"

---

① ［英］罗素：《物的分析》，贾可春译，商务印书馆 2016 年版，第 12 页。

或"感觉材料"在逻辑构造过程中组织排列或关系的不同而导致的差异。他在《物的分析》的最后一句说:"从哲学的立场看,物理的和精神的之间的差别是表面的,并且是不真实的。"① 罗素在此重申了他的立场:构成心灵与物质的基本材料是"事件",因此由"事件"构成心灵、物质之间并无根本的差别。罗素在《哲学大纲》里总结了《心的分析》与《物的分析》的结论,他依然将逻辑分析方法运用于心与物的讨论,他的目的仍旧是寻求世界的确定性知识,这与科学所要寻求的目标相似,只是哲学更具有批判性和普遍性。

金岳霖接受了逻辑分析方法,同时也接受了罗素所讨论的心与物的结论。金岳霖说:"在认识论上我是以一个实在论者自居的。"② 对新实在论的吸收,使得金岳霖在心物问题上的看法与传统的唯心论或唯物论大相径庭,他指出:"唯心派把万物收在心上,唯物派把万事堆在物上。照常识看起来,心与物的分别很大。但常识把它们当作两件事体,或者两件东西,各有各的个性,自然分别很大。如果我们以物为心,或者以心为物,那么,结果是宇宙一元,唯心派的'心'和唯物派的'物'就是一件东西,叫它'心'也好,叫它'物'也好,没有很大的分别。"③ 金岳霖摒弃常识的看法,试图超越唯心派与唯物派,因为心与物的争论并不能增加人们的知识。金岳霖特别提出,他的知识论是"既不唯心,也不唯物"④的,而这明显延续了罗素强调跨越心物相对立的新实在论立场。罗素通过对心与物的逻辑分析消解传统的形而上学,以便使知识论成为一切科学的基础,这是自笛卡尔、斯宾诺莎以来的西方认识论转向后的传统。但是,金岳霖不同意康德、罗素等人以知识论为一切科学的前提,而坚持玄学乃

---

① [英]罗素:《物的分析》,贾可春译,商务印书馆 2016 年版,第 413 页。
② 金岳霖:《〈论道〉一书的总批判》,载《金岳霖全集》第 4 卷下,人民出版社 2013 年版,第 682 页。
③ 金岳霖:《唯物哲学与科学》,载《金岳霖全集》第 2 卷,人民出版社 2013 年版,第 376 页。
④ 金岳霖:《知识论》,载《金岳霖全集》第 3 卷上,人民出版社 2013 年版,第 22 页。

是统摄一切哲学的前提，"这就是金岳霖知识论的一个根本性特点"①。在金岳霖这里，要讨论知识论问题首先便要重建新玄学，从而为知识论奠基。金岳霖说："我是赞成玄学的人，我觉得新玄学与老玄学有极重要的分别，反对老玄学的人，不见得一定反对新玄学，新玄学的题材，是各种科学中所使用而不能证明、不能否认的概念。先用'欧肯的刀''Qakum's razor'割去用不着的，然后分析存下的思想，分析之后再从事条理。"②金岳霖超越唯物与唯心的目的就是为了重建新的形而上学。更进一步说，他认为要建构新的形而上学，必须从无法证明也无法否认的最根本的概念出发，并运用罗素经常使用的奥卡姆剃刀的原则，对概念、命题作精深的分析诠释，然后再做逻辑建构的工作。金岳霖关于新玄学的设想，在《论道》那里充分展现出来了，而他对新玄学的设想就是靠逻辑分析方法展现出来的。③金岳霖通过《论道》对能、式、理、势、几、数、无极、太极等中国传统哲学的观念进行了逻辑分析，并通过逻辑构造的方式，逐步建立起"道"的形而上学。金岳霖"对道的内容及其展现过程的论证、阐释和演绎上充分运用了现代分析哲学而主要是罗素新实在论的逻辑分析方法"。④当新玄学被逻辑分析方法构造起来后，金岳霖就为知识论打下了坚实的地基。

虽然金岳霖继承新实在论尤其是罗素的逻辑分析来为知识论奠基，但金岳霖展现了与罗素不同的理论维度。罗素在《哲学问题》中提出，能为人们直接认识的仅有感觉材料这个当下呈现出来的东西，有关外在世界的知识，只能由这个当下呈现出来的感觉材料经过推论获得。尽管罗素后来抛弃了推论说而代之以构造论，但为逻辑构造所使用的原料仍然是感觉。

① 胡军：《中国哲学的现代转型》，北京大学出版社 2013 年版，第 82 页。

② 金岳霖：《唯物哲学与科学》，载《金岳霖全集》第 2 卷，人民出版社 2013 年版，第 378 页。

③ 杨国荣指出："正是运用逻辑分析的方法，金岳霖对玄学问题作了考察。"见杨国荣：《实证主义与中国近代哲学》，华东师范大学出版社 2018 年版，第 145 页。

④ 陈启伟：《金岳霖先生的道形而上学和圣哲观》，载金岳霖：《论道》，商务印书馆 2015 年版，第 251 页。

如前所述，"心"与"物"都是罗素使用逻辑分析方法构建出来的，同时又将"事件"当作基本原料去构建客观物质，而这"事件"仍然是直接的感觉。在罗素看来，感觉可以成为物理的与精神的两个世界所共同具有的事物，同时又可以将感觉界定成为物质和心灵的交集。就罗素将感觉视作最基本的物质构造材料而言，这呈现出某种心理主义的倾向，而这恰恰是金岳霖所要批判的。他在《知识论》中直言不讨论心与物的问题，心与物很少在他的文中出现，因为他认为分别讨论心物问题，很容易导致"物与心，两相对待彼此无路可通的情形发生"①。所以，金岳霖就通过讨巧的方式取消心物问题，他不直接讨论心与物，而是将心物问题所涵盖的内容拿来讨论。例如，他的知识论中的所与、事体等可归属为物的内容，而思想、想象等则可视作心的内容。这样可从根本上反对心物二元论，知识论就可以撇开心与物的诸多问题，同时也能避免罗素的心理—感觉主义的倾向。"对心理—感觉主义的这种拒斥，为金岳霖在知识论上超越新实在论提供了内在的理论前提。"②在《知识论》第一、二章中，他从批判唯主的出发方式展开了对知识论的研究。他认为罗素的知识论从唯主方式出发，无法保证知识的有效性和客观性。因此，金岳霖站在实在主义的角度，承认"有独立存在的外物"这个命题就是不允许人们对其有任何怀疑，这样就能够保证知识论前提的有效性和客观性。而"有独立存在的外物"这一命题的本体论依据，就是《论道》所构建的"道"的形而上学。总之，金岳霖既继承以往中国哲学的核心概念，也吸收现代西方哲学重视逻辑和知识的理性精神，试图运用逻辑分析方法来构建"道"的形而上学，从而为知识论奠基，表现出与新实在论者相异的理论旨趣，也展现了他旨在扭转中国传统哲学一直以来"逻辑和认识论的意识不发达"③的局面。

在知识论上，张岱年没有像罗素那样通过分析心、物来寻找知识论的

---

① 金岳霖：《论事实》，载《金岳霖全集》第3卷下，人民出版社2013年版，第1332页。
② 杨国荣：《实证主义与中国近代哲学》，华东师范大学出版社2018年版，第149页。
③ 金岳霖：《中国哲学》，载《金岳霖全集》第6卷，人民出版社2013年版，第376页。

出发点，也没有像金岳霖那样通过逻辑分析的方式构建形而上学为知识论奠基，而是首先阐述了逻辑分析方法在研究知识论问题中的基础性作用。张岱年在 1932 年《知识论与客观方法》那篇文章中，指出以往哲学家在讨论知识论时，较多运用了反省法或内省法，然而还有另外一种考察知识的方法：非内省法或外察法，也称作客观方法。内省法主要有两个弊端：一是不能充分考察知识现象的全貌。在内省中，能知与所知的界限不明，容易将二者混为一谈，这样很难把握知识的对象。此外，在内省法中能知与所知也不能跳出个人自身来认识外在的对象。二是内省法主要作为个人知识的反省，无法了解知识现象的真实面貌。知识包括个人的与社会的，个人的知识并非自本自根的，它有来自个人经验的部分，同时也有来自社会历史的部分。通过反省法很难对个人经验以外的知识进行考察。鉴于内省法的两处不足，张岱年提倡在知识论的研究中运用非内省的方法，即客观方法。这种客观方法主要包括五个方面：（1）考察他人的知识；（2）对哲学与科学的历程进行分析；（3）考察人类知识史；（4）对儿童知识发展过程进行研究；（5）考察动物的知识。张岱年提倡的这种方法，就是西方近代的实证主义的方法。而张岱年吸收的实证主义的方法，主要来自以摩尔、早期罗素为代表的新实在论阶段的实证主义。与第一代实证主义者洛克、孔德、穆勒等不同，将逻辑分析方法引入实证主义构成了新实在论的主要特点，而这一阶段的代表人物是罗素。在张岱年看来，"罗素的知识论，不少部分是由非内省的观察而得"。[1] 所以，他在讨论知识论时，非常注重使用由吸收罗素而来的逻辑分析方法。他明确指出："以逻辑解析法讨论知识问题，就是考察关于知识的命题或关于对于外物的知觉以及自己认识的命题。"[2] 将逻辑分析方法运用于知识论问题，就是对知识概念进行辨析、对知识命题进行论证，厘清混乱的语言，区分命题的意义，从而

---

[1] 张岱年：《知识论与客观方法》，载《张岱年全集》第 1 卷，河北人民出版社 1996 年版，第 58 页。

[2] 张岱年：《逻辑解析》，载《张岱年全集》第 1 卷，河北人民出版社 1996 年版，第 179 页。

使知识的概念与命题清楚明白、精确无误。张岱年在这里明确了知识论所研究的对象和范围，这与罗素知识论有直接的继承关系。张岱年的知识论成果主要表现在 20 世纪 40 年代研究哲学理论的《天人五论》中。按照张岱年自述，《知实论》的主题就是"试图从感觉的分析来证明客观世界的实在"①。他在该书中使用逻辑分析方法对诸多具体的知识论问题作了铢分毫析。不论从研究方法还是研究内容上，《知实论》对罗素知识论吸收颇多。

在逻辑分析方法的问题上，张岱年除了吸收罗素，他对维也纳学派也有所借鉴。1933 年，他写了《维也纳派的物理主义》，这篇文章对该派的逻辑实证论进行了细致的评述。维也纳学派认为哲学就是对概念的厘清界定和句子的语法分析活动，像讨论形而上学及知识论都是没有意义的。张岱年对他们否定形而上学及知识论持批评的态度，但认可他们逻辑实证的方法，他说："我们所应取之解析法，仍当以穆尔（C. E. Moore）、罗素（B. Russell）之解析法为主，不过当略参维也纳派之新贡献，即所谓句法解析。"②可以看到，张岱年对维也纳学派关于句子语法分析是比较重视的，因为这有助于对知识命题和概念作精深的逻辑分析。此外，据张岱年回忆，他对逻辑分析方法的重视，曾经受过金岳霖的启发。早在1932 年之前，他就阅读了金岳霖的《论自相矛盾》（1927 年）、《外在关系》（1928 年）等文章，并对之表示认可与赞扬。众所周知，这两篇文章是金岳霖早年运用逻辑分析方法讨论知识论问题的经典之作。张岱年说："我学习运用逻辑分析方法，是受罗素、穆尔的影响，同时也学习金先生的分析方法。"③可见，张岱年运用逻辑分析方法于知识论的研究，是吸纳各家、博采众长的结果。

---

① 张岱年：《知实论》，载《张岱年全集》第 3 卷，河北人民出版社 1996 年版，第 71 页。
② 张岱年：《哲学上一个可能的综合》，载《张岱年全集》第 1 卷，河北人民出版社 1996 年版，第 269 页。
③ 张岱年：《研习哲学过程杂忆》，载《张岱年全集》第 8 卷，河北人民出版社 1996 年版，第463 页。

与罗素、金岳霖一样，逻辑分析方法是张岱年研究知识论的基本方法，但张岱年还提倡运用唯物辩证法来讨论知识论问题，并试图结合这两种方法。张岱年认为，唯物辩证法是一种非内省的或客观的方法，可称之为一种科学方法。张岱年对辩证法的定义作过细致的阐述，他说："辩证法乃是考察事物之全貌以发现事物之变化规律之方法，亦即，考察一历程内之诸要素与其一切相互关系，以及其对于历程以外之其他要素之一切关系，而寻求历程之内在的变化根源，厘定历程之发展规律，以达到对于历程所含之诸现象之全面的理解。"[1] 他认为辩证法的精髓在于能对事物作全面的考察，获得对事物诸现象的全面理解，而这完全契合《知识论与客观方法》（1932 年）那篇文章所提倡的客观方法。进一步而言，正是因为运用辩证法，旧唯物论（机械唯物论）才得以过渡到新唯物论（辩证唯物论）的阶段。张岱年说："新唯物论与旧唯物论之异，无减于新实在论与朴素的实在论之殊。"[2] 新实在论区别于朴素实在论的主要标志是逻辑分析方法的运用，张岱年这里的言外之意是：唯物论区分新旧的主要标志即为辩证法的运用。他将新唯物论分为两个部分：宇宙论和知识论。张岱年特意写了《辩证唯物论的知识论》（1933 年）一文，他认为以往讨论辩证唯物论的知识论著作比较缺乏，内容也不深入，因此，他希望以系统的形式写出该文来弥补不足。辩证唯物论的知识论的精髓包括三个方面："一，从社会与历史以考察知识；二，经验与超验之矛盾之解决；三，以实践为真理准衡。"[3] 第一、二个方面的知识论问题，是可以通过运用辩证法来解决的。然而，过分注重辩证法就意味着对形式逻辑的忽视，这实在有碍于新唯物论的发展。因此，要完善新唯物论，就应当吸收现代各派哲学的成果，尤其是罗素哲学，"现在形式之新唯物论所缺之者实为解析方法，而

---

[1] 张岱年：《哲学思维论》，载《张岱年全集》第 3 卷，河北人民出版社 1996 年版，第 28 页。
[2] 张岱年：《关于新唯物论》，载《张岱年全集》第 1 卷，河北人民出版社 1996 年版，第 129 页。
[3] 张岱年：《关于新唯物论》，载《张岱年全集》第 1 卷，河北人民出版社 1996 年版，第 131 页。

罗素哲学则最能应用解析方法者"①。从《辩证唯物论的知识论》的行文结构可以看到，全文条理清晰、层次分明、论述合理，具有明显的逻辑分析方法特征。张岱年再三提出，使用逻辑分析方法能有益补充在使用唯物辩证法方面的不足。当然，辩证法也能弥补逻辑分析方法的缺陷。在《科学的哲学与唯物辩证法》（1933年）这篇文章中，张岱年简单尝试了结合这两种方法来讨论知识论问题。在张岱年看来，用逻辑分析方法对知识论的诸多概念进行辨析，虽然能很好地解决许多哲学问题，但难免有所缺陷。如对"第一因是什么"的问题进行精细的概念分析，分析到最后总能发现包含一个或两个以上的概念之间有矛盾，不能融洽。逻辑分析不能解决这个矛盾的问题，但唯物辩证法对此有可靠的解决思路。在张岱年这里，以上两种方法不可或缺，它们是研究知识论的必要前提，同时也为其"综合创新"的哲学观提供了方法论的基础。

总之，发端于罗素而为金岳霖和张岱年所继承的逻辑分析方法，为他们研究知识论提供了坚实的基础，并成为他们讨论知识论问题的显著特征。当然，他们在各自的知识论上运用逻辑分析方法也有明显差异。运用逻辑分析方法的异同，对他们讨论具体的知识论问题也产生了一定程度的影响。罗素一直认为使用逻辑分析方法是他最深的"成见"，然而我们从以上的分析可知，罗素的自我评价放在金岳霖和张岱年身上也是恰如其分的，逻辑分析方法也是金岳霖和张岱年的哲学思想中较深的"成见"之一。

---

① 张岱年：《关于新唯物论》，载《张岱年全集》第1卷，河北人民出版社1996年版，第133页。

第三章

感觉论：认识的来源

罗素说："我们关于物质世界的知识是通过视觉、触觉等等官能获得的。"① 这很好地说明了感觉在认识中的作用，由此也引出几个问题：（1）是否有一个独立实在的外在世界？（2）感觉与外在世界究竟表现为何种关系？（3）通过感觉能获得关于外在世界的客观知识吗？……这些都是认识论所要讨论的关键问题。经历了西方近代哲学的认识论转向后，哲学家们探讨哲学问题往往从感觉出发，如笛卡尔的怀疑主义是从怀疑各种感觉入手的；知觉的普遍可靠性是莱布尼茨哲学的一个前提；贝克莱强调存在即是被觉知；休谟认为人类一切知觉可分为印象和观念，它们是构成人类知识的基础；等等。基于感觉论在知识论中的基础性地位，在罗素、金岳霖和张岱年的各自著作中，他们都用较大篇幅对感觉论进行了研究分析，以此拉开了探索知识论的序幕。

本章论述感觉论，主要回答两个问题：一是主体认识外物的方式；二是主体如何获得关于外物的知识。在主体通过什么样的方式来认识外物的问题上，罗素、金岳霖、张岱年分别给出了"亲知""正觉""知觉"三个不同的答案。既然他们的答案不同，那么金岳霖和张岱年对罗素有哪些继承，又有哪些批判，这是本章第一节所要论述的。而感觉论的核心问题是如何通过感觉来获得关于外物的知识，罗素、金岳霖、张岱年的观点分别是"感觉材料""所与""感相"。第二节主要论述罗素的"感觉材料"论，罗素认为我们关于外物的知识并不能通过亲知直接获得，我们亲知到的只能是感觉材料，因此在罗素这里只有通过分析感觉材料来获得关于外物的知识。第三节主要讨论金岳霖的"所与"理论。金岳霖对罗素的感觉材料理论持批判态度，他认为罗素的感觉材料不具有客观性。在批判感觉材料的基础上，金岳霖提出了"所与"理论，而由"正觉"获得的"所与"既是对象也是内容，这就跨越了传统认识论中感觉内容与外物之间无法统一的问题。第四节主要论述张岱年的"感相"理论。张岱年对罗素"感觉材

---

① ［英］罗素：《神秘主义与逻辑及其他论文》，贾可春译，商务印书馆 2017 年版，第 122 页。

料"论进行批判的继承，并且运用逻辑分析方法对"感相"进行了详细分析，他明确提出了"由感相知外物"的观点，并试图从"感相"来论证外在世界的实在。

第一节　认识外物的方式：从"亲知"到"正觉"和"知觉"

对实在主义者而言，感觉是人们通向外在世界的桥梁，对外在世界知识的考察是从感觉经验开始的。何谓感觉？这是感觉论需要首先回答的问题。罗素对感觉的定义是："感觉是一种心理的事件，是我们对可感对象的觉知。"①罗素将感觉称为一种心理事件，这是包括视觉、触觉、听觉、嗅觉等不同种类的觉都具有的共同因素，也可称之为意识。除了作为心理事件外，感觉的另一重含义是对可感物的觉知，并且每个种类的感觉都能获得不同的感觉材料，如视觉获得颜色、听觉获得声音、触觉获得软硬等。罗素在感觉的定义上受摩尔的影响较大。早在 1903 年，摩尔在《驳唯心论》一文中就分析了感觉，他说："在每种感觉中，我们有两个不同的因素：一个我称之为意识，一个我称之为意识的对象。"②摩尔认为感觉包含意识和意识对象两种要素，并且意识对象可以不被意识到而独立存在。这表现了摩尔的实在主义立场。受摩尔的影响，罗素在《哲学问题》中对感觉和感觉材料进行了明确区分，他说："让我们把感觉中所直接认知的东西称作'感觉材料'：如颜色、声音、气味、硬度、粗细等等。我们把直接察觉到这些东西的经验称作'感觉'。"③感觉就是对感觉材料直接认知的经验，它是有别于感觉材料的精神事件。在感觉中，无论是视

---

① ［英］罗素：《我们关于外间世界的知识——哲学上科学方法应用的一个领域》，陈启伟译，上海译文出版社 2008 年版，第 50 页。

② G.E. Moore, *"The Refutation of Idealism", in Philosophical Studies.* London: Routledge, 2001, p. 17.

③ ［英］罗素：《哲学问题》，何兆武译，商务印书馆 2007 年版，第 5 页。

觉、触觉，抑或听觉、嗅觉，它们都能对种种感觉材料进行直接认知或亲知（acquaintance）。所谓亲知就是主体与感觉材料的一种直接的认知关系，或者说，主体直接意识到感觉材料自身而无须借助其他中介手段。

在罗素看来，亲知是获得知识的基础和根本保证。亲知是人们接触外部世界最简单、最确实、最直接、最普遍的方式，它是感觉活动的最基本特征。罗素认为所有的感觉活动和思维都不得不始于亲知，它如同笛卡尔的"我思"一样，是无可怀疑的起点。他说："什么东西都可以怀疑，但是最低限度，我们的某些直接经验似乎是绝对可以肯定的。"[1] 这里的"直接经验"就是罗素所谓的亲知。亲知有着原始可靠性，如果我们通过命题知道了一件事物的某些特性，但没有亲知该事物，那我们对该事物就不会有真实的了解。罗素在多处提及了亲知的基础性。他在《论指称》（1905年）中说："在我们可以理解的每个命题中……所有的成分都确实是我们具有直接亲知的实体。"[2] 他在《亲知的知识与描述的知识》（1911年）中说："我们所能理解的每一个命题都必须全由我们所亲知的成分组成。"[3] 他在《哲学问题》（1912年）中说："我们的一切知识，不管是有关事物的知识或是有关真理的知识，都以亲知为其基础。"[4] 他的亲知理论的特色在于：亲知不仅是感觉知识的基础，同样也是理性知识的基础。由于亲知是感觉与理性的双重基础，因此它的对象有两类：感觉中亲知的对象是感觉材料，思想中亲知的对象则是逻辑事实。无论是感觉材料还是逻辑事实，罗素把它们都称为客体，因为它们都是亲知的对象。同时，亲知作为主体的一种直接认知活动，是属于精神性质的。这样，亲知既是沟通主体与客体的桥梁，也表现为主体与客体间的一种二元关系，而这些都是以亲知的基础性为依据的。亲知是包括感觉、记忆、印象在内的所有认知关系

① ［英］罗素：《哲学问题》，何兆武译，商务印书馆2007年版，第11页。

② ［英］罗素：《逻辑与知识》，苑莉均译，商务印书馆1996年版，第68页。

③ ［英］罗素：《神秘主义与逻辑及其他论文》，贾可春译，商务印书馆2017年版，第211—212页。

④ Bertrand Russell, *The Problems of Philosophy*, New York: Oxford University Press, 1997, p.48.

的先决条件。上述主要讨论的是关于感觉的亲知，除此之外，亲知还有记忆的、内省的、概念的等多种类型。关于记忆的亲知，罗素认为正常的人都能回忆起以前接触过的感官事物，我们能够直接认知到以往接触过的事物，并且肯定它是发生在过去而不是现在，这种由记忆的亲知而产生的知识，是形成有关过去一切知识的前提。关于内省的亲知，是我们在亲知感官对象时，我们能意识到我们在亲知感官对象。例如我在观察蜜蜂时，我同样能意识到我在观察蜜蜂这件事。内省的亲知，是形成有关内心事物的知识的前提。罗素总结道："在感觉中，我们认识外部感觉所提供的材料，在内省中，我们认识所谓内部的感觉——思想、感情、欲望等所提供的材料；在记忆中，我们认识外部感觉或内部感觉所曾经提供的材料。"① 不论是感觉、内省或记忆，它们接触对象的方式都是通过亲知，并且都是对殊相的亲知。除了对殊相的亲知外，还有对共相的亲知，即前文所说的在思想中的亲知。我们对共相，如红色、关系、性质等一般性的概念都是可以亲知的。罗素说："对于共相的察觉可以叫作形成概念。"② 亲知共相就是把握概念的过程。不论是在感觉还是在思想中，罗素赋予了亲知的基础性地位。

罗素总是将亲知与摹状相提并论。因为在他看来，物理客体或他人心灵并不在我们所亲知的客体之列。物理客体或他人心灵是通过"摹状"而被人认识的。罗素将"一个某某"或"这一个某某"此类短语称为"摹状词"。"一个"表示此摹状词是模糊的，而"这一个"则表示此摹状词是确定的。在罗素看来，只有确定的摹状词才代表摹状的知识，摹状的知识就意味着我们对这个客体的知识不是由亲知而来的。比如我们知道汉代的第一位皇帝存在过，并且我们也了解过有关这第一位皇帝的一些命题，然而我们仍然不知道他具体指谁。因为他已经去世了二千多年，我们对他没有

---

① ［英］罗素：《哲学问题》，何兆武译，商务印书馆 2007 年版，第 39 页。
② ［英］罗素：《哲学问题》，何兆武译，商务印书馆 2007 年版，第 40 页。

亲知，我们对他的了解只是摹状的知识。由此可见，摹状的知识是在我们不能亲知的情况下，通过确定的摹状词来描述对象从而获得一种间接知识的方式。虽然摹状词重要，但罗素仍然强调亲知基础性。他说："在对包含着摹状词的命题分析中，一条基本原则是：我们所能了解的任何命题都必须完全由我们所亲知的成分构成。"① 这是罗素知识论的一条重要原则，包含摹状词在内的任何命题都必须建立在亲知的基础上才能被人们理解。例如上面提到的汉代第一位皇帝，我们通过《史记》的记载可以知道是汉高祖刘邦，而关于刘邦的史实最初就是由史官或相关人员的亲知获得的。无论是共相还是殊相，摹状的知识根源于亲知。虽然亲知是基础，但摹状也有其必要性。罗素认为："摹状的知识的最重要意义在于，它可以摆脱个人经验的限制。"② 通过摹状的知识，我们便能获得未亲身经历的知识，这也就使知识超越了个人的层面而达到普遍层面。尽管我们所知道的真理全部是通过经验的亲知获得的，但我们仍能根据摹状拥有对从未经验过的事物的知识。

在 1912 年之前，罗素对感觉与感觉材料是进行区分的，亲知是感觉的最基本特征，它不仅限于作为感觉活动的基础，还是记忆、印象、思想等的先决条件。在 1912 年之后，罗素逐渐取消了感觉与感觉材料的区分，此时的亲知已经没有了先前的基础性。自 1919 年走向中立一元论之后，在罗素的著作中更难觅亲知的踪影。这一方面是由于亲知本身所包含的内在矛盾，使亲知理论难以自圆其说；另一方面，是罗素通过《心的分析》和《物的分析》两本著作，由逻辑原子主义转向了中立一元论的立场，通过"事素"的逻辑构造就能构造出罗素需要的客体，亲知理论已不能发挥作用。

对罗素的亲知理论，金岳霖持批判的态度。金岳霖对此提出了两点质

---

① Bertrand Russell, *The Problems of Philosophy*, New York: Oxford University Press, 1997, p.58.

② Bertrand Russell, *The Problems of Philosophy*, New York: Oxford University Press, 1997, p.59.

疑：一是亲知的知识是物理客体的知识吗？二是由亲知的知识能推论出间接知识吗？针对第一点质疑，金岳霖提出亲知的对象是感觉材料，而罗素的感觉材料不是物理客体，所以亲知的知识并非物理客体的知识。金岳霖认为罗素的亲知给我们的印象就是一种感觉器官上的直接接触，这种直接接触就是直接认识。但事实并非如此。金岳霖说，我们时常有视而不见、听而不闻的状况。举个明显的例子，当我们在发呆走神时，一只鸟从我们眼前飞过，我们眼睛虽然看到了鸟，然而却没有意识到它就在眼前。金岳霖认为罗素的亲知理论就容易产生视而不见、听而不闻的问题。金岳霖说："感觉不只是感官活动而已，就认识说，重要的是觉，而罗素并没有解释觉。"[1]没有注重"觉"是亲知存在的问题。当进一步讨论亲知的知识时，问题就出现了。罗素多次提及，在感觉中亲知的对象是感觉材料，它们是像"红""方""甜""硬"等类型的东西。我们确实能对这些感觉材料有亲知，但这些感觉材料不是物理客体，它们也不能代表物理客体，这就意味着亲知的知识不是关于物理客体的知识。针对第二点质疑，金岳霖认为罗素从亲知的知识推论出间接的知识说不通。罗素认为亲知的知识能推出间接知识的一个重要依据是因果关系。罗素的因果观大体承袭自休谟。罗素认为因果关系主要是由于关系双方经常发生联系而产生因果的问题，但它们之间没有必然性，当然也就没有由因致果的"致"。然而，在由亲知的知识推论出间接知识的问题上，罗素却十分信赖因果关系。罗素认为感觉材料得以产生的原因是物理客体。因此，通过亲知感觉材料性质、关系等形成的知识，能根据因果关系推论出关于物理客体的间接知识。而因果关系在罗素这里却没有必然性，因此，罗素从亲知的知识推论间接知识就没有必然性。除因果关系外，罗素认为亲知的知识能推论出间接知识的另一个理由是对感觉材料的亲知。这就是说，通过对感觉材料的亲知，能够获得关于物理客体本身的形式、性质、关系等。金岳霖认为这是办不到

---

[1]　金岳霖：《罗素哲学》，载《金岳霖全集》第 4 卷上，人民出版社 2013 年版，第 193 页。

的。因为罗素的感觉材料涵盖了感觉、梦觉、幻觉等的材料，而金岳霖认为真正感觉的对象与幻觉、梦觉的对象性质完全不同。由梦觉或幻觉而来的感觉材料，就无法推论出真正的物理客体。这是金岳霖晚期在《罗素哲学》中明确对罗素的亲知理论的批判，虽然此时他的哲学立场已转变为辩证唯物主义，但他的这个批判却是延续了他实在主义知识论的观点。

作为实在主义者，金岳霖也认为知识应当从感觉说起，因为感觉既是通向外在世界的窗口，又是知识的发源地。然而，金岳霖对西方近代以来的感觉论颇为不满，因为他们感觉论的出发方式是唯主方式。这种方式将感觉围于此时此地，从而也将认识局限在此时此地的感觉之内。金岳霖在《知识论》中对这种方式进行了系统批判，从笛卡尔、贝克莱、休谟到康德、罗素，尤其对罗素的唯主方式批判最重。在金岳霖看来，唯主的出发方式存在着两个致命缺陷：一是得不到非唯主的共同和非唯主的真假；二是得不到独立存在的外在事物。第一个缺陷，唯主的出发方式围于当下的感觉，此时感觉内容往往是私人的，难以超出个人经验的范围。因此，唯主的共同往往是主观的感觉内容中的共同，而不是真正客观的共同。依据唯主的出发方式，所谓的"他人"也只是感觉内容中的"他人"，不具有独立性、客观性。所以自己与他人便无法对真假作出客观的一致的判断，有一致的判断也仅限于感觉内容中的一致。第二个缺陷，唯主的出发方式总是从当下的感觉出发，从感觉内容去推论外在事物的存在，而不是首先承认外在事物的存在、承认感觉以外在事物为对象。当下的感觉总是瞬息变化的，感觉内容随感觉生灭而生灭，从随时生灭的感觉内容推论实在的外在事物，存在着理论上难以克服的困难。罗素亲知理论就处在这个困难之地，他将亲知的知识视为外在事物的知识，这正是金岳霖所要批判的。金岳霖对罗素从亲知推论到外在事物的做法进行了详细分析，最后得出这样一种结论，即：如果不首先假定或确信外在事物的存在，那么推论就无从谈起；但如果假定或确信了外在事物的存在，推论就没有必要了。

金岳霖批判了以罗素为代表的唯主的出发方式，并肯定了外在事物的独立存在。但独立存在的外在事物只是保证知识的客观性的基础条件，知识论的诸多问题仍然悬而未决。知识论的主要问题之一，是要回答我们如何认识外在世界或主体如何达到外在事物？金岳霖继承西方近代认识论传统从感觉谈起，并且他将能够形成知识的感觉限制在官觉。金岳霖说："知识底大本营是官觉，不是其他的觉。"[①] 讨论知识论问题应该从官觉开始。官觉又可以分为三类：错觉、野觉和正觉。而就官觉来说，金岳霖实质是以正觉为标准去衡量其他的觉。无论从错觉和野觉还是梦觉和幻觉中得到知识，其最后的根据总是正觉。金岳霖进一步说："知识底大本营总是正觉。"[②] 他以正觉代替官觉，因此他的感觉论可被称为正觉中心观。金岳霖给正觉下的定义是："正常的官能者在官能活动中正常地官能到外物或外物底一部分即为正觉。"[③] 金岳霖尤其强调"正常"，它主要是相对于个体所属的类而言的，"正常"就是具有其所属类的类型。正常的感觉活动的个体在正常的感觉活动中总是能有相同的对象，这个对象就是独立存在的外在事物或它的一个部分。在这点上，金岳霖专门批评了罗素的感觉材料。罗素的感觉材料（sense-data）不是外在事物或它的一个部分，并且他认为每个人的感觉材料的成分和性质都不尽相同，感觉材料是私人经验的产物。罗素的亲知只能达到感觉材料，而金岳霖的正觉则能达到外在事物。金岳霖认为只要同一件事物在性质上没有变更，正常的个体通过正常的感觉活动获得的关于该事物的性质就是相同的。因为正常的个体是具有所属类的类型者，这就意味着正常个体获得的性质也是属于类型的。所以，金岳霖说客观的呈现是相对于类型的而不是个人的。金岳霖由此得出客观就是"类观"的说法。在这里，金岳霖将个体的感觉转化为类的感觉，这就使得个体经验超越私人领域成为共同经验，个人感觉也可以提供客观的呈现。金岳霖的"正觉"就是类型的感觉，是具有客观性和共同性

---

① 金岳霖：《知识论》，载《金岳霖全集》第 3 卷上，人民出版社 2013 年版，第 38 页。

② 金岳霖：《知识论》，载《金岳霖全集》第 3 卷上，人民出版社 2013 年版，第 137 页。

③ 金岳霖：《知识论》，载《金岳霖全集》第 3 卷上，人民出版社 2013 年版，第 141 页。

的，这也就解决了唯主方式无法超越主观性和私人性的问题。

为了应对罗素由感觉推论或构建外在事物的困难，金岳霖提出正觉是一种集合，这个集合是由感觉活动的个体和外在事物共同组成的。正觉本身就包含了感觉活动的个体与外在事物两项内容，正常的个体通过正常的感觉活动就能感知到独立存在的外在事物，无需通过类似感觉材料这样的中介。当然，正觉不止有感觉活动的个体和外在事物，它还包括感觉活动的个体和外在事物之间的两项关系"R"，这个"R"就代表正觉关系。从结构看，正觉是由感觉活动的个体、外在事物和正觉关系"R"构成的关系集合；就整体而言，它表示一件特殊的事情，它总是在某时某地发生的事情，有它的背景、历史等。除了解决罗素的困难，金岳霖提出正觉关系的目的还在于批判感觉论中的因果说、代表说和存在即被感知说。普通感觉论中的因果说，是指外在事物与呈现之间的因果关系，外在事物是呈现的因，呈现是外在事物的果。在金岳霖看来，正觉关系根本用不着这种因果关系。正觉关系是感觉活动的个体和外在事物的关系，不是呈现于外在事物的关系，并且正觉中的呈现就是外在事物或它的一个部分。代表说是指感觉的呈现代表了外在事物。有几种类型的代表，如照相式、地图代表地形式、图书馆目录代表书本式等，它们的共同点是代表和被代表的是两个不同的个体。但在正觉中，呈现就是外在事物或它的一个部分，而不是作为外在事物的某种象征。存在即被感知是贝克莱的观点，金岳霖在对唯主方式的讨论中对其进行过详细的批评，它取消外在事物的独立性是金岳霖所极力反对的。但如果从另外一个角度着想，似乎可以用来解释正觉关系，即："存在即被知或被觉似乎可以解释成外物底形色状态是相对于官觉或官能类的。"[①] 把存在就被感知诠释为外在事物的性质是相对于官能类的，这就比较符合正觉关系的要求。应该看到，金岳霖的正觉关系说，多少受到了罗素感觉论的启发。前文提及，罗素将亲知视为主体与客体间的

---

① 金岳霖：《知识论》，载《金岳霖全集》第 3 卷上，人民出版社 2013 年版，第 153 页。

一种二元关系，但是罗素的客体主要指感觉材料，所以外在事物还是需要通过感觉材料来推论或构建。金岳霖更进一步的地方在于将正觉视为感觉活动的个体和外在事物的关系，他的正觉是可以直接达到外在事物的。金岳霖谈到正觉是有呈现的感觉活动，并且将这个呈现称为"所与"。"所与有两方面的位置，它是内容，同时也是对象；就内容说，它是呈现，就对象说，它是具有对象性的外物或外物底一部分。内容和对象在正觉的所与上合一。"① 金岳霖将外在事物与感觉内容统一在正觉的所与上，这使他超越了以往的感觉论，克服了罗素乃至整个唯主方式的感觉论中最困难的一个环节：感觉内容与外在事物之间的鸿沟。金岳霖的这一理论明显是针对罗素的困难而提出的，在填平了内容与外物之间的鸿沟后，金岳霖在构建知识论的大厦中就有了坚实的地基。

张岱年以感觉论为基础展开了对知识论的研究。他对外界实在的证明，就是从感觉出发的。他在回忆总结关于知识论的专著《知实论》时说："这是 1943 年写成的，试图从感觉的分析来证明客观世界的实在。"② 这里可以把张岱年对感觉的分析集中在一个"感"字，因为"感相""感官""感景""感征""感境"等有关"感"的专有词汇，构成了他搭建知识论框架的脚手架。受罗素的影响，张岱年在感觉论的讨论中非常注重对"感相"（类似罗素的感觉材料）的研究，对"感相"以及与之相关概念的分析是他论证外界实在的主要内容。而在如何认识外在世界或主体如何达到外在事物的问题上，与罗素偏爱"亲知"、金岳霖注重"正觉"不同，张岱年提倡"知觉"。何谓知觉？张岱年说："凡一般所谓目见耳闻、体触鼻嗅，皆所谓知觉。由知觉而设造符号成立命辞，以推衍为理论，便是知识。知识由知觉扩充而成，而含括知觉。"③ 张岱年认为知识可以分为三类，包括外在事物的知识、自身的知识及知识的知识。无论何种知

---

① 金岳霖：《知识论》，载《金岳霖全集》第 3 卷上，人民出版社 2013 年版，第 147 页。
② 张岱年：《知实论》，载《张岱年全集》第 3 卷，河北人民出版社 1996 年版，第 71 页。
③ 张岱年：《知实论》，载《张岱年全集》第 3 卷，河北人民出版社 1996 年版，第 72 页。

识，它们都是从耳闻目见、鼻嗅体触的知觉开始的，知觉可称为知识的发源地。

张岱年对知觉进行了逻辑分析。他认为知觉可分为两个步骤：其一，是人的感觉器官通过感觉获得了关于外在事物的映象；其二，是人的思维器官通过推论得到当下身外存在着一个什么样的外在事物。这两个步骤意味着知觉首先需要通过感官接触感相，再经过主体有意识的分析，从而得到外在事物的知识。张岱年对知觉的理解与金岳霖的正觉有相似之处，都注重"觉"，而不仅限于感官的直接接触。张岱年将感官直接接触感相的活动称为简单感觉，这种简单感觉既不能知理也不能知物，所以他几乎不讨论简单感觉。张岱年注重知觉，并对此进行了分析："在知觉，所觉非即所感，而实已对当前所感加以解释。"[①] 知觉虽然是当下的直接的认知活动，但它已超越了直接经验的范围，对所感之物的解释既包括当前的经验，也涉及过去经验和未来经验的关系。接着，他举了"这是一个方桌"的例子来进一步分析。在这个陈述中，"这"表示由感官所呈现给我们的感相，"方桌"表示一个独立实在的外在事物。"这是一个方桌"包含两层意思：首先，由感官接触到的感相是独立存在的外在事物（方桌）的表象；其次，感官接触到的感相并不是唯一的，从不同的角度或使用不同的感官进行感知，能得到与"这"感相相联系的其他的感觉材料（感相），而这些感相都是对独立存在的外在事物（方桌）的显现。通过这个例子，张岱年得出感相能够推论出外在事物实在的结论，他说："我现在感境中有一方桌的感相，我由此推知我面前有一实在的方桌。"[②] 张岱年由感相推论外在事物实在的观点，几乎就是罗素通过感觉材料推论实在的外在事物的理论翻版。在罗素那里，通过亲知获得感觉材料；而在张岱年这里，凭知觉获得感相。知觉不同于亲知的地方在于，知觉是包含了经验在内的感

---

①② 张岱年：《认识·实在·理想》，载《张岱年全集》第 1 卷，河北人民出版社 1996 年版，第 422 页。

觉，此感觉经验涵盖了过去、当下和预测未来三个方面。比如在知觉中，我们察觉到一物体，并且通过估算预测到该物体与我们自身的距离，然后我们用尺子测量得到的结果大致与估算的相当。在这次知觉活动中，就综合了我们以往的视觉和触觉经验，并且预测了未来。如果没有经验，我们的知觉往往会出现错误。比如我们抬头望天空中的某颗星星，我们便无法在知觉中知道它与我们的实际距离。张岱年总结说："知觉即凭感相以知外物。"[①]可以看到，张岱年从知觉论证外界实在较多地继承了罗素的感觉论。

对比罗素、金岳霖和张岱年在如何认识外在世界或主体如何达到外在事物的问题上的观点，金岳霖和张岱年都不同程度地吸收了罗素的感觉论，并且各有批判和继承。虽然都可划归新实在论，但是在论证外界实在方面，金岳霖和张岱年表现出相异的进路，张岱年继承自罗素的方面，正是金岳霖所要批判的。但也应该看到，金岳霖的"正觉"和张岱年的"知觉"都包含了"觉"的成分，这是罗素的"亲知"所没有的，在这点上可以说他们都看到了罗素的不足。以上只是从感觉论的出发方式上讨论了罗素对金岳霖和张岱年的影响，下面将从感觉论的主要内容——感觉的对象来分析金岳霖和张岱年对罗素哲学的转化。

第二节　从"感觉材料"推论或构造外物

不论是在逻辑原子主义时期还是转向中立一元论后，感觉材料始终是罗素知识论体系的基础。罗素曾说："关于感觉材料，我们知道，当它们是材料时，它们就存在着，而且这是我们关于外在殊相的一切知识的认

---

① 张岱年：《认识·实在·理想》，载《张岱年全集》第 1 卷，河北人民出版社 1996 年版，第 423 页。

识论基础。"① 在罗素看来，关于外在世界的知识是由各种殊相的知识构成的，而外在殊相的知识则是从亲知感觉材料开始的。感觉材料就是被主体的感觉直接认识的东西，包括耳朵听到的声音、鼻子嗅到的气味、眼睛看到的颜色、肢体感受到的软硬等。从对颜色、声音、气味、软硬等感觉材料的分析，产生了殊相的知识，并逐步形成了外在世界的知识。既然感觉材料如此重要，那么感觉材料有哪些特征？它与外物又具有怎样的关系？对这些问题的讨论构成了罗素感觉论的主要内容。在罗素的知识论著作中有大量关于感觉材料的分析，总结其性质和特征可以归纳为三个方面：

一是直接的和确定的。罗素说："在其是材料的那些时刻，感觉材料就是我们在外在世界问题上直接及最初知道的一切。"② 感觉材料是由感官所直接经验到的，对它的认识，就是我们对于外在世界的最初认识。关于感觉材料的知识是我们直接亲知的，是自明的，它无须通过逻辑论证来证明，也不需要从其他的知识推论而来。罗素强调，这种直接性或原始性，是从认识论而不是从本体论或形而上学的角度讲的。正是在这个意义上，他才提出感觉材料是认识论的基础。感觉材料的直接性保证了它的确定性："不超出我们个人感觉亲知的东西对我们来说必是最确实的。"③ 亲知的感觉材料在所有的材料中是最确定的、最不成问题的，它不像文献典籍中的材料在确定性上有程度的区分。感觉材料是一种"硬"材料，它不会被逻辑或心理的反思批判消解掉，它是最确定无疑的。罗素运用笛卡尔怀疑主义的方法分析认为，我们可以对外在世界怀疑，也可以对外物怀疑，但无法对感觉材料进行怀疑，因为感觉材料是我们直接认识到的确定无疑的感官事实。罗素认为，感觉材料的确定性不仅表现在正常的感觉中，还表

---

① ［英］罗素：《神秘主义与逻辑及其他论文》，贾可春译，商务印书馆 2017 年版，第 142 页。

② ［英］罗素：《神秘主义与逻辑及其他论文》，贾可春译，商务印书馆 2017 年版，第 143 页。

③ ［英］罗素：《我们关于外间世界的知识——哲学上科学方法应用的一个领域》，陈启伟译，上海译文出版社 2008 年版，第 44 页。

现在梦觉、幻觉等感知活动中。梦觉或幻觉中的感官对象往往被人们视为虚幻的，是因为我们无法在梦觉或幻觉中的感官对象找到像在正常感觉中的感官对象的那种实在感。但在罗素看来，梦觉或幻觉的感官对象在被感知的那个时刻是确定的、实在的、毫无疑问的，我们确实是在梦觉或幻觉中感知到了它，它才成为我们梦觉或幻觉的对象。梦觉或幻觉的感官对象与正常感觉的感官对象具有同等地位，它们作为感觉材料都具有直接性和确定性。

二是物理的和独立的。罗素说："我认为实际的感觉材料和当下的视觉、触觉及听觉的对象是超心理的，纯粹物理的。"[①]意思是，虽然感觉材料依赖于我们身体的感官而被直接察觉，然而它却不属于我们的心灵或在心灵之内。罗素提出感觉材料的物理特征，首先就是要批判以贝克莱为主的唯心主义者。罗素批判他们未区分感觉的行为与感觉的对象，把它们混淆为同一事实。罗素认为整个感觉活动包含了感觉的行为与感觉的对象两项内容，感觉的对象就是感觉材料，它是独立于感觉的行为而实在的。对感觉材料的物理的特征，罗素主要从两个意义来讲。首先从物理学所讨论的世界来说，他认为从感觉材料出发来构造一些被物理学称为物质的东西是可能的，这里的感觉材料就属于物理学世界的一个部分。但罗素并没有对这个构造进行论证，因为这个论证的技术性太强，罗素只是提及而已。其次，罗素讲感觉材料是物理的，主要指感觉材料不是凭借于主体的精神而是他的身体才被发掘的，另外，感觉材料的存在是不依赖于人的精神的，感觉材料在逻辑上具有独立性，不依赖于主体。罗素进一步说，感觉材料就自身而言纯粹是物理的，感觉材料所表现的主观的或精神的东西，都是主体对它的意识而已，这种意识与感觉材料本身的性质或它在物理学中的位置都没有关系。也正是在后一意义上，罗素认为感觉材料是物理世

---

① ［英］罗素：《神秘主义与逻辑及其他论文》，贾可春译，商务印书馆 2017 年版，第 124 页。

界的终极成分。①

三是个人的和瞬时的。虽然感觉材料是确定的、物理的，但两人并不能同时经验到同样的感觉材料，感觉材料都是个人的。罗素说："感觉材料对每个人都是个人的，而直接呈现于这个人视界的东西，并不就是直接呈现于另一个人视界的东西。"②因为每个人的感官不是同一感官，而且每个人也不能在同一时间和地点亲知同一对象，这就导致感觉材料直接呈现在每个人那里总会有差异。一个人要亲知别人的感觉材料是不可能的，感觉材料总是私人的。任何感觉材料，就其成为感觉对象的那个时刻，都不可能同时成为两个人的材料。两个人所能听见的声音可能极其相似，以至于在日常生活中我们经常用同样的词语来指称它，因为如果不用相同的词汇，我们将无法讨论涉及的感觉材料。但是，由相似而产生的名称相同，并不表示感觉材料的实际相同，因为每个人的感觉材料所处的地点都不相同。感觉材料所在的地点就在私人世界里，而这个地点绝不可能出现在其他感知者的私人世界中。感觉材料所在的私人世界与物理学的世界完全不同，感觉材料的世界没有什么是恒常不变的，诸如山、石这类看似坚定不移的东西，只有在我们看见它们时才成为感觉材料，至于其他时刻我们无法知道它们是否存在着。感觉材料的私人性同时意味着它的瞬时性，因为只有在被主体亲知的那个时刻它才会出现。感觉材料是转瞬即逝的。人们的常识倾向于认为实在的就是永恒的，传统哲学家也持有这样一种观点：如果事物是实在的，它就必然是永远持续存在或至少持续存在一段时间的。然而，罗素的观点恰好与之相反。他认为："果真是实在的事物仅

---

① 这里说感觉材料具有物理的特征，主要指罗素还处在 1919 年之前的逻辑原子主义时期，他还没有放弃亲知理论，没有对感觉和感觉材料进行区分。在转变为中立一元论者后，他放弃了亲知理论，也取消了感觉与感觉材料的区别，此后的感觉材料既是物理的也是心理的。而被金岳霖和张岱年所继承的主要是 1919 年之前的感觉材料理论，金岳霖对罗素 1919 年之后的感觉材料理论进行了深刻批判。

② ［英］罗素：《哲学问题》，何兆武译，商务印书馆 2007 年版，第 13 页。

持续很短的时间。"① 瞬间的感觉材料才是实在的，像桌子、椅子是感觉材料的类的序列，它们是通过逻辑构造形成的。罗素用交响乐中的乐音来类比瞬时的感觉材料。"一首交响乐的终极成分是乐音，而且其中的每一个乐音都持续一段非常短暂的时间。"② 交响乐好比物质，而感觉材料就是乐音，每一个瞬时的感觉材料，构成了整个的物质。感觉材料的瞬时性与物理（实在）性并不冲突。物理性的特征是就感觉材料作为物理世界的终极成分而言的，属于本体论的层面；而瞬时性的特征是就感觉材料作为主体的亲知对象而言的，属于认识论的层面。

罗素研究感觉材料是为了达到和理解外在事物，通过感觉材料的分析获取关于外在事物的知识。处理感觉材料与外在事物的关系便成为罗素构建知识论体系的重要一环。感觉材料与外在事物呈现为何种关系？通过感觉材料是如何达到外在事物的？总体而言，在1914年之前，罗素根据因果论，通过感觉材料推论外在事物的存在和外在事物的知识；在1914年发表《感觉材料与物理学的关系》之后，他通过感觉材料逻辑地构造外在事物。③ 所以在讨论罗素的感觉材料与外在事物的关系时，应当进行分期，以便于更好地理解金岳霖和张岱年对不同时期罗素哲学的继承与批判。

在《哲学问题》（1912年）一书中，罗素论证了从感觉材料推论外在事物的问题。讨论感觉材料与外在事物关系，首先就要回答到底有没有独立存在的外物？为了厘清这一问题，罗素从批判唯心主义者入手来进行分

---

① ［英］罗素：《逻辑与知识》，苑莉均译，商务印书馆1996年版，第333页。

② ［英］罗素：《神秘主义与逻辑及其他论文》，贾可春译，商务印书馆2017年版，第125页。

③ 虽然罗素明确表示自己进入中立一元论是在1919年发表的《论命题》那篇文章中提出的，但金岳霖认为罗素在1914年的《感觉材料与物理学的关系》一文中提出了构造论，这表示罗素在此时已经开始进入中立一元论。金岳霖是根据中立一元论的本质和类型来说的，而不是就某个中立一元论的具体说法来的。我们赞同金岳霖对罗素哲学的分期。因为罗素不仅在1914年发表的那篇文章提出构造论，在《我们关于外间世界的知识》（1914年）一书中，也开始讨论由感觉材料构造外物的问题。而罗素中立一元论的核心观点就是通过感觉材料构造心或物。因此，将1914年作为罗素哲学由推论到构造的分水岭，我们认为是恰当的。参见金岳霖：《罗素哲学》，载《金岳霖全集》第4卷上，人民出版社2013年版，第15—21页。

析。在贝克莱那里，根本没有独立于感觉之外的独立客体，他的名言"存在即被感知"，就是他对感觉与客体的关系的看法，像实在的桌子这类东西，只是存在于心灵之中的概念。莱布尼茨也承认有实在的桌子之类的事物，但它们只是心灵的聚合，是一堆灵魂。罗素对贝克莱、莱布尼茨的观点持批判态度。罗素认为，贝克莱、莱布尼茨不否认实在的桌子这类东西的存在，并将感觉材料视为这类东西存在的标志，这是值得肯定的；但将它们都划入心灵之内，这是罗素所反对的。在贝克莱、莱布尼茨之后的许多哲学家都持有这种看法，他们认为"除了心灵及其思想和感情以外，没有什么被认知的东西是实在的"①。其大致论证思路如下：所有能被观察和分析的事物，无外乎是人类思维中的观念；所以，除了心灵之内的观念，人类再也无法认识其他事物；因此，既然无法认识其他事物，而无法认识的就是无法想象的，无法想象就不可能存在。罗素认为这样的论证思路是荒谬的。在 1912 年前后，罗素从实在主义的角度，坚信存在着某种不依赖于心灵而独立存在的物理客体，它是造成现象或者我们的感觉材料的原因，而不是像贝克莱、莱布尼茨他们那样将所有东西的存在都归于心灵。罗素提出："每一条简单的原理都使我们接受这一自然的观点：除了我们自身和我们的感觉材料以外，确实还有客体，它们的存在是不依赖于我们对它们的觉察的。"②罗素为什么要反对唯心主义者而肯定独立存在的客体？因为他认为，如果所有的一切都是心灵中的观念而没有独立存在的客体，那我们所有的人都只能肯定自己心灵和身体的存在，而无法肯定他人的身体独立存在，由此也不知道他人是否具有心灵。因为我们只有确定他人的身体存在，我们才能据此推论他人的心灵存在。在罗素看来，如果没有其他独立的客体，那么我们自己就像孤零零一人身处浩瀚无垠的沙漠，呈现在我们面前的多彩的世界都如同海市蜃楼般是虚无缥缈的幻觉。这

---

① ［英］罗素：《哲学问题》，何兆武译，商务印书馆 2007 年版，第 7 页。
② ［英］罗素：《哲学问题》，何兆武译，商务印书馆 2007 年版，第 14 页。

样，一切存在都不具有确定性，人类的认识也将建立在虚妄的地基之上。只有肯定独立存的客体，肯定他人和他物的独立存在，才能保证外在世界的客观存在。

当然，承认有独立存在的外物并不意味着我们就能够直接认识它，能够被我们直接认识的是感觉材料。在罗素看来，我们能够原封不动直接认识到外物呈现给我们的感觉材料，但我们不能直接认识到外物本身。罗素认为我们并不能亲知到关于外物的知识，他说："构成桌子现象的感觉材料是我所认识的事物，而且这些事物是按照它们本来的样子为我所直接认知的。但是，对于作为物体的桌子，我所具有的知识便恰恰相反了，那并不是直接的知识。"① 既然外物不能被我们直接认识，而直接认识的只能是感觉材料，那么要获得关于外物的知识，就只能经过感觉材料推论出来。罗素首先运用笛卡尔怀疑主义的方法得到了感觉材料这个无可怀疑的可靠性基础，然后就开始推论了。罗素认为在感觉材料之外必定有一个客观的外物的最主要理由是："我们要求不同的人都有着同一个客体。"② 他举例说，假如十个人围着一张桌子吃饭，这十个人都说他们看到的不是同一张桌子、不是同一块桌布，以及不是同样的刀叉调羹，等等，那将是令人难以理解的。虽然每个人从不同的角度观看桌子或桌布，他们看到的桌子或桌布总会呈现出些许差异，但是他们所观看的桌子总是类似的，所以能够肯定有一个物理的桌子存在，使这十个人产生了相似的感觉材料。此外，如果我们将这张桌子买回来，我们买来的是这张实在的桌子，而不是这十个人的感觉材料，他们的感觉材料随着他们的离开就已经消失了。从上面的例子可以推论出，必定有某个共同的持续存在着的外物，这个外物是形成各式各样的感觉材料的源头，是不同的人拥有不同的感觉材料或同一人在不同时间拥有不同的感觉材料的基础。罗素继续补充道：从某种意义上

---

① ［英］罗素：《哲学问题》，何兆武译，商务印书馆 2007 年版，第 36 页。
② ［英］罗素：《哲学问题》，何兆武译，商务印书馆 2007 年版，第 13 页。

说，我们确实无法证明除了感觉材料外还有超出我们自身和经验的客体的存在，承认世界是由心灵构成的在逻辑上虽然说得通，但这却无法通过常识的检验。罗素认为，我们通过感觉材料能够推论出独立的客体，这种推论的根据不是逻辑论证，而是一种"本能的信仰"。常识使我们确信在感觉材料外有独立存在的客体，这就是一种"本能的信仰"，并且它没有引起任何诘难，反而"使我们经验的叙述简单化和系统化"。① 罗素进而指出，不仅仅是感觉材料能根据"本能的信仰"推论出独立存在的客体，所有知识必须立基于"本能的信仰"之上才能产生，如果"本能的信仰"被否定，那所有的知识也将不复存在。这些"本能的信仰"是彼此和谐不能相互冲突的，如果一种"本能的信仰"与其他本能信仰相抵触，那它就不能作为依据而被接受。

在 1914 年之前，罗素主要从推论角度谈感觉材料与外物的关系；而在 1914 年后，罗素逐渐以逻辑构造的方式来从感觉材料得到外物。他说："可能有的惟一的理由必然表明物质为感觉材料的逻辑构造。"② 罗素通过逻辑构造了两种物理客体：一种是瞬间物理客体，另一种是持存的物理客体。③ 在谈两种构造物前，有必要简单介绍下罗素的可感物（sensibilia），它是连接感觉材料与外物的中介。罗素将可感物与感觉材料比作男人与丈夫，男人只有经过婚姻才能称为丈夫，可感物只有经过亲知关系才能成为感觉材料，换句话说，可感物就是可能的感觉材料。按照罗素的设想，这些没被任何人亲知过的可感物主要是为了构造物质而设定的存在物，在构造物理学的大厦时，可感物充当着脚手架的作用，它是必

---

① ［英］罗素：《哲学问题》，何兆武译，商务印书馆 2007 年版，第 16 页。
② ［英］罗素：《我们关于外间世界的知识——哲学上科学方法应用的一个领域》，陈启伟译，上海译文出版社 2008 年版，第 66 页。
③ 迈亚（Miah）区分了罗素构造的两种物理客体，参见 Sajahan Miah, *Russell's Theory of Perception: 1905—1919*, New York: Continuum, 2006. 李高荣吸收了迈亚的区分，并对这两种构造进行了较充分的论述。参见李高荣：《罗素的世界结构理论研究》，中国社会科学出版社 2016 年版，第 138—144 页。

要的。一旦物理学的对象构造完成，脚手架的使命也就结束了，此时可感物是能被清除的。除可感物外，视景（perspective）概念也在罗素的逻辑构造中起着重要作用。莱布尼茨的单子论主张，每个心灵都是从其独特的视角来观察世界的。罗素继承了此观点，认为视景就是指一个人感知外在世界的各种视角（points of view），一个人能拥有无数的视角来观察世界。罗素称视景系统为"被感知和未被感知的世界的一切景象所构成的系统"。[①] 私人世界是已经被感知的世界景象，可称为被感知的视景；同时还有许多未被感知的视景，这个视景与可感物有关。准备了这两种工具，罗素的逻辑构造之路就开始了。

首先是构造瞬间的物理客体。瞬间的物理客体是指眼前的这一张桌子这类的具体的物理对象。罗素认为瞬间的物理客体可称作是由物理客体呈现出来的各种表象所组成的整个的类。这里的"表象"包含对物理客体实际感知到的感觉材料，也包括未感知到的可感物，并且它们处在不同的视景空间。既然它们处在不同的视景空间，那么他们是如何能够组成整个的类呢？也就是，它们如何构成一个瞬间的物理客体？罗素认为是根据相似性和连续性原理。感觉材料和可感物所处的视景空间虽然不同，但是它们具有相似性和连续性的关系。在罗素看来，任何感觉材料都包含两种不同类型的地点：所在的地点和所从出的地点。所在的地点处在主体的私人空间中，而所从出的地点处在可感物所处的视景空间中。这两种空间虽然不同，但它们之间是相似的和连续的，因为可感物就是可能的感觉材料。由被感知到的感觉材料的视景和未被感知到的可感物的视景共同构成了瞬间的物理客体的视景。罗素对此进行了举例说明。在同一房间内有很多人都在观看同一张桌子、一把椅子及一幅图画。房间内的所有人都没有完全相同的感觉材料，但通过他们的描述可知他们的感觉材料都相似，以至于他

---

① ［英］罗素：《我们关于外间世界的知识——哲学上科学方法应用的一个领域》，陈启伟译，上海译文出版社 2008 年版，第 58 页。

们可以把关于桌子的感觉材料组合归并为桌子的客体，把椅子的感觉材料组合归并为椅子的客体，把图画的感觉材料组合归并为图画的客体。在这个例子中，罗素承认了两种相似性和连续性的视景：自己的和他人的。自己从不同的位置角度观察眼前的一张桌子，能获得关于这张桌子的相似的且连续的现象的一系列视景；他人从不同的位置角度观察眼前的一张桌子，也能获得关于这张桌子的相似的且连续的现象的一系列视景。并且，通过他人的描述，虽然我们知道自己获得的一系列的视景与他人获得的一系列的视景不同，但是他们都指向了关于同一张桌子的一系列的视景。罗素认为："借助于相近视景的相似性，我们可以把一个视景中的对象与另一视景中的对象即相似的对象相互关联起来。假定在一个视景中有一对象，把一切视景中与这一对象相互关联的一切对象的系统组织起来，这个系统就可以看作是常识的瞬间的'事物'……，一个事物的一切样相都是实在的，而事物却是一个纯粹的逻辑构造。"[1] 罗素通过这样的方式构造出了瞬间的物理客体，但罗素不愿意称它为单一的存在体（entity），而更愿意把它叫做感觉材料的类的序列。因为根据奥卡姆剃刀的原则，实体如无必要就应剔除。如果将它称为单一存在体，就很难用逻辑分析方法将它还原为感觉材料。罗素用逻辑构造的方法从感觉材料构造出了瞬间的物理客体，下一步要做的就是构造持存的物理客体。

持存的物理客体相当于传统形而上学意义上的能够持续存在的同一实体，"罗素对它们的构造是为了解决物体的同一性问题"[2]。例如我们当下在房间里看见的桌子与上周在这房间里看见的桌子是同一张桌子，这同一张桌子就是持存的物理客体。但罗素不愿意用同一的实体称呼它，因为这样的实体既不能通过任何经验证明其存在，也不能证明其不存在，传统形而

① ［英］罗素：《我们关于外间世界的知识——哲学上科学方法应用的一个领域》，陈启伟译，上海译文出版社 2008 年版，第 59 页。
② 李高荣：《罗素的世界结构理论研究》，中国社会科学出版社 2016 年版，第 140 页。

上学往往用假定的方法设定存在同一的实体。在罗素看来，与其假定形而上学的实体，不如通过逻辑构造具有类似形式特性的物理客体，因为构造持存的物理客体能够获得经验证据的支持。

罗素将相似性和连续性原理也运用到构造持存的物理客体中。这里还是以同一房间内的桌子为例进行说明。在相似性上，当我们看见眼前的桌子时，产生了与上周我们看见的这张桌子非常相似的感觉，即两次看见获得了相似的关于桌子的感觉材料。只要桌子在这间房里，我们无论看见多少次，都能获得相似的感觉材料。在连续性上，从我们上周看见这张桌子到现在看见它，表现为两种不同的感觉材料，但它们之间是连续的，它们可以通过一系列中介联系起来，而这一系列中介就是可感物。假如我们从上周到现在每时每刻都在看这张桌子，那么这张桌子每时每刻的感觉材料就在连续不断地向我们涌现出来，这种连续性是可以被我们的直接经验所证实的，而不需要可感物作为中介来保证连续性。罗素认为，我们能够认识的就是这些由相似的和连续的现象组合而成的某一序列，并且将这些现象的序列定义为物理客体。这些物理客体就是逻辑构造而成的，因为一个序列就是一个逻辑虚构。[①] 虽然相似性和连续性对构造同一物理客体有作用，但罗素认为它们并非构造客体的充分必要条件。以连续性为例。连续性在大多数的时候都是假定的，因为日常生活中我们从来不会一直看同一个东西，在我们没有看它时，它就是一个可感物，而可感物是一个假定的东西，我们不能对其进行经验证实。另外，连续性也不是同一物理客体的"充分标准"。一个现象可以是连续的，但它们却是两个不同的物理客体，如化蛹成蝶的过程。

为了保证构造出来的物理客体的同一性，罗素认为还需要加上一个条件：物理学法则（动力学法则）[②]。在构造持存的物理客体的过程中，罗素

---

① ［英］罗素：《逻辑与知识》，苑莉均译，商务印书馆 1996 年版，第 332 页。

② 罗素的物理学法则，其实就是因果律，它是将一个事物同时呈现的现象和不同的感官连接起来的规律。

假定了可感物以保证感觉材料的类的序列的连续性。在罗素看来，从常识认为的持存的物理客体出发，在我们能看见的感觉材料之外，有许多可感物所构成的集合，并且这些可感物遵循着物理学法则。我们以一个例子来说明罗素是如何通过相似性、连续性和物理学法则来构造同一张桌子的。假设房间里有一张桌子，甲、乙、丙三人分别从房间的三个角落来看这张桌子。我们在获得了甲、乙、丙三人对各自感觉材料的描述后，通过物理学法则推测出桌子在没有任何人看见的地方是怎样呈现的，进而得到桌子未被感知到的可感物，并通过可感物来填补甲、乙、丙三人对无法感知到的桌子的空白部分。将甲、乙、丙的感觉材料及推测出来的可感物各自集合成一个系列，就会发现每个系列都属于同一张桌子。满足相似性和连续性原理及物理学法则三个条件后，罗素对同一物理客体的逻辑构造就完成了。罗素关于物理客体的定义是："物理事物就是其物质遵守物理学法则的那些现象的系列。"[1] 不论是在推论还是在构造中，感觉材料一直都是罗素所使用的原材料，因此有关物理客体的知识，当然是需要通过感觉材料来获得的。

以上所论的关于物理客体的推论是在 1914 年之前，而有关物理客体的逻辑构造主要集中在 1914 年至 1919 年之间。在 1919 年之后罗素就正式提出了中立一元论，并在 1927 年或 1930 年基本完成了中立一元论的构建，这同时宣告了罗素知识论的定型。[2] 中立一元论的核心观点是，通过"事素"这个中立的材料来构造心与物乃至整个世界。事素是什么呢？罗素在《哲学大纲》（1930 年）中表示，事素其实就是像感觉一样的东西（此时的罗素已经取消了感觉和感觉材料的区分）。事素是罗素通过对物理学的逻辑分析而引申出来的，这样的东西似乎比感觉或感觉材料更

---

① ［英］罗素：《神秘主义与逻辑及其他论文》，贾可春译，商务印书馆 2017 年版，第 167 页。

② 金岳霖对罗素知识论的形成过程有过详细讨论，这里对罗素哲学各个时间段的观点的划分，就是参考了金岳霖的分析。详见金岳霖：《罗素哲学》，载《金岳霖全集》第 4 卷上，人民出版社 2013 年版，第 264 页。

具科学性，但实质上它们仍是同类型的东西。[①] 由此可见，感觉材料始终是罗素知识论的基础。

第三节 "所与"是内容与对象的统一

针对罗素从感觉材料推论或逻辑构造外物的做法，金岳霖自始至终都持批判态度。不论是在《知识论》中批判罗素的唯主出发方式，还是在《罗素哲学》中系统批判罗素的感觉材料论、中立一元论，金岳霖都明确表达了相应的观点。罗素运用怀疑主义的方法找到了感觉材料这个无可怀疑的起点，而金岳霖则认为这些无可怀疑的东西都是属于主观的或心理上的，除了逻辑上必然的命题外，没有无可怀疑的必然命题。虽然没有无可怀疑的必然命题，但金岳霖认为知识论还是有真命题的。金岳霖将有效原则作为知识论的出发原则，而不是像罗素那样将无可怀疑原则作为出发原则。从有效原则出发，知识论的出发方式所根据的两个真命题是"有官觉"和"有外物"，它们被称为知识论的出发命题。"有官觉"是罗素和金岳霖都承认的命题，关键的问题在"有外物"。罗素从《哲学问题》（1912年）开始试图从感觉材料推论出外在事物，到《哲学大纲》（1930年）从感觉构造外在事物，都是在证明"有外物"这一命题。但金岳霖认为罗素的做法失败了，从《知识论》延续到《罗素哲学》，他都表达过罗素无论如何都不能从感觉内容来推论或构造出外在事物。对罗素的推论和构造的失败，金岳霖给出了如下理由。

在推论的问题上，金岳霖认为罗素推论外在事物的存在，不是首先肯

---

① 这里不打算对罗素的中立一元论进行详细论述，有两点理由：（1）中立一元论仍然是罗素通过逻辑构造物理客体的理论，只是比1919年之前更系统和全面了，但他逻辑构造的方式并没有根本性改变；（2）本节的主旨是研究罗素感觉论对金岳霖和张岱年的影响，不是罗素的整个知识论。以上论述已足够为我们接下去的分析提供依据。

定或假设有独立存在的外物，而是要从感觉材料所具有的某些特征中来推论出外物的存在，这充其量"只是推论到某某官觉内容之为外物或代表外物而已"①，根本就不是外物。罗素的做法实质是从感觉范围之内的感觉材料推论出在感觉范围之外的独立存在的外物。就是说，罗素预先在感觉内容与外物之间划了一条鸿沟，感觉内容在这边，而外物在另一边。罗素就是要从感觉材料这边的情形，推论出外物那边的情形，然而这是办不到的。金岳霖进一步分析了推论的困难。按照罗素的推论观点，感觉材料随着感觉的生灭而出现或消失，感官每次感知到的感觉材料都不同，但它们之间总是相似的，这就说明一定有一个独立存在的外物是产生这些感觉材料的原因。在金岳霖看来，这种推论是说不通的。如果不首先假设外物之有，就不会得出独立存在的外物是产生感觉材料的原因。我们没有任何理由来认定这些相似的感觉材料源自同一外物，因为我们所知道的仅仅是感觉材料。推论要说得通，就必定需要假设有独立存在的外物。金岳霖认为罗素的推论有两难境地："不先肯定或假设外物之有，推论说不通，而先假设或肯定外物之有推论用不着。"②罗素想要通过推论的方式得到外物，主要是因为受了逻辑学影响。罗素要把认识论构建成类似逻辑系统那样的严密体系，他希望从无可怀疑的感觉材料出发，推论演绎出整个认识论体系，进而得到关于外间世界的确定性知识。但这是不可能实现的。他推论出来的外物，也仅仅是感觉内容中的外物，而不是独立存在的外物。所以在金岳霖看来，与其推论外物的存在，倒不如直接承认"外物之有"。

在逻辑构造的问题上，金岳霖认为罗素是用下定义的方式来构造外物的。就是说，罗素首先给外物下定义，然后从感觉材料中找出与外物的定义相符的标准。符合外物的定义标准的感觉材料是被直接经验到的对象，这样的外物也克服了在推论中存在的感觉材料与外物之间的鸿沟问题，外

---

① 金岳霖：《知识论》，载《金岳霖全集》第 3 卷上，人民出版社 2013 年版，第 75 页。
② 金岳霖：《知识论》，载《金岳霖全集》第 3 卷上，人民出版社 2013 年版，第 79 页。

物在构造的过程中似乎被安排妥当了。然而金岳霖认为用下定义的方式构造外物同样存在困难。上面提到推论无论如何都要有前提，而构造外物同样不能缺"建立的工具和所从建立的材料"①。例如在几何学上我们可以通过等长直线、直角、平面的概念来给正方形下定义，这样我们就构造出了正方形。罗素就是利用数学原理中的方法来构造类和关系的。正方形确实是构造出来了，但它并没有在原来的可能之外还增添了什么东西。因为几何学里本身就有正方形的可能，不去构造正方形，这个可能依然是存在的。金岳霖用了一个构造"他人"的例子来说明构造的困难。我们从与我们自身相似的个体的神色状态、行为表情上，为"他人"下了定义。然后在我们的感觉材料中出现了与"他人"定义相符的材料 X，我们就断定 X是"他人"。我们有无数的感觉材料，许多材料并不能满足"他人"的定义，所以将它们排除出去。留下的感觉材料就是成为我们构造"他人"的材料。这个构造出来的"他人"是我们需要的外物吗？罗素认为是，因为感觉材料是最实在的东西。但金岳霖认为不是，这个"他人"只是定义上的"他人"，只是感觉内容中的"他人"而不是外物。在金岳霖看来，由于受构造的工具和材料所限，我们无论怎样进行逻辑构造，所构造的外物只能是感觉内容中的外物，而不是有实在感的外物。（罗素与金岳霖最主要的分歧在感觉材料的定性问题上，而这也是金岳霖批判罗素的出发点和着眼点，我们在下面会进行详细讨论）所以，金岳霖认为罗素通过推论或构造，都不能得到真正独立存在的外物。为了解决罗素的困难而得到真正的外物，最好的做法就是直接承认"有外物"。"有外物"还只是承认了外在世界的真实性，实在主义知识论更为重要的任务是如何从感觉经验出发来获得关于外在世界的确定性知识。罗素立足于亲知到的感觉材料，从感觉材料来推论或逻辑构造外物，并在此基础上获得关于外在世界的确定性知识。当然，罗素的做法没有成功。有鉴于罗素的感觉材料存在的问题，

---

① 金岳霖：《知识论》，载《金岳霖全集》第 3 卷上，人民出版社 2013 年版，第 80 页。

金岳霖从正觉出发，提出"所与是客观的呈现"，"所与"成为解决罗素无法得到独立存在的外物问题的关键。

在金岳霖那里，正觉作为感觉活动总是有呈现、有内容的，正觉的呈现或内容就是"所与"①。所与就是从感官获得的各种形色、声音等，同时它也是外物在人类正常的感觉范围内的呈现，所与可谓是形成知识的最原始的元素。就所与是感知到的形色、声音而言，它类似于罗素的感觉材料；就所与作为客观事物的呈现而言，它又区别于罗素的感觉材料。金岳霖认为所与既是感觉内容也是感觉到的外物："就所与是内容说，它是随官能活动而来，随官能活动而去的，就所与是外物说，它是独立于官能活动而存在的。"②当所与作为感觉内容时，它同感觉材料一样随着官能的生灭而生灭，它具有感觉材料的瞬时性特征；当它是感觉对象时，它就是独立存在的外物或外物的一个部分，而不像感觉材料一样需要推论或构造外物。此外，金岳霖强调所与是客观的呈现，也就是说，它是同类正常的感知者都能得到的"类观"（客观）。从常识而言，每个人感觉到的内容不完全一样，这就是说呈现总是相对的，总有特殊的呈现。但呈现的特殊并不意味着它就是主观的、私的，它可以是客观的、公的，这明显不同于罗素所说的感觉材料总是个人的、处在私人世界中的。罗素的感觉材料符合常识的一般性看法，但金岳霖认为所与既可以是特殊的，也可以是客观的，二者并不冲突。金岳霖解释道："说这些呈现是特殊的只是说，它们在单位上或数量上彼此不同，可是在单位上或数量上不同的很可以各有同样的共相，这就是说很可以有同样的性质。……正常的官能个体，在正常的官能活动中，目有同视，耳有同听等，我们称这样的呈现为客观的呈现。"③

---

① 冯契分析了金岳霖的"所与"理论，给"所与"下的定义是："所与是感觉所给予的形色、声音等，它是客观事物在人们正常感觉活动中的呈现，是知识的最基本的材料。"见冯契：《中国近代哲学的革命进程》，载《冯契文集（增订版）》第7卷，华东师范大学出版社2016年版，第516页。

② 金岳霖：《知识论》，载《金岳霖全集》第3卷上，人民出版社2013年版，第147页。

③ 金岳霖：《知识论》，载《金岳霖全集》第3卷上，人民出版社2013年版，第150页。

在金岳霖看来，个体的呈现虽然有单位或数量上的不同，但是可以在性质或类型上相同，这就是类型的呈现，即类观。类观也就是客观。金岳霖提出的"所与是客观的呈现"观点，填平了感觉内容与外物之间的鸿沟，为从感觉出发以获得外在世界的客观知识提供了新的路径，在认识论上具有重要意义。

"所与是客观的呈现"是在批评罗素感觉材料论的基础上提出的，就其将感觉内容与感觉对象统一到所与上来说，所与理论更倾向于美国的新实在论。霍尔特说："感觉、知觉以及它们的'对象'属于同一个事物。"① 蒙塔古认为："我通过视觉所感知到的事物，也许同我之外的物质世界中存在的事物在各方面都保持着同一性。"② 他们所表达的观点，正是在消除感觉内容与外物之间的鸿沟，对感觉内容与外物之间的联系更为注重。就此而言，金岳霖的思路确实更倾向于美国的新实在论者。但也应该看到，美国的新实在论者在统一感觉内容与感觉对象上，更多的是将感觉内容直接归入物质对象的行列，从而忽略了它们的区别。蒙塔古说："所有在知觉过程中被经验的对象（感觉材料），都享有它的现实的物质实在的地位。"③ 蒙塔古就是将感觉内容直接同化于外物之中。金岳霖与他们不同的地方在于，他虽然将感觉内容与外物合一于所与，但仍然保持它们各自的地位和属性。从内容谈所与，所与就是像颜色、声音、软硬那样的感觉材料；从对象谈所与，所与就是外物或它的一个部分。由此可见，所与的内容与对象之间有明显的区别。④ 自康德以来，

----

① E.B. Holt, *The Concept of Consciousness*, London: George Allen,1914, p.209.

② W.P. Montague, *The Ways of Knowing Or the Methods of Philosophy*, New York: Macmillan, 1925, p.308.

③ W.P. Montague, *The Ways of Knowing Or the Methods of Philosophy*, New York: Macmillan, 1925, p.292.

④ 杨国荣指出，金岳霖的合一"无非是指感觉材料乃是外物本身的呈现，亦即改变了存在方式的外物。呈现与被呈现者除了存在方式的差别之外，没有本质的不同"。见杨国荣：《实证主义与中国近代哲学》，华东师范大学出版社 2018 年版，第 164 页。

在感觉内容与外物之间划界，成了哲学家们解决主客问题的通行做法。金岳霖循着新实在论的理论路径，通过"所与"理论在沟通感觉内容与外物的问题上提供了新的思路。

前文多次提及，金岳霖是有鉴于罗素的感觉材料论存在的问题，提出了"所与是客观的呈现"。在《知识论》中，金岳霖并未对罗素的感觉材料论进行过多评述，因为其目的是阐发自己的知识理论。而在《罗素哲学》中，他重点批评了罗素的感觉材料论。虽然他是站在辩证唯物主义立场来批判罗素哲学，但从中仍然可以看出他是接着实在主义知识论的思路进行讨论的。他在《知识论》中未作过多讨论的理论渊源，却在《罗素哲学》中得到了充分说明。

首先，批评罗素以感觉内容来替代感觉对象。在罗素看来，感觉材料是亲知到的对象，是最直接的、最确定的对象，是不会被逻辑或反思消解掉的硬材料。然而，金岳霖认为罗素的观点抹杀了内容与对象的分别，把只是内容的感觉材料替换为具有对象身份的东西，这是不对的。金岳霖提出，罗素再怎么强调感觉材料的直接性、确定性、硬性，它也只能具有内容方面的地位。就常识而言，我们通过视觉、听觉、触觉等感官感知到的对象就是客观事物，比如我们看见一张红色的四方的桌子，就会认为红色、四方是这张客观的桌子的属性。但罗素不这样看，罗素认为我们看见的红色、四方才是最实在的东西，因为它们是感觉材料，而作为实在的感觉材料不可能是外物的属性。金岳霖则认为，在我们"看见"后，不能说我们看见的是我们的感觉材料，"感觉材料是感觉的内容，如果你说看见了感觉材料，你实质上只是说你有感觉而已，因为不可能发生无感觉内容的感觉"①。在金岳霖看来，罗素的意思就是我们看见了"看见"，而这显然是荒谬的。从转向新实在论直到《哲学问题》（1912 年）的发表，罗素都是明确区分感觉和感觉材料的，感觉属于心灵或意识，而感觉材料

---

① 金岳霖：《罗素哲学》，载《金岳霖全集》第 4 卷上，人民出版社 2013 年版，第 149 页。

则是不在心灵之中的对象。1912—1919 年间，罗素逐渐取消了感觉与感觉材料的区分，直到 1919 年之后彻底将它们合二为一，这时候谈感觉材料是感觉的对象已经没有意义了。从《心的分析》（1921 年）开始，罗素逐渐以知觉替代感觉，到《物的分析》（1927 年）、《哲学大纲》（1930 年）就只谈知觉了，但知觉的对象仍是感觉材料。在罗素的知识论体系中，感觉材料不仅仅是感觉或知觉的对象，而且是认识的无可怀疑的对象，是知识的发源地，是他整个认识论的出发点。并且，他要从这个确定无疑的出发点来推论或构造出整个外在世界的确定性知识。在金岳霖看来，这是不可能实现的。事实正如金岳霖所料，罗素自己也承认他的推论或构造失败了，他在关于知识论的总结性著作《人类的知识》（1948 年）的末尾说道："人类的全部知识都是不确定的、不准确的和片面性的。"[①] 按照金岳霖的分析，罗素的失败就是根源于感觉材料，他以作为内容的感觉材料为对象，将整个知识论建立在主观的基础上，这不可能得到关于外在世界的确定性知识。所以金岳霖提出了"所与"理论，将感觉内容与外物统一到所与身上。从本身就是外物或是它一部分的所与出发，认识论就建立在了客观基础上，外在世界的知识的确定性也能够得到保证。

其次，感觉材料没有"蓝本因"。我们日常盖房子，首先需要设计师设计蓝图，然后建筑工人按照预先设计的蓝图进行施工建设。这个蓝图就是所谓的蓝本，房子就是复制的成果。在金岳霖看来，外物与感觉映象之间的关系"是蓝本因——复制果"[②] 的因果关系，而罗素的作为"复制果"的感觉材料却不承认有"蓝本因"。罗素在《哲学问题》中认为，从感觉材料可以推论出作为原因的外物，但感觉材料却不是外物的反映或复制。罗素认为通过感觉材料的相似性、连续性和物理性特征可以推论或构造出

---

① ［英］罗素：《人类的知识——其范围与限度》，张金言译，商务印书馆 1983 年版，第 606 页。
② 金岳霖：《罗素哲学》，载《金岳霖全集》第 4 卷上，人民出版社 2013 年版，第 172 页。

外物，但两者是不同的。感觉材料只是在地位和身份上类似于感觉映象，感觉材料有其自身的物理性、实在性和确定性，它是被感觉所直接认识的。我们不能直接认识到外物，认识外物需要通过间接知识。在金岳霖看来，既然罗素的外物既不能直接认识也不能由感觉得到，那么他也不能够直接肯定外物的存在，进而他更不能将外物视为感觉材料的原因。在《哲学问题》中，罗素从感觉材料推论到外物，这只是由果推到因的单向推论。确认外物的存在，需要由果到因、由因到果的重复论证。不承认蓝本因就是不首先承认外物的存在，那么这样怎么会知道感觉材料与外物是相似的呢？像康德那样悬置物自体，就可以避免这样的矛盾。罗素恰恰要从感觉材料来推论出与之相应的外物，可又不承认蓝本因，这就存在逻辑矛盾。所以在1914年以后，罗素就渐渐放弃了推论。鉴于罗素的失败，金岳霖在《知识论》中直接承认"有外物"这个命题，这样感觉映象与外物之间的关系就能够说得通。

再次，因感觉材料而混淆梦觉、错觉、幻觉和正常的感觉。金岳霖认为，只有在正常的感觉中，感觉内容与外物的关系才能保持一致性。虽然梦觉、幻觉也能产生内容，但这些内容不具有客观性，我们了解梦觉和幻觉，都是通过正常的感觉来检验和校正才能被意识到。由此而言，罗素的作为感觉内容的感觉材料要保证客观性，也应当从正常的感觉来直接认识。但罗素没有这个限制。在罗素那里，梦觉、错觉和幻觉所提供的感觉材料同样具有客观性、实在性。罗素认为，如果我们将梦觉、错觉和幻觉中被给予的东西称作"事物"，那我们确实无法将这些叫做"事物"的东西同清醒生活中与感觉材料相应的事物划归一类。但我们在梦觉、错觉和幻觉中被给予的绝不是事物，而是构成事物的感觉材料。这些感觉材料与在清醒生活中的感觉材料一样，能够被亲知或直接认识。并且，梦觉、错觉和幻觉中的感觉材料在个人的视景的私人空间中有它们自己的位置，即使在没有它们自己位置的地方，它们也同未被感知的可感物的视景的私人空间相互关联着。① 所以，罗素认为梦觉、错觉和幻觉中的感觉材料和清醒生活中的感觉材料一样具有实在性。显然，金岳霖不同意罗素的观点。在金岳霖看来，从感觉内容推论外物，这感觉内容必定是如实反映了外物的。而如实反映外物的感觉内容，必须是从正常的感觉（罗素所谓的清醒生活的感觉）出发获得的，在梦觉、错觉和幻觉中无法得到客观的内容，这是一般的常识看法。如果我们顺着罗素的思路，将梦觉、错觉和幻觉中的感觉材料当作实在的，那么从这些实在的感觉材料出发，推论或构造的外物必然也是实在的，然而这显然是不可能的。基于此，金岳霖以"正觉"论感觉，从正觉出发得到的是所与，所与既是感觉的内容又是外物或它的一个部分，这也就克服了罗素在梦觉、错觉、幻觉和正觉等感觉论上的混乱。

最后，感觉材料是私人的、特殊的。在前文讨论罗素感觉材料的特征时已谈到，感觉材料总是私人的。任何感觉材料就其成为感觉对象的那个时刻，都不可能同时成为其他人的感觉材料，任何人都不能在同一时间和同一地点亲知同样的感觉材料。罗素提出："当我们说两个人看到同一事物时，我们总是发现，由于着眼点不同，他们直接感知的对象是有差异的，不管这种差异多么小。"② 由于感觉材料的私人性和差异性，要推论或构造同一性的外物，罗素只能根据不同视景的私人空间的相似性、连续性和物理性法则。"这些私有空间由其相似性而列成序列"③，再将序列组成类，并使其遵守物理性法则，这样外物就被推论或构造出来了。但金岳霖认为这样的外物并不是独立存在的，它们只是观念中的外物。推论或构造外物都是行不通的，最恰当的做法就是直接承认外物之有。承认了"有外物"，那如何保证外物的同一性呢？金岳霖认为："被知者的彼此各有其

---

① 罗素对梦觉、错觉和幻觉的详细分析，可参见［英］罗素：《神秘主义与逻辑及其他论文》，贾可春译，商务印书馆 2017 年版，第 167—173 页。

② ［英］罗素：《我们关于外间世界的知识——哲学上科学方法应用的一个领域》，陈启伟译，上海译文出版社 2008 年版，第 58 页。

③ ［英］罗素：《我们关于外间世界的知识——哲学上科学方法应用的一个领域》，陈启伟译，上海译文出版社 2008 年版，第 60 页。

自身的绵延的同一性。"① 也就是说，他直接承认外物的同一性，而不需要通过感觉内容的相似性将其推论或构造出来。要保持外物的独立存在，同一性必须成为前提。既然有同一性的外物，那同一性的感觉内容如何获得呢？金岳霖认为同一性是被正觉所直接给予的，"同一感是知识论底与料"②。罗素强调感觉材料的私人性导致无法获得真正的同一性的外物。有鉴于此，金岳霖直接承认有外物、承认同一性，避免了罗素运用推论或构造的外物无法达到客观实在的困难。

有鉴于罗素的感觉材料论的种种困难，金岳霖提出了"所与"理论。从正觉获得的所与，既是内容也是对象，这很好地解决了一直以来感觉内容与外物无法统一的问题。总体而言，金岳霖对罗素感觉材料论的批判多过继承，但在构建知识论体系的思路上，金岳霖是接着罗素的方向走的。与金岳霖相似，张岱年对罗素感觉材料论进行批判的继承，并且运用逻辑分析方法对"感相"（类似罗素的感觉材料）进行了详细分析，试图从感相论证外在世界的实在。

第四节　由"感相"知外物

张岱年认为："知识之原始材料，为感觉今有。"③ 讨论知识论应当从感觉今有这个知识的基本元素开始，感觉今有就是原给（Given），也就是金岳霖所说的所与。原给是由感觉直接呈现在感知者面前的材料，是知识的无可怀疑的起点。我们自身都是可以怀疑的对象，而唯独这个原给或今有是被感觉直接经验到的，它无可怀疑。张岱年注重怀疑方法，因为哲

---

① 金岳霖：《知识论》，载《金岳霖全集》第 3 卷上，人民出版社 2013 年版，第 118 页。
② 金岳霖：《知识论》，载《金岳霖全集》第 3 卷上，人民出版社 2013 年版，第 119 页。
③ 张岱年：《认识・实在・理想》，载《张岱年全集》第 1 卷，河北人民出版社 1996 年版，第 414 页。

学或知识论的研究，都是始于怀疑。张岱年指出，他所使用的怀疑主义方法从新实在论而来，他说："对于他身他心吾身吾心之置疑，则由近今新实在论之辨析而益显。"① 顺着新实在论的思路，他对可疑的与无疑的进行了分析讨论，如我们身体的存在、心灵的存在及他人的存在等，都是可以怀疑的，其目的就是为了寻找到知识论的无可怀疑的出发点——原给。这与金岳霖从有效原则出发不一样，但同罗素运用怀疑主义方法找到感觉材料如出一辙。需要特别注意的是，在张岱年这里，原给是"知识论中论证之始点，然而并非知识论之起点。知识论之起点，乃是常识"②。与其他新实在论者一样，张岱年也认为知识论是从常识出发的。因为当我们开始思考关于知识的问题时，我们早已在日常的世界中生活，这个日常世界就是常识的世界。我们不能脱离常识的世界进行哲学思考，研究知识论自然也不能例外。但是常识的世界中有很多可疑的成分。要获得关于外物的确定性的知识，就应当对可疑的成分进行层层剥除，以至于无可再剥为止，而这个无可再剥的成分就是原给或今有。找到了这个无可怀疑的原给或今有，张岱年下一步的工作就是对其分析，进而由对原给的分析，来论证外界实在的问题。在这里，张岱年回答了一个自西方近代认识论转向后各执己见的重要问题——认识论的出发方式。包括笛卡尔、休谟、罗素等在内的众多西方哲学家对此采取唯主的出发方式，并认为认识论的出发方式应当遵守无可怀疑的原则，只有从无可怀疑出发，才能构筑起坚固的认识论体系。而金岳霖对西方一直以来的唯主的出发方式进行了详细的批判，他认为唯主方式以无可怀疑为最高原则，但无可怀疑根本无法保证认识论建立在客观基础上，因为无可怀疑原则最多只能达到心理的或主观的无可怀疑。所以金岳霖从正觉出发，直接承认"有外物"这一命题，采取有效原则，这就很好地解决了无可怀疑的主观性问题。张岱年当然也看到了唯主

---

① 张岱年：《知实论》，载《张岱年全集》第 3 卷，河北人民出版社 1996 年版，第 76 页。

② 张岱年：《知实论》，载《张岱年全集》第 3 卷，河北人民出版社 1996 年版，第 82 页。

出发方式存在的问题，所以他一方面坚持无可怀疑的原则，赞同它的合理性，另一方面又从新实在论的常识出发，排除常识中的不确定性，最终找到了原给这个既无可怀疑又客观实在的原始材料。

何谓原给或今有？张岱年的定义是："凡所见所闻以及自己感到的身体活动与自己感到之心情状态，总为感觉今有。"[①] 原给包括两个方面：一是日常生活中感觉到的各类颜色、形状、声音、气味等；二是感觉者个人的身体和意识活动。在张岱年看来，我们每次感觉活动获得的原给总是整体的。例如，我们观察一张桌子，不仅看到了这张桌子的颜色，也看到了它的形状，用手触摸还感知到了它的硬度和温度，如果此时恰好有人在敲打桌子，我们还能听到桌子发出的闷响。同时，我们能意识到我们正在观察这张桌子，这张桌子给予我们硬的冰冷的感觉，我们还有可能非常喜欢这张桌子的颜色，等等。这是我们通过同一次感觉活动获得的感觉材料。因为我们有视觉、听觉、嗅觉等多种不同的感觉器官，不同的感官获得的感觉经验自然不同，但这些感官是可以同时进行感知活动的。张岱年将同一次感觉活动中获得的不同的感觉材料总称为原给。虽然总称为原给，但是不同的感觉材料在原给中有本然的区别：声音与颜色不同，颜色与气味不同，气味与形状不同。此外，即使在同一片颜色中，也可以区分为若干区域，有深浅不一的差别。这些个别的颜色、声音、形状等，张岱年称之为"感相"。感相也可视为个别的感觉现象和印象。而许多不同种类的感相组合在一起就是原给。

与其说原给，不如说感相才是张岱年的知识论中最基本的材料。在各自的知识论体系中，张岱年的感相与罗素的感觉材料、金岳霖的所与具有同等地位。从张岱年对感相的定义来看，它似乎比较接近罗素的感觉材料，但它实质上与罗素的感觉材料差异较大。这里试从以下几方面对张岱

---

① 张岱年：《认识·实在·理想》，载《张岱年全集》第1卷，河北人民出版社1996年版，第414页。

年的感相进行分析。

感相是个别的颜色、声音、形状等，也就是说，感相是被直接经验到的感觉材料。在这一点上，张岱年与罗素没有多大分别。但张岱年进一步说，感相之间有关系，最重要的包括异同、距离、延续、并现、同在五种关系，这些关系是原给本来就有的。这五种关系中又以异同关系为重。由于异同关系，感相又可以区分为五类，这五类感相包括："第一类：形色、音色、气味及其类似；第二类：活动之感、阻障之感、坚柔之感；第三类：注意之感、警觉之感；第四类：饥渴之感、好恶之感、满足之感；第五类：想象。"[①] 这五类感相其实可以归结为原给的两大类：一是各种感官所得的感觉材料；二是在感觉活动中的身体和意识的活动。在张岱年看来，第一大类属于非我的感相；第二大类属于自我的感相。非我的感相和自我的感相都不是自己存在的，而属于实在的显现。非我的感相是实在的世界的显现，自我的感相是实在的自我的显现。由此可见，张岱年通过感相的分类区分了实在的世界和实在的自我，这反映了他继承新实在论的传统，但也冲出了新实在论的界限。

张岱年区分了五类感相，而包括罗素在内的新实在论者认为感觉材料就是颜色、声音、形状等属于第一类的感相。张岱年对此颇为不满，他说："近今新实在论者讲感相，多专重形色、音声、气味、坚柔等，至于活动、注意、饥渴、好恶，则不以与于感相之列。"[②] 他特意强调，活动、注意、饥渴、好恶等自我的感相，属于直接经验的一个部分，具有直接性，并不是经过人的思维所赋予的。在罗素那里，感觉材料是直接的和确定的，属于最硬的认识材料，而要推论或构造关于外在世界的确定性知识，应当从硬材料出发，才能保证知识基础的稳固。所以，可以理解罗素将属于主观性的饥渴、好恶、想象等剔除出感觉材料的范围，以此保证感

---

① 张岱年：《知实论》，载《张岱年全集》第 3 卷，河北人民出版社 1996 年版，第 77—78 页。
② 张岱年：《知实论》，载《张岱年全集》第 3 卷，河北人民出版社 1996 年版，第 79 页。

觉材料的客观性。张岱年从异同关系中区分出来五类感相，但他并不止步于此，他对感相进一步分析，又从距离关系出发分析出了四类感相："中央感相""活动圈感相""周边感相""飘忽感相"。原给的个别成分就是感相，而感相的总和就是全部的原给，又可称之为"感景"。一个感景就是当前感觉所直接呈现的一切，感相就是包含在感景之中的一分子。根据距离关系，中央感相就是处在感景中央的没有距离的感相群，包括注意、饥渴、好恶等感相。活动感相圈就是活动感相的范围，活动感相圈包含着中央感相，并且活动感相圈是移动的。周边感相就是处在活动感相圈之外的感相，比如颜色、声音、形状等感相。飘忽感相是想象中的感相，它是想象的，所以飘忽不定，可以处在任何位置，因此叫飘忽感相。张岱年认为感相之间的关系，以及由关系引出的多种类别的感相，都是原给所固有的，它们都是实在的，且具有客观性，所以将它们纳入知识的原始材料中并不为过。此外，这些类别的感相并不是单独呈现的，而往往彼此共在。比如当我们能看到颜色、听到声音时，我们自身也会伴随着眼睛集中注意在某处、耳朵努力听闻声响的感觉，当感觉活动结束时，我们的视觉和听觉也会相应地关闭。由此可见，不同类型的感相可以同时出现和消失，它们也不需要经过思维的反省而直接作用于感觉的对象。

张岱年比较重视感相之间的关系，可以说，正是因为有感相之间的关系存在，各种类型的感相才得以被区分出来。张岱年对感相关系尤为重视，这是他的感相论的特别之处，也可以看出他继承了英美新实在论注重关系学说的理论倾向。虽然张岱年重视感相之间的关系，但他并未忽视感相的性质或特征。一感相的性质或特征是其区别于其他感相的依据，他说："凡一感相之有异于其他感相之点，谓之感征。"[1]比如说，我们所见的桌子是正方形的，所见的桌子是一个感相，而正方形就是感征。当然，感征不止于此，比如桌子是黄色的、硬的，等等，这些都属于感征。感征是

---

① 张岱年：《知实论》，载《张岱年全集》第 3 卷，河北人民出版社 1996 年版，第 80 页。

不同的，所以我们能辨别相异的感相。在张岱年的知识论中，尽管他对感相关系着墨甚多，但感征并非无足轻重，这些感征才是感相乃至外物之间区别的根本所在。

张岱年对感相进行详尽的分析，是为了认识和达到外物。那如何从感相过渡到外物呢？张岱年引入了中国传统哲学中"能"和"所"的概念。在中国传统哲学中，对能、所关系进行较深入讨论的是王夫之，他说："境之俟用者曰'所'，用之加乎境而有功者曰'能'。能所之分，夫固有之。……乃以俟用者为所，则必实有其体，以用乎俟用，而以可有功者为能，则必实有其用。体俟用，则因所以发能；用用乎体，则能必副其所。"[1] 张岱年对"所"与"能"的解释是："外在之环境为所，内在之作用为能。"[2] 所与能的分别是显著的，不能"消所以入能"。他借能、所的区分批评了贝克莱等西方主观唯心论者主张"存在即被觉知"的观点。在感觉活动中，所在外而能在内，不可说感觉活动即是对象，也不可说感觉内容就是外物。张岱年借王夫之观点进一步分析了心与物的关系问题，他认为外物是否真的存在，同心灵能否认识到外物无关。然而我们对外物的认识，却是心灵通过感官作用于外物的结果。假如心不在焉，那么即使外物在眼前，也会视而不见、听而不闻，并不能认识到外物。沿着能所（心物）关系的讨论，张岱年将"能""所"运用到感相（原给）与外物的讨论中。张岱年认为原给有其本然的区别，如感相的分类就是原给本然的区别。这种本然的区别，他称作"原给区别"，它是知识中一切区别的依据，当然也是能知和所知得以区别的依据。原给有本然的区别，所以由原给呈现的世界并不是"绌聪废明无见无闻"的混沌的世界，而是有感觉参与的见闻世界。也就是说，张岱年认识论的世界是一个"有见有闻"、有能所区别的世界。

---

① 王夫之：《尚书引义》，载《船山全书》第 2 卷，岳麓书社 2011 年版，第 376 页。

② 张岱年：《中国哲学大纲》，载《张岱年全集》第 2 卷，河北人民出版社 1996 年版，第 537 页。

能知与所知在张岱年这里都可以解释为感相及感相关系。张岱年接续王夫之的思路定义了能知与所知。他说："心与感官谓之能知。外在所待，谓之所知。"①感官是颜色、声音、软硬等感相的出现或消失的枢纽。比如当颜色感相呈现时，睁眼的活动感相也随之出现。视觉的活动感相在感景中有特殊的位置。当颜色呈现在睁眼的活动感相的正前方时，颜色感相就最清晰，在其旁边就会模糊。有睁眼的活动感相时，颜色感相就会出现；有闭眼的活动感相时，颜色感相就消失。睁眼或闭眼的活动感相的位置就是眼睛，它是一种感官，这种感官掌握着颜色感相的出现和消失。因此，作为感官的眼睛就是颜色感相出现或消失的枢纽。声音、气味、软硬等感相以此类推。中央感相包括注意、好恶、饥渴等感相，中央感相的总和就是内心。内心其实就处在感相世界的中央。张岱年将传统哲学中属于能知方面的心与感官，从感相上进行了重新诠释。同时，作为外在所待的所知，也可以从感相得到说明。在张岱年看来，各类感相虽然需要内心的注意，但与内心的好恶没有什么关系，感相的呈现不随内心的好恶而改变。如此时有一个红色正方形的感相呈现在眼前，我们内心不论怎样想见蓝色圆形而不想见红色正方形，我们都不能改变这样的实际情况：呈现在我们眼前的只能是红色正方形的感相。张岱年想通过这个例子证明，感相的呈现除了有待于心和感官的能知外，还有待于外在所待的所知。外在所待是感相呈现的必要条件。使用感官能获得感相的呈现，说明有外在所待的存在；反之亦然。

张岱年认为，存在有两重含义：一是指感相的存在，即感相的当下呈现，这种存在是瞬时的；二是外在所待的存在，这种存在不依赖于感相具有自身的独立性。延续性是外在所待的独立存在的标志。感相存在的标志就是其是否呈现，但这不是外在所待存在的标准。张岱年说："感官随时开启，而随时见闻与原来感相大致相同者，便是感相之外在所待未尝不存

---

① 张岱年：《知实论》，载《张岱年全集》第3卷，河北人民出版社1996年版，第90页。

在，即有其延续的存在。"① 感相的随时呈现及其呈现的相似性，证明了外在所待是延续性的存在。张岱年在这里所谈的相似性和延续性，与罗素在通过感觉材料推论或构造外物时所谈的相似性和延续性是一致的，但罗素认为只有相似性和延续性并不足以推论或构造出外物，还需要加上物理学法则。张岱年没有提及过物理学法则，因为他首先就承认了有独立存在的外物，而在罗素的知识论中没有这一承诺。在罗素那里，唯一能够确定的只有感觉材料，所有一切都需要通过感觉材料推论或构造出来，物理学法则就成为罗素使用推论或构造的必要条件。张岱年已承认外物而不需要推论或构造外物，只需要在感相与外物之间找到关联，从而以感相来证明外物的存在。张岱年提出的外在所待的延续性问题，其实就是金岳霖强调的外物"自身的绵延的同一性"问题。在承认"有外物"之后，金岳霖也直接承认了它的同一性，而不像张岱年那样通过感相的随时呈现以及呈现的相似性来证明外物的同一性。同一性（延续性）是外物独立存在的主要特征，所以在三位新实在论者那里，他们都不约而同关注了这一问题，并对之进行了细致讨论。

经过以感相讨论能知和所知后，张岱年从外在所待的所知，提出了"外在事物"的问题。他说："所感者为感相，所知者为感相之外在所待，即外在事物。"② 关于外在事物的实在，张岱年是直接承认的，并且他对外在事物存在的证明也不是为了论证未知的外界是否实在，而只是为了解释人们在外界实在问题上的疑惑。张岱年在《知实论》的开篇就强调他是从感觉来论证外界的实在。也就是说，他是从知识论而不是存在（本体）论的角度来谈外界实在的问题。所以他直接承认了外界实在，并将知识论建立在此基础上。关于外界实在可从知识论得到说明，也可从本体论上进行论证，但是如何从感觉经验出发来认识外在世界的问题，就必须从知识论

---

① 张岱年：《知实论》，载《张岱年全集》第 3 卷，河北人民出版社 1996 年版，第 88 页。
② 张岱年：《知实论》，载《张岱年全集》第 3 卷，河北人民出版社 1996 年版，第 90 页。

的角度来回答。在这一点上，金岳霖也是直接承认外物的独立存在，并以此为前提，从正觉出发来获得外界的知识。由此可见，金岳霖和张岱年在承认"有外物"这点上是一致的。金岳霖在正觉的基础上提出了所与，所与既是感觉的内容又是外物或它的一个部分，所以认识所与也就是获得关于外在世界的知识。而张岱年则明确提出了"由感相知外物"的观点，并对感相与外物的关系进行了详细分析。

由感相认识外物，首先应以承认外物的独立存在为基础。张岱年说："吾实不能由感相之存在，推断外在事物与感相相同之存在。"① 通过感官经验到当前的直接呈现，就是感相的存在。感相的存在有待于心和感官的能知，也有待于外在所待的所知，与感相的存在相同的存在者就是感相，但感相的外在所待并不是感相。当前有感相呈现于此，就意味着这一感相的外在所待的事物存在着。感相的呈现有待于能知，但感相的外在所待的事物并不依靠能知，由此而言，外在事物的存在是独立的存在，是不依赖于能知的实在或实有。尽管外在事物是独立存在的，但外在事物必须经由感相呈现才能被人们认识。张岱年认为感相实质上包含了两层含义："一直接呈现，二代表外在事物而为外在事物之表征。"② 在这里，张岱年提出了他对感相与外物关系的核心观点：感相就是外物的表征或显现。从字面而言，张岱年的表征说或显现说似乎并没有多少新颖之处，也不比以往在感觉内容与感觉对象上的照相说更为高明。但进一步分析就会发现，他的表征说或显现说很好地回答了感觉内容与外物的统一问题。

作为新实在论者，张岱年首先承认外物的独立存在，然后在此基础上分析感相。他说："我见一感相，一方面是感此感相，一方面又是见一外物。"③ 感相与外物是直接相应的，所以看见一感相就是看见一外物。然而，

---

① 张岱年：《知实论》，载《张岱年全集》第3卷，河北人民出版社1996年版，第91页。
② 张岱年：《知实论》，载《张岱年全集》第3卷，河北人民出版社1996年版，第92页。
③ 张岱年：《认识·实在·理想》，载《张岱年全集》第1卷，河北人民出版社1996年版，第416页。

感相并不是外物的副本或摹写，感相有其自身的成分。张岱年通过分析感相的变异得出感相的成分可分析为两个方面：一是内缘或缘能成分；二是外缘或缘所成分。前一成分就是感相随能知情况的改变而改变，比如我们一边行走一边观察路旁的房子，随着我们的移动，房子呈现在我们眼中的大小会发生变化，房子在我们眼中的清晰程度也会发生变化。后一成分就是感相不随能知的改变而改变，比如虽然我们在行走时看到房子的大小会改变、清晰程度有差异，但我们总不至于将房子看成一只狗。所以，感相的呈现取决于两方面：一是能知；二是外在事物。张岱年又进一步解析了外缘或缘所成分。缘所成分也可以分析为两层：（1）缘境成分；（2）缘性成分。缘境成分就是一感相随其环境中的其他感相的改变而改变；缘性成分则是不随其环境中的其他感相的改变。比如将一根筷子插入水中，我们看到筷子在水中发生了折射现象，这就是缘境成分；我们虽然看到筷子发生了折射现象，但是筷子仍是那根长度相同、形状未变的筷子，这就是缘性成分。由此可见，虽然感相是外物的表征，但感相并非完全摹写外物，感相有其自身的成分。

张岱年通过物影与物的关系来说明感相与外物之间的表征或显现关系。他将物影与物的关系称为"不对称的相关共变关系"①。就是说，物影随着物的变化而变化，但物不随物影的变化而变化。感相与外物的关系也类似，感相随外物的变化而变化，而外物不随感相的变化而变化，所以感相与外物之间有不对称的相关共变关系。感相中的缘性成分是说一感相有不随能知和其他感相的改变而改变的成分，这个缘性成分就是相应于外在事物的成分。基于此，张岱年提出感相与外物之间是"大致的异同相应"②关系。这是一种什么关系呢？张岱年认为如果感相属于同类的，那么感相所表征的外物也是属于同类的；如果感相是相异的，那么它所表征的外物也是相异的。如果感相之间的差异较大，那么感相所表征的外物的差异也

---

①② 张岱年：《知实论》，载《张岱年全集》第3卷，河北人民出版社1996年版，第98页。

较大；如果感相之间的差异很小，那么感相所表征的外物的差异也很小。这就是他对"大致的异同相应"关系的论述。从这种关系出发，张岱年得出感相是外在事物的映象的观点。一方面，一件事物的映象，总是在一定的环境中的映象，环境改变映象也发生变化；另一方面，一件事物的映象又受能知的制约。能知发生改变，映象也可能发生变化，但映象仍然是与外物相应的。总体而言，张岱年的感相与外物之间的关系可以用两句话来概括：一是感相会随能知的改变而改变；二是无论怎么改变，感相依然是外物的表征或映象。鉴于感相与外物的关系，张岱年总结出从感相必然能够获得对外物的知识，他说："吾感到感相，是感感相，又是知外物。"[1]

从张岱年在感相及感相与外物的关系的分析中，我们可以看到张岱年对逻辑分析方法的娴熟运用，他逻辑严密、条分缕析地讨论了感相的各种成分、感相与外物关系的各种情况。张岱年的论证思路与罗素在《哲学问题》《神秘主义与逻辑及其他论文》中讨论感觉材料与外物的情况十分相似。张岱年在对感相的分析中，继承了罗素感觉材料论的诸多观点。比如感相的无可怀疑性、直接性、瞬时性、个人性，这些都与感觉材料的基本特征是一致的。但是，感相所拥有的内涵远超感觉材料。包括罗素在内的英美新实在论者，将感觉材料限定在诸如声音、颜色、形状等直接的呈现上，张岱年通过感相异同关系的区分，认为罗素的感觉材料只是第一类感相，还有包括活动之感、注意之感、饥渴之感、好恶之感、想象等在内的其他四类感相。在外物的内在性质是否可知的问题上，罗素提供了否定答案。他认为我们能确定知道的只有关于感觉材料的知识，而有关外物的知识需要通过感觉材料推论或构造出来，我们只能肯定感觉材料与外物的结构大体相似，外物的内在性质是无法知道的。张岱年认为，感相作为外物的表征，外物的内在性质作为其变化过程中稳定的、规律的因素，必然会

---

[1]　张岱年：《认识·实在·理想》，载《张岱年全集》第1卷，河北人民出版社1996年版，第419页。

呈现在感相上。因为感相可知，所以外物的内在性质也可知。

从罗素的"感觉材料"到金岳霖的"所与"和张岱年的"感相"，能够明显看到罗素对金岳霖和张岱年的影响。罗素的感觉材料论是金岳霖和张岱年在感觉论上主要的理论资源。金岳霖将罗素的感觉材料视为主要的批判对象，对感觉材料中存在的各种问题进行了分析。为避免罗素的唯主的出发方式，金岳霖以统一感觉内容与感觉对象的所与替代感觉材料，同时以有效原则取代无可怀疑原则，保证知识论建立在客观基础上。张岱年则较多地吸收了感觉材料论的内容，从无可怀疑的感相推论出关于外物的知识，但他同时吸收了中国传统哲学中的能所理论，突破了感觉材料论的界限，探索了一条解决从感觉到外物的问题的新途径。胡伟希认为："比较张岱年的'感相是外在事物的表征说'与金岳霖的'所与是客观的呈现说'可以看出，在承认有独立存在的外物的这一前提下，金岳霖强调的是感觉内容与外物的合一，而张岱年论述的重点则是感觉内容与外物在何种意义下的合一。"① 金岳霖和张岱年作为实在主义者，都首先肯定外物的独立存在，然后再讨论从感觉出发如何获得关于外在世界的知识。但他们在感觉论上也表现出了很大的差异性。不可否认，中国新实在论者在吸收英美新实在论的基础上，展现了不同于英美新实在论的感觉论的研究进路，而金岳霖和张岱年通过自己的革新与创造，作出了新的理论建树。

---

① 胡伟希：《知识、逻辑与价值——中国新实在论思潮的兴起》，清华大学出版社 2002 年版，第 65 页。

第四章

概念论：认识的范围与限度

从感觉经验而来的知识是个人的、特殊的，但知识论的目标是要获得普遍的、必然的知识，也就是罗素所说的关于外在世界的确定性知识，这个确定性知识就是超越个人层面的公共的知识。如何从个人的、特殊的知识过渡到普遍的、必然的知识，这是概念论要回答的核心问题，它贯穿了罗素哲学的不同发展阶段的主线，也成为金岳霖知识论的焦点问题。休谟曾对此问题进行过深入讨论。他认为，感觉对象在被我们的感觉所感知的那些时刻，是直接的和确定的，因此我们对那些时刻存在的感觉经验是无可怀疑的。但是，那些时刻的感觉经验为什么能够推论到未来，推论到其他相似的感觉对象上，休谟对此提出了疑问。休谟不认可过去的感觉经验能够推论未来或其他相似的感觉对象，并对此进行举例论证。他说："我以前所食的那个面包诚然滋养了我，那就是说，具有那些可感性质的那个物体在那时候，是赋有那些秘密的能力的。但是我们果能由此推断说，别的面包在别的时候也一样可以滋养我，而且相似的可感性质总有相似的秘密能力伴随着它么？这个结论在各方面看来都不是必然的。"① 休谟强调，根据过去的感觉经验并不必然能够推论出有关未来的知识，也就是说，我们从个人的、特殊的知识无法过渡到普遍的、公共的知识。休谟的归纳法和因果论，也是回答人类能否从特殊经验知识得到一般性的、普遍必然性的知识的问题。在归纳问题上，休谟认为人类不能从特殊经验中归纳出过去和将来都具有的一般性的知识；在因果问题上，由因果关系得到的一般性知识也不具有普遍必然性，而只是人类的习惯。休谟提出的问题，冲击了人类知识体系的基础。为应对休谟问题的挑战，罗素站在实在主义立场，承认外在世界具有实在的共相，而普遍必然性的知识正是外在世界的实在共相的体现。所以，承认实在的共相，就是肯定具有普遍必然性的知识。金岳霖和张岱年继承了罗素实在主义的立场，肯定实在的共相或"理"。而如何从特殊的感觉经验中把握普遍必然的科学知识，就是罗素、

---

① ［英］休谟：《人类理解研究》，关文运译，商务印书馆 1972 年版，第 33 页。

金岳霖和张岱年各自的概念论所要阐述的问题。

实在主义者认为外在世界的共相或"理"是实在的，这使得知识的普遍必然性性得以可能，这也就意味着实在的共相或"理"成为普遍必然性知识的前提条件。所以，作为普遍必然性知识的前提的共相或"理"，就成为本章第一节主要讨论的内容。罗素认为从个人的、特殊的知识过渡到普遍的、必然的知识，必须以承认有实在的共相为前提。金岳霖受到了罗素共相理论的影响，并对之进一步发挥，他认为"有理"是一个真命题，"理"就是共相及共相的关联，承认"有理"（共相及共相的关联）就是金岳霖的概念论的先决条件。张岱年对罗素和金岳霖的共相理论都有所吸收，他认为承认共相或理的实在，就是肯定有普遍必然的知识。梳理概念论的前提是为讨论概念论的核心问题做准备。概念论的核心问题，就是如何从特殊的感觉经验知识过渡到普遍必然的科学知识。罗素、金岳霖、张岱年对此都进行了详细论述，本章第二、三、四节就是分别论述他们的概念论的。罗素认为普遍必然性知识主要从摹状而来，因为我们能够通过摹状词理论获得没有亲身经验过的知识，也能够通过它说明没有被定义过的原始命题或概念，这样就能摆脱狭隘经验论的限制。在概念论上，金岳霖受到罗素的影响较深，他认为概念对所与具有摹状与规律双重作用，而其中的摹状作用主要就是承袭自罗素的摹状词理论。张岱年虽然接受了实在主义的共相理论，但在如何把握共相、如何获得普遍必然性知识的问题上，他立足于辩证唯物论，而与罗素、金岳霖不同。他认为外部的实在世界有其固有的条理与规律，即共相，概念范畴就是对共相的反映、摹写，而这个以反映、摹写来获得普遍必然性知识的过程，是通过实践来实现的。

第一节　概念论的前提：实在的共相或"理"

罗素被称为实在主义者的一个重要理由就是他承认具有实在的共相。

罗素的共相论是由柏拉图的理念论发展而来的。以"公道"概念为例，当我们思考何谓公道时，我们很自然想到的是各种公道的行为，并从这些行为中发现它们的相似性。在这些行为中，我们必然能够找到在所有关于公道的事物中具有而在其他事物中没有的一种共同的性质，"这种共同的性质便是公道本身、是纯粹的本质"①。这个公道本身也就是柏拉图的理念。在柏拉图那里，公道本身作为理念为特殊的东西所共有，但却不属于它们中的任何一个。罗素进一步解释道，理念的世界是永恒的、不朽的，而不像感觉的世界那样瞬息万变，因此理念也不存在于感觉世界中。"对于柏拉图来说，真正实在的世界就是理念的世界。"② 对此，罗素深表赞同。虽然倡导理念的世界容易导致神秘主义，但他认为理念论的基础符合逻辑的要求。罗素继承了柏拉图的理念论，同时为了与传统理念论有所区别，他用"共相"概念替代了理念。共相最重要的特征就是它与特殊事物的截然不同。在罗素看来，一个共相是可以被诸多特殊的事物所分别具有的，而这些特殊事物是具有彼此分别的特殊性的（它们不是相同的事物），并且特殊事物就是被感官所直接感知到的对象。

　　罗素通过对柏拉图理念论的引用，逐步过渡到他对共相论的阐述。他从语言（概念）角度来讨论共相问题。他说："大体上特殊名称代表殊相，而其他名词、形容词、前置词、动词则代表共相。"③ 对于特殊名称表示殊相，大多数哲学家的意见并无二致；但在名词、形容词、前置词、动词均表示共相的问题上，各家莫衷一是。从斯宾诺莎到布拉德雷等诸多主张一元论的哲学家，通常只注意名词和形容词所代表的共相，而忽略前置词和动词所代表的共相。一般而言，名词和形容词通常表示个别事物的性质或特征，而前置词和动词则往往表示两个或更多事物之间的关系。但主张一元论的哲学家只注意名词和形容词的共相，将前置词所表示的内容纳入

---

① ［英］罗素：《哲学问题》，何兆武译，商务印书馆 2007 年版，第 74 页。
② ［英］罗素：《哲学问题》，何兆武译，商务印书馆 2007 年版，第 75 页。
③ ［英］罗素：《哲学问题》，何兆武译，商务印书馆 2007 年版，第 76 页。

个别事物的特征或性质之中，并且从根本上否认两项或多项间的关系实体的存在。罗素则与他们背道而驰，他认为存在着关系的共相，并坚信我们"能够证明一般由动词和前置词所表现的共相存在"①。他以白的共相为例进行论证。假如我们承认有白的共相存在，那么当我们说一个东西是白的时候，就是因为它本身蕴含着白的性质。但上述观点是贝克莱、休谟及后来的经验主义者所否认的。在贝克莱和休谟那里，他们能确定的存在只能是被感觉所直接感知到的对象，并否认有抽象的观念。他们认为，当我们考虑白的问题时，我们脑袋里想到的白一定是关于某个特殊事物的白的印象，根本就没有白的共相。贝克莱和休谟的观点大致与我们通常认识过程相符，这没有什么问题。但是，我们再进一步推敲，假如我们脑袋里又想到另外一个白的东西，我们为何也称这个东西是白的呢？因为这个白的东西与上一个白的东西之间具有相似性。基于此，罗素提出："因为白的东西有许许多多，所以这种相似就必须在许多成对的白色东西之间成立；而这正是一个共相的特点。"②只有承认有一个实在的白的共相，这许多白的东西的相似性才能够说得通。贝克莱和休谟只注意到了性质问题，而忽视了关系也是共相的问题，所以在他们那里，知识无法从特殊达到普遍。

证明了有实在的共相后，接下去要回答共相是如何存在的问题。罗素认为共相的存在不仅限于精神的层面，还有其他的存在方式。他以"爱丁堡是在伦敦以北"的命题为例进行说明。③这两个地点间有一种"在……以北"的关系，并且这种位置关系在未被我们认识时已经存在。我们知道这个"爱丁堡是在伦敦以北"的命题并不影响此命题本身的真伪性，这个命题所表示的事情是在我们了解之前就已存在的事实。也就是说，这一事实的存在并不以我们的心灵或精神为先决条件。此外，"爱丁堡是在伦敦以北"这一事实中蕴含着"在……以北"的关系，这个关系就是一个共

---

① ［英］罗素：《哲学问题》，何兆武译，商务印书馆 2007 年版，第 78 页。
② ［英］罗素：《哲学问题》，何兆武译，商务印书馆 2007 年版，第 79 页。
③ 详细参见［英］罗素：《哲学问题》，何兆武译，商务印书馆 2007 年版，第 79—80 页。

相。罗素总结说：关系正如其所关联的诸多关系项那样，它的存在无需依赖于人类的心灵，它处于独立自存的世界中，这个世界能被人类的心灵或思想所认识或领会而人类却无法创造。这个关系共相的世界有种神秘主义的色彩，罗素认为它既不是精神的也不是物质的，还超越于时空之外，而它又确实是某种东西。罗素提出共相的世界是实在的世界，这个实在的世界不同于存在的世界。存在的世界是瞬息万变、模糊不清、毫无秩序可言的，但它又是拥有形形色色的感觉材料、包罗丰富的思维和情感的世界；而实在的世界则永恒不变、秩序井然，存在的世界是这个实在的共相世界的"淡淡的映象"。

罗素承认有实在的共相世界，也承认我们能够获得关于共相的知识，其主要目的就是为了回应休谟将知识仅限于特殊经验范围内的问题。罗素认为我们认识的事物有两种："殊相的和共相的。"[1] 在有关殊相的知识中，我们认识到的主要是感觉材料；在有关共相的知识中，我们能认识到可感性质的共相、时间和空间关系的共相、相似关系的共相；等等。金岳霖在谈到认识的对象时，将其区分为普遍的和特殊的两种对象；而谈到认识的内容时，区分为普遍的理与特殊的事实两项内容。[2] 金岳霖所谓的普遍的理就是共相或共相的关联。金岳霖明显吸收了罗素的共相论，但与罗素只是承认实在的共相以及能够获得共相的知识不同，金岳霖认为只认可共相存在远远不够，仍应当从本体论的层面对其进行证明。而金岳霖从本体论层面对共相存在的证明，就体现在《论道》中。

金岳霖从"可能"出发谈共相。他将"可能"定义为"可以有而不必有'能'的'架子'或'样式'"[3]。可能应分为两部分：一是空的类或概念；二是实在的共相。关于空的类或概念，就像神、鬼、龙、超人等诸如

---

① ［英］罗素：《哲学问题》，何兆武译，商务印书馆 2007 年版，第 89 页。

② 金岳霖对认识的对象和内容都作了详细分析。参见金岳霖：《知识论》，载《金岳霖全集》第 3 卷上，人民出版社 2013 年版，第 4 页。

③ 金岳霖：《论道》，载《金岳霖全集》第 2 卷，人民出版社 2013 年版，第 26 页。

此类的东西，它们在现实中找不到具体的表现，但它们在逻辑上又没有矛盾，所以它们是可能，它们可以有而实际却没有具体的表现。关于实在的共相，金岳霖称它为"有具体的表现而又不是各个体之所分别地表现的情形"①。也就是说，共相是由各个体表现出来的共有的、普遍的"相"。比如红的花、红的布、红的纸等，它们都表现了红的共相。金岳霖认为这实在的共相就是可能的一个部分。金岳霖的实在的共相所表达的含义，与罗素实在的共相的意思是一致的。不同在于，金岳霖将可能作为实在的共相的本体论上的依据；罗素承认有实在的共相，但没有为其提供本体论的依据，而主要从继承和发展柏拉图的理念论获得。

在阐明共相如何实在的问题上，金岳霖提出了"共相是个体化的可能"②。我们所知道的红、硬、四方等的共相，都是通过个体展现出来的相似性而获得的。共相是如何实在的呢？金岳霖认为共相的实在要依靠个体化的可能。在任何的同一时间上，可能都能够判别为现实的与未现实的两种形态。现实的可能就是已经个体化、具体化了的可能，它可以展现出个体具有"公共"的一面；而未现实的可能则不能个体化和具体化，没有与个体相对待，当然也就无所谓"公共"的一面。比如，在一百年前没有一台台的电脑，电脑在那时候仅仅是可能，并且是未现实的可能，所以当时也没有关于电脑的共相。但现在有数亿台的电脑，这时候的电脑是已经现实化了的可能，它有具体的、个体的表现，并且现在也有关于电脑的共相。金岳霖提出，共相是实在的，但它不同于个体的存在。从一种意义上说，共相既超越时空又超越与之相关的个体；但从另一种意义上说，因为共相的实在性，导致它无法完全离开时空以及与之相关的个体。在金岳霖之前，罗素已经对实在的世界和存在的世界进行了区分。实在的共相世界是永恒的、超越于时空之外，它不同于存在世界的转瞬即逝。对罗素来

---

① 金岳霖：《论道》，载《金岳霖全集》第 2 卷，人民出版社 2013 年版，第 26 页。
② 金岳霖：《论道》，载《金岳霖全集》第 2 卷，人民出版社 2013 年版，第 87 页。

说，实在的共相世界更为根本，存在的世界只是这共相世界的"淡淡的影子"。金岳霖一方面继承了罗素实在的共相世界的观点，承认实在的共相世界对存在世界的超越性；另一方面又提出共相的世界不能脱离于这个存在的世界。金岳霖认为这两种情况共存不会发生逻辑矛盾。他对此进行论证说，假设以 ϕ 为共相，而作为个体的 x_1，x_2，x_3，x_4，……，x_n 都表现了共相 ϕ，ϕ 只能是在不依赖于任何 x 存在的情况下才能称其为共相，也就是说，无论 x_1，x_2，x_3，……，x_n 中的哪一个 x 不存在，都不影响共相 ϕ 的实在。同时，当 x_1，x_2，x_3，……，x_n 中的所有 x 都不存在时，ϕ 就不是一共相，它只是一未现实的可能罢了。在金岳霖看来，这两种情况不仅不会发生矛盾，而且都很重要。前一方面注重共相对个体的超越性（transcendent），后一方面则强调共相又内在（immanent）于所有个体。由此可见，金岳霖对实在的共相的认识，已经超出了罗素的范围。罗素实在的共相可以说是在彼岸的世界，而金岳霖则把它从彼岸拉回了此岸。

论证了共相的实在后，金岳霖进一步指出实在的共相具体表现为："分别地表现于个体的共相是现实的性质。"[①] 比如，我们在图书馆看到一排书桌，我们说这些书桌都是长方形的、红色的。这里的长方形和红色可以表示为每张书桌所具有的性质，换句话说，长方形和红色是这些书桌共有的性质，因此我们才能说这些书桌都是长方形的和红色的。同时，长方形和红色也都是共相，它们内在于每张书桌中。所以说，共相是对于个体的现实的性质。罗素也曾表述过类似的观点。他在论述关于共相的知识时说，我们都认识白、红、硬等共相，而这些共相都是在感觉材料中可以通过亲身认识得到证实的性质。简言之，这类共相可称作"可感的性质"[②]。正是因为我们能够亲身认识到这些白、红、硬等的性质，我们才能毫不费

---

① 金岳霖：《论道》，载《金岳霖全集》第 2 卷，人民出版社 2013 年版，第 88 页。
② ［英］罗素：《哲学问题》，何兆武译，商务印书馆 2007 年版，第 83 页。

力地抽象出白、红、硬等共相。金岳霖对罗素的这个观点进行了吸收，金岳霖所说的共相是对于个体的现实的性质，就是被罗素称为"可感的性质"的共相的翻版。罗素不仅认为有性质的共相，还认为有关系的共相，而提出关系的共相理论是罗素作为新实在论者的主要贡献。金岳霖自然不会对此视而不见，他把罗素的关系共相也引用到自己的共相论中。他说："联合地表现于一个以上的个体的共相是现实的关系。"① 这里的意思是，关系是对于两个或更多的个体才能实现的可能。比如"在……左边""比……大"等关系，我们只能说 A 在 B 的左边、A 比 B 大，而不能说在 B 的左边或比 B 大，也就是说在两项或更多项之间才能产生关系。并且，像"在……左边"就表示一个关系共相，这个关系共相也是实在的，因为它是个体间的现实的关系。

除了讨论共相的实在及其具体表现外，金岳霖还对共相与共相之间的关系进行了分析，他将共相与共相之间的关系称为"共相的关联"。他说："从共相底关联着想，所谓内在即彼此有相互定义底作用，或简单地说在某一方面范围以内，所谓外在简单地说也就是在某一方面范围之外。两个体可以完全没有内在关系，两共相不至于完全没有内在的关联；说它们没有内在的关联不过是说它们没有某一方面底关联而已，在另一方面，它们也许有另一方面底内在关联。"② 在处理"共相的关联"的问题上，金岳霖同时吸收了西方近代新黑格尔主义（主要是布拉德雷）的内在关系说及新实在论（主要是罗素和摩尔）的外在关系说，将它们都融入了自己的共相理论中。新黑格尔主义强调内在关系说，以为所有的关系都是内在的，通过一个事物就可以观察到所有事物情况。摩尔和罗素为了反叛新黑格尔主义而特别注重外在关系说，认为所有事物间的关系都是外在的。金岳霖则对他们兼收并蓄，试图缓和双方剑拔弩张的关系，将他们的关系学说进行

---

① 金岳霖:《论道》，载《金岳霖全集》第 2 卷，人民出版社 2013 年版，第 90 页。
② 金岳霖:《论道》，载《金岳霖全集》第 2 卷，人民出版社 2013 年版，第 133 页。

改造并进而运用到"共相的关联"中。金岳霖认为，个体之间可以没有内在关系，但是共相之间既有内在关联，又有外在关联。在讨论共相的关联时，金岳霖特意在《知识论》中提出了关系与关联的问题。关系只用于个体与个体之间，而共相与共相之间应该用关联。关系可以是偶然的，但关联不能是偶然的，它能够为我们提供"至当不移的意味"①。而金岳霖强调关联这种"至当不移"的必然性，是在为提出"共相底关联有至当不移的秩序"② 做准备。金岳霖认为每种共相的关联都不是随意的，而必定存在着某种秩序。每种共相的关联都有秩序，它们之间不相互冲突，"完全从起点与方向说，共相界底关联不止于一秩序；但从兼容并包，各德具备这一方面着想，只有一个秩序"。③ 这里的"一个秩序"就是至当不移的秩序，它实质上就是指不受主观性制约的外在世界的客观规律。哲学及各门科学的主要目的就在于发现客观规律，也即认识共相及共相的关联。

在罗素那里，从个人的、特殊的知识过渡到普遍的、必然的知识，必须以承认有实在的共相世界为前提。金岳霖接受了罗素的观点，认为"有理"是一个真命题，并且将"有理"视作概念论的前提，而"理"就是共相及共相的关联。换言之，承认共相及共相的关联就是金岳霖的概念论的先决条件。金岳霖提出，当思议的内容是概念或意念时，它的对象就是共相；当思议的内容是意思或命题时，它的对象就是共相的关联。意念（概念、意思、命题）所表示的其实就是存在于具体的、个别的事物中的共相和共相的关联。意念（概念、意思、命题）既然展现为共相及共相的关联，就说明它也必然是抽象的、普遍的，这样它就能从特殊的感觉经验的束缚中解放出来，成为接受和范畴所与的工具。罗素和金岳霖对共相的态度，对张岱年产生了一定的影响。作为实在主义者，张岱年也承认共相

---

① 金岳霖：《知识论》，载《金岳霖全集》第 3 卷上，人民出版社 2013 年版，第 657 页。
②③ 金岳霖：《论道》，载《金岳霖全集》第 2 卷，人民出版社 2013 年版，第 135 页。

（理）的实在或实有。

何谓共相？张岱年的回答是："方圆长短坚脆等自其为多物之同具言之，谓之共相。"[①] 也就是说，存在于不同的事物中却能用同样的词语所指示的共同特征，可称之为共相。比如方、圆、长、硬等，都不是仅仅存在于一件事物中的性质，而是被众多事物所共有的。在现实世界中有方的桌子、方的床、方的房屋，硬的石头、硬的铁、硬的木头。共相就是一类事物所共同具有的特征。张岱年认为共相有等级的划分。比如"生"是一个共相，宇宙中的"生"的事物不胜枚举，它们共同组成了生物这一大类，并且以"生"为其共相，这个共相为第一级共相。然而生物与生物之间又可以进行划分，有人类、鸟类、鱼类、犬类等，它们又各自组成一类，人、鸟、鱼等可称为第二级共相。相对于第一级共相而言，第二级共相又可叫作别相。此外，万物都相同的相称为绝对共相；只有一物所独有，而与他物都不同的相称为绝对别相。关于共相的等级，金岳霖也提出过类似的观点。金岳霖说："共相底共有等级。"[②] 这个等级是就共相范围而言的，有涵盖范围非常广的共相，如道的共相、现实的共相、变的共相等；也有涵盖范围窄的共相，如人的共相、桌子的共相、恐龙的共相等。金岳霖所谓的共相等级，与张岱年划分的共相等级是一致的。他们都强调共相的等级，意在说明共相是有秩序的，进一步引申就是说共相代表了客观规律。在张岱年看来，共相、秩序、规律和形式等实质指称同一种含义，它们都可以用"理"来概括，只是立足点不同而产生了不同的名称。他说："在事曰规律，在物曰性质，自类而言曰共相，自一物之结构言即由其各要素之相互关系而言曰形式。"[③] 共相、秩序、规律、形式等都展现了理的内涵，所以张岱年在哲学论述中时常以理代共相、秩序、规律、形式。张岱年使

---

① 张岱年：《事理论》，载《张岱年全集》第3卷，河北人民出版社1996年版，第161页。

② 金岳霖：《论道》，载《金岳霖全集》第2卷，人民出版社2013年版，第133页。

③ 张岱年：《认识·实在·理想》，载《张岱年全集》第1卷，河北人民出版社1996年版，第439页。

用理的概念，主要继承自中国古代哲学的传统。他说："理之观念，为中国哲学之特有观念，而含括西方思想中形式、共相、规律、理性诸谊。"[①]这体现了他融合中西的致思路向。

张岱年继承实在主义的传统，认为共相或理是实在的。他使用"实有"来讲事和理的存在，实有包含两重含义：一是感觉经验的特殊事物的存在；二是特殊事物所表现的理的存在。虽然都用"实有"来指称，但两种存在并不相同，特殊事物的存在表现为不依赖于其他个别东西的独立存在，然而理的存在却需要依赖于特殊的东西。为了与特殊事物的存在有所差异，就把共相或理的存在称为实在。张岱年区分了实在与存在，这与罗素对实在与存在的论述是一致的。实在是不以当下存在为限的，过去发生过的事情虽然不存在了，但这个事实依然是实在的；曾经有过的共相虽然不再显现，也依然是实在的。比如恐龙的共相在一亿年前是实际存在的共相，虽然现在没有了恐龙，但恐龙的共相依然实在。这里就涉及共相如何实在的问题。金岳霖对这个问题的回答是："共相是个体化的可能"。而张岱年吸收了颜元和李恕谷的观点，提倡"理在事中"。张岱年说："理即在事中，无其中无理之事，无不在事中之理。"[②]理在事中，意味着共相是内在于事物的，共相并不比事物更为根本。颜元和李恕谷主张"理在事中"，就是为了反对朱熹"理在事上"的观点。理在事上，是指理作为事的根本，理超越于事。张岱年明确反对理在事上，他认为"有事乃有理，有理而后成物"[③]。虽然共相或理是实在的，但它并不是永恒的。张岱年对共相提出了限定：共相不能仅限于某个特殊事物，但它也不能脱离于某一类事物，因为共相就是一类事物中所共同具有的东西。如果世界上没有任何一件特殊事物，那么也不会有共相。

张岱年在处理共相与事物问题上的看法，与金岳霖在共相与个体关系

---

① 张岱年：《事理论》，载《张岱年全集》第3卷，河北人民出版社1996年版，第128页。
②③ 张岱年：《认识·实在·理想》，载《张岱年全集》第1卷，河北人民出版社1996年版，第435页。

上的看法非常相似，但与罗素的很不相同。虽然他们都承认共相的实在，但在共相是否独立存在问题上产生了差异。罗素认为共相的世界是不同于现实世界而独立存在的，并且具有超越性，而金岳霖和张岱年都认为共相不能脱离个体或特殊事物而存在，毋宁说，共相是寓于个体或特殊事物之内的。既然共相寓于特殊事物之内，那么共相在特殊事物之内是如何呈现的呢？张岱年仍然从中国传统哲学中发掘资源，主张共相在特殊事物中具体展开为"性"，他说："共相，自其为多物之所共有而言之，谓之共相；自其为一物之所有言之，则谓之性。"① 性是一件事物之所以为该事物的依据，它是一件事物中恒常的东西。张岱年援引程颐的"性即理"为自己立论，在一件事物中性也是共相或理，"一物之性即一物之理"②。但是，性与共相也有不同之处，虽然性都是共相，但也有不成为性的共相。共相只有落实到一个具体的事物才能称作性，否则只是一个可能的共相。

在共相问题上，张岱年同金岳霖站在相似的立场，他们都超出了罗素共相论的界限。张岱年没有直接批评罗素，但他明确指出了怀特海的问题。他说："怀悌海讲实素与永相，又言天（上帝），以天为摄持一切永相者，盖认为永相在实素之外独立存在，于是不得不言天，以为永相独立存在之根据。实则永相之独立存在与所谓天皆属虚妄。实素之中即含永相，永相并非超然自存。"③ 在这里，怀特海主张共相是独立于实际事物之外而存在的，其依据就是"天（上帝）"统摄了所有的共相。但张岱年认为并没有独立存在的共相及统摄所有共相的"天（上帝）"，共相包含在实际事物之中，它并不能超脱于实际事物而独立存在。我们知道，怀特海与罗素一起花费十年时间共同完成了《数学原理》，而他们在共相论上的观点也十分相似，张岱年在指出怀特海的问题的同时，其实也是在批判罗素的共相论。

---

① ② 张岱年：《事理论》，载《张岱年全集》第3卷，河北人民出版社1996年版，第162页。

③ 张岱年：《认识·实在·理想》，载《张岱年全集》第1卷，河北人民出版社1996年版，第436页。

张岱年承认共相或理的实在，就是肯定有普遍必然的知识。他说："吾人如承认世界之实在，则必承认世界乃事实所成。而事实有其类型，即条理或规律。世界之中，有特殊之事实与普遍的条理或规律。"①概念论就是要通过概念或命题的方式从特殊的事实中把握普遍的条理或规律，而首先承认有实在的共相或理是先决条件。对共相的实在，张岱年和金岳霖一样，都试图从本体论的角度进行说明。他们与罗素展现出不同的论证思路，但罗素、金岳霖和张岱年的目标是一致的，他们要为概念论提供坚实的前提。从这里也可以看到，中国的新实在论者在继承西方新实在论思想的同时，也表现出了对西方新实在论的批判与超越。在建立了牢固的基础后，下一步要做的就是具体论述如何从特殊的经验事实获得普遍必然的知识。

第二节　通过摹状词理论获得普遍知识

罗素进行知识论研究的主要目的就是希望获得关于人类的确定性知识，而这个确定性知识就是有关共相或理的普遍必然性知识（科学知识）。从感觉中直接获得的是感觉材料，我们关于感觉材料的知识总是特殊的、具体的，而共相（理）又无法像感觉材料一样直接呈现在主体面前。那么，该如何从特殊的、具体的知识过渡到普遍的、必然的知识呢？罗素认为可以通过三种方式获得：一是亲知；二是摹状；三是先验的知识。

首先，从亲身认识获得的关于共相的知识，与由亲知获得的殊相的知识类似。对红、黄、白、硬等共相的知识是从亲知感觉材料中获得的。比如我们看到一张红色的桌子时，我们能够直接认识到的只是关于这张红色桌子特殊的感觉材料；但我们又看到红布、红纸、红树叶等种种红色的东

---

① 张岱年：《哲学思维论》，载《张岱年全集》第3卷，河北人民出版社1996年版，第12页。

西之后，我们能够轻松地将它们都拥有的颜色抽象出来归为"红色"。在抽象各种感觉材料所具有的红色时，我们就是在亲知有关红的共相。像红、白、硬等这一类的共相，都可以通过这一方式获得。像关系共相这类的知识，也可通过亲知的方式获得。例如我们一眼就可以看到整张世界地图，这整张地图就包括在一个感觉材料中，但我们细看时，能看到中国、俄罗斯、越南等国家，再进一步细看，就能看到地图中俄罗斯在中国的上方，越南在中国的下方。在整个看地图的过程中，我们亲知了一系列的感觉材料，其中每一感觉材料都有它所在的空间位置，而这些感觉材料又可以组成一张完整的世界地图。为什么它们能够组成完整的地图？罗素认为这是由于我们在抽象过程中发现它们互相蕴含着在上、在下、在左、在右等关系。也就是说，我们通过亲知感觉材料，再经过抽象过程认识到空间的共相关系。此外，我们以这样的方式能同样获得关于时间的共相关系。例如我们听一首完整的乐曲，当我们听到最后一个音符时，我们仍然能够在心灵中保留全部的乐曲，并且我们能察觉到最开始的音符一定比最后一个音符先出现。从这里我们可以抽象出在前与在后的时间的共相关系。在罗素看来，我们对共相关系的知识，"虽然所需要的抽象能力比察觉感觉材料的性质时要大一些，但是它仿佛也一样是直接的，也同样是无可怀疑的"[1]。也就是说，我们对于共相的知识也和对感觉材料的知识一样具有亲知的特征。

其次，关于共相的知识还能通过摹状的方式获得。罗素说："许多共相就像许多殊相一样，都是凭借描述才能为我们知道。"[2] 但罗素认为凭借摹状而知道的共相知识，最后总能还原为由亲知而来的共相知识。他曾提出过分析包含摹状词的命题的一条知识论的基本原则："我们所能理解的每一个命题都必须全由我们所亲知的成分组成。"[3] 也就是说，我们通过包

---

[1] ［英］罗素：《哲学问题》，何兆武译，商务印书馆 2007 年版，第 84 页。

[2] ［英］罗素：《哲学问题》，何兆武译，商务印书馆 2007 年版，第 45 页。

[3] ［英］罗素：《神秘主义与逻辑及其他论文》，贾可春译，商务印书馆 2017 年版，第 211—212 页。

含摹状词的命题获得的关于共相的知识，也是由我们亲知的成分构成的。虽然包含摹状词的命题也要立基于亲知，但摹状有它的独特的作用。摹状的知识最根本的作用在于：它使我们溢出狭隘的特殊经验的限制，获得人类的普遍经验。我们关于共相的知识，大多数情况下是通过摹状而来的。

最后，除了亲知和摹状外，罗素认为还有一种获得共相知识的方式，即先验的知识。罗素的主要论点是："一切先验的知识都只处理共相之间的关系。"[1]罗素对先验知识的讨论继承自康德。康德通过先天综合判断解决了从特殊经验知识到普遍必然性知识的问题。罗素在批判地继承康德的基础上认为，先验的知识只涉及共相，当它涉及实际的殊相时，就必然包含经验成分。他以"2+2=4"这一命题为例进行说明。在康德那里，这个数学命题就属于先天综合判断；而罗素称它为先验的知识。罗素认为这个命题代表的就是共相"2"与共相"4"之间的某种关系。因为我们可以无须知道实际生活中的两张桌子加上两张桌子等于四张桌子这样的事实，也能够明白"2+2=4"这一命题所表达的含义。也就是说，我们无须认识客体也能明白命题的意义。类似于"2+2=4"这样的先天的综合命题，处理的就是共相问题。并且只要我们能认识到"2""4"这样的共相，就能认识到"2+2=4"中所断言的"2"与"4"之间的共相关系。但是，先验的综合命题只能处理共相的问题，任何殊相的事物必然依靠经验才能被认识。我们可以先验地认识两个事物与另外两个事物相加等于四个事物，但我们不能先验地认识到：假如甲和乙是两位医生，丙和丁是另外两位医生，他们凑在一起就是四位医生。就是说，我们可以不通过经验就知道甲、乙、丙、丁凑在一起是四个人，但除此之外我们将一无所知，对于他们的身份信息，我们只有通过经验认识了他们，才能知道他们是医生。

在以上三种获得普遍的共相知识的方式中，罗素尤其注重第二种方式：通过摹状词理论获得普遍必然性知识。这是获得大多数共相知识的途

---

① ［英］罗素：《哲学问题》，何兆武译，商务印书馆 2007 年版，第 85 页。

径。罗素在诸多知识论著作中也主要是讨论摹状词理论[①]，对其他两种方式很少提及。因此，以下我们对摹状词理论进行详细分析，以展现罗素通过摹状词理论来获得普遍必然性知识的过程。

罗素的摹状词理论在 1905 年发表的《论指称》一文中初具雏形，并在 1910 年发表的《数学原理》中得以形成。指称词组[②]就是指"一个某某""某件事""所有人""当今美国总统""当下太阳系质量中心"等这类的词组。成为指称词组的条件就是词组本身的形式。罗素认为，指称理论不仅在逻辑学和数学上具有价值，在知识论上也具有相当分量。他举例对此进行说明。我们通过思维可以确认，"太阳系在一个确定瞬间的质量中心是一个确定的点"[③]，此外我们还能够了解到有关这个点的许多命题或知识。然而对于这个点我们是无法亲知的，所以对于这个点的命题或知识我们并不能直接认知，我们要认识这个点就必须借助于摹状词（description）去间接认识它。也就是说，我们无法通过感觉经验认识到这个点，但可以通过指称词组（denoting phrase）获得关于它的知识。在日常生活中我们经常能碰到这种情况，对某个词组所指称的对象，我们没有任何的直接认识，然而我们却能够理解所指称的对象。为什么摹状词能够使我们从亲知的直接知识中解脱出来，从而获得间接的乃至于普遍必然的知识呢？这可通过分析摹状词的理论内涵得到回答。

"罗素的摹状词理论，实质上是对包含摹状词的语句进行改写，从而避免存在悖论。"[④]具体而言，就是罗素通过逻辑分析方法，将本来用一摹状词作为主语的语句改写成拥有一命题函项的语句。因为语句和它的构成

[①] 学术界称摹状词理论是罗素对逻辑的最杰出的贡献，是罗素最有成果的逻辑革新。参见丁子江：《罗素与分析哲学——现代西方主导思潮的再审思》，北京大学出版社 2017 年版，第 128 页。

[②] 在罗素那里，摹状词和指称词组属于同义，以 1910 年为分界点，之前他经常使用指称词组，之后则使用摹状词。在文中，我们并不区分二者。

[③] ［英］罗素：《逻辑与知识》，苑莉均译，商务印书馆 1996 年版，第 49 页。

[④] 贾可春：《对罗素摹状词理论的另一种解释》，《河北师范大学学报》（哲学社会科学版）2009 年第 3 期。

成分是概念和语法，所以这种改写也只能通过语言的形式来实现。经过改写后，属于本来命题的摹状词就消失了，在本来命题中担任主语角色的摹状词成为被改写命题中的谓语成分。罗素认为，这个被改写后的命题没有"存在悖论"的问题，因为本来作为主语的摹状词被替换了。罗素提出摹状词理论也是为了回应迈农对象论和弗雷格意义和指称理论的困难。迈农[①]认为，任何符合语法要求的作为主语的指称词组，都是一个对象。对象不仅包含实存（subsist）的特殊事物，也包含非实存的事物。诸如"方的圆形""金的山"等此类概念，虽然它们在实际世界中找不到相应的对象，但也应该把它们视为对象。它们即使不实存，但当他们作为命题的主语出现时，仍然能被我们所思考到，既然能被思考，也就意味着它是一个对象。在罗素看来，迈农的对象论会产生千奇百怪的实体，如果这些实体充斥着实在的世界，那将是不可想象的。而根据奥卡姆剃刀的原则，实体如无必要就应当剃掉，所以由迈农的对象论产生的实体在罗素这里是没有意义的。此外，如果对象论肯定了不存在的对象的存在，这本身就违背了矛盾律。弗雷格[②]意义和指称论防止了违背矛盾律的情形发生。他的具体做法是在命题中引入空类。弗雷格指出，诸如"方的圆形""金的山"等概念既能够指称对象，也能存在意义。将"方的圆形""金的山"等指称的对象当作空类时，就能够有意义地讨论它们了。但在罗素看来，弗雷格在摹状词中区分意义（meaning）和所指（denotation）也存在困难。第一个面对的困难就是缺乏指称的对象。罗素举例说，"当前英国国王是秃头"这个命题既指出"英国国王"这个人真实存在，表达了这个真实的人是"秃头"这层意义。我们再进一步分析"当前法国国王是秃头"这一命

---

① 迈农（1853—1920），奥地利哲学家，新实在论者。关于迈农的对象论，具体可参见 A. Meinong, "Theory of objects", in R. M. Chisholm (ed.), *Realism and Background of Pheonomenology*, Ridgeview Publishing Com, 1960。

② 弗雷格（1848—1925），德国数学家、逻辑学家和哲学家，数理逻辑和分析哲学的莫基人。罗素在数理逻辑方面，深受弗雷格的影响。关于弗雷格的意义和指称论，具体可参见《弗雷格哲学论著选辑》，王路译，王炳文校，商务印书馆 1994 年版。

题。从形式来说，它的陈述形式与"当前英国国王是秃头"并无二致，所以这个命题应当是有意义的。然而，它虽然有意义，但它没有所指，因为根本不存在"当前的法国国王"。将"当前的法国国王"视作空类并不会引起实际的逻辑错误，然而它是一个人为的假定，"它并没有对问题作出精确的分析"①，这就会引起困难。第二个面对的困难是"不能有效地既保持意义和所指之间的关系，又防止它们成为同一个东西"。②罗素对此解释道，意义和所指可以同时囊括在"C"这样单一的词组身上，然而有时候想表示"C 的意义"，呈现出来的则成了"C 的所指"的意义。比如"现任英国女王的意义"相等于"伊丽莎白二世"的意义，但不等于"现任英国女王"的意义。我们想要得到的是"伊丽莎白二世"的意义，这个意义与"伊丽莎白二世"本身相同。同理，"C 的所指"可以不表示为实际上所要指称的含义，而可以表示为这样的含义："假如它指称什么，它就指由我们所想要的所指指称的东西。"③我们设 C="现任英国女王"，那么 C 的所指就是"伊丽莎白二世"，但我们本来想要的所指是现任英国女王，这就出现了困难。鉴于以上两个困难，罗素认为弗雷格在摹状词中区分意义和所指是不可行的。既然不可能，那么就应当提出解决的办法。罗素强调，摹状词的意义和它所指应当保持一致。为此，他做了两方面的工作④：

一方面，划分了专名和摹状词。专名是一特称，具有唯一性，它不依赖于命题中的前后文而具有独立的意义，并且它的意义就是其所指。摹状词则是起着描述作用的词组，它本身不具备任何意义，但如果在命题的使用中出现摹状词时每个命题都有意义。比如"施耐庵是《水浒传》的作

---

① ［英］罗素：《逻辑与知识》，苑莉均译，商务印书馆 1996 年版，第 57 页。

②③ ［英］罗素：《逻辑与知识》，苑莉均译，商务印书馆 1996 年版，第 59 页。

④ 罗素必须做的两项工作："（1）把摹状词从通常所说的名称或者说单称词项中区别出来，（2）利用现代逻辑中的量词理论，对包含摹状词的语句进行重新改写，以使摹状词在改写后的句子中不再出现，并从而揭示原先语句所表达的命题的真实的逻辑形式。"见贾可春：《罗素的摹状词理论》，《哲学研究》2004 年第 9 期。

者"这个句子所表达的并不是一个重言式或者同义反复，而是一种同一性。专名和摹状词的一个重要区别就是能否被亲知。我们如果要知道专名的意义，那么亲知专名所指称的对象即可；如果要知道摹状词的意义，就需要把组成摹状词的成分拆解出来，理解各成分的意义，从而再理解摹状词的意义。还是以"施耐庵是《水浒传》的作者"为例。显而易见，"施耐庵"是专名，而"《水浒传》的作者"表示摹状词。如果我们将"《水浒传》的作者"视为专名，而"施耐庵"只能是专名，那么上述的命题就是"施耐庵是施耐庵"，这就成了一个同义反复的命题，这种命题是没有意义的。"《水浒传》的作者"只能被称作摹状词，它只有运用在命题中才具有意义；把它单提出来讨论时，它既不表示"施耐庵"也不表示任何其他的事物，它本质上没有指称任何事物。

另一方面，在区分专名和摹状词后，接下去就是要分析如何运用摹状词。罗素的摹状词理论最关键的问题就是，将原来命题中的作为摹状词的成分，分析为不可再分的部分，然后再将它们重新组织成新的命题。按照罗素的看法，这样做的目的是解决原来命题中摹状词指称不清的问题，同时也能对命题的逻辑形式进行重新理解。这里以"这个创作《史记》的作者是汉代史学家"这个命题为例进行说明。顺着罗素的思路，此命题可以分析为三个命题：1. 至少有一位作者 A 创作了《史记》；2. 假设 A 和 B 创作了《史记》，则 A 和 B 相同；3. 假设 A 创作了《史记》，则 A 是汉代史学家。命题 1 和命题 2 联合起来，就是创作《史记》的唯一的作者存在。现在把命题 1 和命题 2 简化成一个有关 X 的函项，即：存在着 X 的函项，使"A 创作《史记》"与"A 是 X"两项的真假值永远相等。在此基础上再加上一个条件"X 是汉代史学家"，这样就将原来命题中的全部信息都涵盖到了。所以，"这个创作《史记》的作者是汉代史学家"就等于："有一个 X 的项，使得（1）'A 创作《史记》'与'A 是 X'两项的真假值永远相等；（2）'X 是汉代史学家'。"通过这个命题改写可以看到，原来命题中担任主语的"这个创作《史记》的作者"摹状词，在改写后的命题中没有了。这说明这个担任主语的摹状词根本不属于原来命题中的任何一个部分，它只有在命题的使用中才具有意义。摹状词可以被分析掉，它没有专名所具备的指称功能，所以在拥有摹状词的命题中，该命题要有意义并不依赖于摹状词所摹状的对象。在改写后的命题中，担任主语角色的是存在量词"有"。而摹状词所传达的含义由两部分承接了，一是新的谓词表达式"创作《史记》"；二是"A 创作《史记》"与"A 是 X"两项的真假值永远相等的符号。经过改写后的命题，无须顾及被摹状词所指称的对象的存在，也能够讨论拥有摹状词的命题。罗素以这种改写的方式，解决了迈农的存在悖论，因此我们不需要承认各种各样的不存在的实体。

罗素认为，我们能够通过摹状词理论获得没有亲身经验过的知识，同时通过它说明没有被定义过的原始命题或概念。他说："当出现我们没有直接亲知的、然而仅仅由指称词组定义而知的事物时，通过指称词组在其中引入这一事物的命题实际上不包括此事物作为它的一个成分，但包含由这个指称词组的几个词所表达的诸成分。"① 这句话所说的，就是以上罗素通过分析、改写命题所达到的结果。我们要获得关于物理客体、他人内心等诸如此类的知识，只能通过摹状词的描述，也就是说，虽然我们无法亲知物理客体和他人心灵等这类事物，但能够将它们当作"具有如此这般特性"② 的事物来认识。对于共相的知识我们也能够通过摹状的方式获得。我们能够理解一个普遍命题，而关于这个普遍命题的实际事例我们可以一个都不知道，这样就可以冲破狭隘经验论的藩篱，解决休谟认为无法从特殊经验达到普遍知识的问题。罗素的摹状词理论对金岳霖的概念论具有较大影响。金岳霖认为概念对所与具有摹状与规律双重作用，而其中的摹状作用主要就是承袭自罗素摹状词理论。

---

① ［英］罗素：《逻辑与知识》，苑莉均译，商务印书馆 1996 年版，第 67—68 页。
② ［英］罗素：《逻辑与知识》，苑莉均译，商务印书馆 1996 年版，第 68 页。

第三节　意念的摹状与规律

针对休谟的问题，金岳霖继承罗素实在主义的立场，坚持认为能从作为客观呈现的所与中把握共相及共相的关联（理），而这也是他的知识论的核心问题。对金岳霖来说，"知识不仅是觉像而且是明理"[①]，这就是从感觉意象进到普遍必然的理的过程。在认识过程中，人首先通过感觉来感知对象，使对象成为意象，这时候的意象还是具体的、特殊的，只有当意象转化为意念（概念）[②]时，才算真正达到了对普遍必然的理的知识。从意象转化为意念需要抽象的作用，他说："原来所执的一由意象跳到意念，抽象的程序才能算是达到主要点。这一跳是由类似具体的跳到完全抽象的。在这一跳之后，所执的一已经成为思议的内容。"[③]金岳霖特别强调"这一跳"的重要性，只有经历了"这一跳"，经验的知识才能真正被我们掌握。所谓有经验就是从意象跳到了意念，对于知识有了切切实实的经验，实质上就是真切地把握住了意念。而要进一步理解和把握住意念，则须从抽象谈起。

金岳霖区分了"抽象"和"抽象的"之间的差异，抽象是一种思维工具，而抽象的则是使用这种工具后得到的结果。在金岳霖看来，抽象的包含两重含义："一是从具体的东西去抽象而得的抽象的，一是从别的抽象

[①]　金岳霖：《知识论》，载《金岳霖全集》第3卷上，人民出版社2013年版，第388页。

[②]　需要说明的是，金岳霖在《知识论》中对"意念"和"概念"进行了区别，他说："意念的图案不必就是概念底结构。"但从具体的内涵来说，他的"意念"与通常使用的"概念"相当。实际上，金岳霖并未对它们进行严格区分，他讲"概念底结构，是意念图案底典型"。（参见金岳霖：《知识论》，载《金岳霖全集》第3卷上，人民出版社2013年版，第385—386页）此外，金岳霖在《论道》中也以概念的双重作用来讲意念的双重作用。因此，本书为了保持行文表述的一致性，不区分二者，将它们都统称为"概念"。

[③]　金岳霖：《知识论》，载《金岳霖全集》第3卷上，人民出版社2013年版，第255页。

的或纯思议而得的抽象的。"[1] 第二种抽象的不是从具体的而来，所以它与具体的之间没有直接的或完全吻合的关系，这种抽象的不是金岳霖关注的焦点。而第一种抽象的是与具体的相对而言的，它与具体的之间有直接的或相应的关系。比如抽象的火车与具体的火车的区别，具体的火车是现实世界中我们眼能见、手能触的叫做火车的交通工具；而抽象的火车则是从具体火车中抽象出来的概念图案。金岳霖的知识论的核心要义在"化所与为事实"，所以第一种抽象的才是他所要讨论的。金岳霖提出："抽象的独立于任何所从抽的具体的东西。"[2] 也就是说，抽象的具有其自身的独立性，这种独立性包括两个方面：一是抽象的可以不随任何具体事物的改变而改变；二是抽象的也不因与它相应的任何具体事物的毁灭而毁灭。从以上两方面而言，抽象的是独立存在的，同时这又涉及上一节讨论的共相的实在问题。可以看到，金岳霖不仅在本体论上，而且在知识论上也坚持着新实在论的立场，承认共相的独立存在，而这与罗素的共相理论也是相契合的。可以说，金岳霖在《知识论》中肯定抽象独立存在的本体论根据，就是《论道》中的实在的共相。但是，抽象的虽具备独立性，它却不能"独立于所有与它相应的具体的东西"[3]。意思是，虽然抽象的不依附任何个体，但抽象的不能独立于同它相应的一切个体。金岳霖着重说明了"任何"与"所有"的区别，"任何"是相对于任一具体个体来说的，"所有"是相对于全体而言的。还是以火车为例，抽象的火车虽然独立于任何一列火车，但它不能独立于所有的火车，否则就不存在抽象的火车了。在这一点上，金岳霖与罗素乃至英美新实在论者不同，他们主张共相具有绝对的超越性。而金岳霖认为抽象的不能脱离于所有与它相应的个体，更好地处理了抽象的（共相）与具体的（个体）之间的关系，这是金岳霖超出罗素的地方。

---

① 金岳霖：《知识论》，载《金岳霖全集》第 3 卷上，人民出版社 2013 年版，第 251 页。
②③ 金岳霖：《知识论》，载《金岳霖全集》第 3 卷上，人民出版社 2013 年版，第 252 页。

此外，金岳霖特别提出"抽象的不是像"①。想象的内容是占有想象中的特殊时空，它是类似具体的像，因此也可被称为意象。但意象不是抽象的。金岳霖提出这点就是专门针对休谟的，他说："休谟底哲学就有这毛病。它底哲学和别人底哲学一样非有抽象的意念不可，但是他把抽象的意念视为类似具体的意象，所以所谓抽象根本说不通。"② 休谟哲学的问题，就是没有区分意象与意念，错把意象当意念，并且他还不承认有抽象的意念。所以当他讨论"无限大""无限小"等问题时，就无法在现实或想象中找到类似于它们的具体的像。而"无限大""无限小"等都是抽象的意念，根本不是意象。休谟在这方面走进了死胡同，他的哲学中没有抽象的意念，因此他的哲学也就不能一以贯之。抽象的意念主要是由意象"抽象"的结果，那何谓"抽象"也是需要回答的问题。金岳霖认为抽象就是得到意念的工具或趋势或程序。它包括两个方面："一方面是执一以范多，另一方面是执型以范实。"③ 在金岳霖看来，这里的"一"和"多"的表现都是具体的。他以火车为例进行说明。一个从未见过火车的乡下人想见火车，城里人告诉他火车是怎样的，但他根本不能理解。然后城里人将他带到火车站指着火车对他说，这就是火车。这时候，城里人指给乡下人看的是一列实实在在的火车，但城里人想让乡下人知道的显然不是这列特殊的火车，而是关于火车的符号，否则当下次乡下人看到一列颜色或形状不同的火车时，他又不认识火车了。这个关于火车的符号是所有的火车都共有的，只要下次看到与火车符号相契合的东西都可以称为火车。作为符合的所执的一表现出来的是具体的东西，但是这个符号所表现的内容却不是具体的，它是抽象的意念。金岳霖接着说，如果这个乡下人想要将获得的关于火车的知识传达给同乡，他不能带走这列火车，他拥有的也只是关于火车的意象，那么他该怎么做呢？他只能将看到的火车意象"改成一串相连

---

①② 金岳霖：《知识论》，载《金岳霖全集》第 3 卷上，人民出版社 2013 年版，第 253 页。

③ 金岳霖：《知识论》，载《金岳霖全集》第 3 卷上，人民出版社 2013 年版，第 254 页。

的意念"，也就是描述或摹状，除此之外别无他法。金岳霖说："在抽象底历程中，这是重要的一步，这一步就是改意象为有关联的意念图案。"[①] 通过抽象过程，也就完成了从意象到意念的完美过渡。在金岳霖这里，抽象是认识过程中最重要的工具，他的知识论是以抽象的统领具体的、以普遍统领特殊为主旨的知识论。

　　金岳霖认为抽象过程有两个方面："一是摹状，一是规律。"[②] 呈现和意象都是无所谓摹状和规律的，因为它们都是特殊的、具体的。只有抽象才有摹状和规律的问题。关于摹状，金岳霖如是说："所谓摹状，是把所与之所呈现，符号化地安排于意念图案中，使此所呈现的得以保存或传达。"[③] 所与通过正觉作用直接呈现在主体面前，此时的所与还只是被主体感知到的一堆瞬时的感觉材料，只有通过抽象作用将所与放到一定的意念图案或概念结构中，所与才能被主体所掌握和保存，进而在主体之间传达和交换。金岳霖举了一个关于摹状的案例。作为当前直接呈现的所与提供了 x、y、z 三种相异的感觉材料，y 是红色，z 是黄色，x 是没有碰见过的不知道什么颜色。在此情况下，我们可以将三者进行对比，对比后发现，x 是处在红色和黄色之间的颜色，它比红色浅、比黄色深，我们可称 x 为橘黄或橘红，换句话说，这就是把作为所与的 x 安排在橘黄或橘红这一个概念中。整个过程就展现了用意念或概念去摹状所与。通过摹状，此时此地的所与转化成能够保存、传达、交换的抽象的意念或概念。在金岳霖看来，摹状表达了两方面的含义：第一，通过摹状所与得到的意念是客观的，因为所与是客观的呈现，所以从所与而来的意念当然也是客观的；第二，摹状就是抽象地摹状，将所与符号化地放在概念结构中，此时的概念自身便具有了意义。

　　在金岳霖之前，罗素已经详细论述了摹状词理论。罗素的摹状词理论

① 金岳霖：《知识论》，载《金岳霖全集》第 3 卷上，人民出版社 2013 年版，第 255 页。
② 金岳霖：《知识论》，载《金岳霖全集》第 3 卷上，人民出版社 2013 年版，第 390 页。
③ 金岳霖：《知识论》，载《金岳霖全集》第 3 卷上，人民出版社 2013 年版，第 391 页。

也提到了对概念的摹状作用，金岳霖在这方面吸收了罗素的部分观点。金岳霖说摹状用英文表达是 description，这与罗素所讲的摹状是同一个词。但是，罗素提倡摹状词理论主要是为了改写包含摹状词的命题，以摹状词代替专名，从而解决迈农的存在悖论。罗素认为，有意义的专名必须指称唯一的对象，然而在类似"金的山不存在""四方的圆不可能"这样的命题中，虽然这些命题有意义，但命题中作为主语的专名却是虚假的实体。罗素依据奥卡姆剃刀的原则，认为这些虚假的实体都是不必要的假设，通过运用摹状词理论改写原命题，以摹状词替代专名，排除虚假的实体，命题仍然能够成立。摹状词并不直接指称对象，它最具特色的地方就是只有在命题中才能表达它的含义，否则单拎出摹状词来使用是没有意义的。从这一方面来说，罗素的摹状词理论实际是将本来属于概念与感觉材料之间的关系，变成了概念与概念之间的逻辑关联，摹状也不是对感觉材料的抽象或摹写。与罗素不同，金岳霖特别注重通过概念摹状所与，而这明显比罗素更自觉地延续了新实在论立场。在《罗素哲学》中，金岳霖对罗素的摹状词理论进行了深入批判。

金岳霖在罗素的摹状词理论最引以为豪的地方，即摹状词没有单独的意义，它只有在命题中才具有意义，进行了着重讨论。对于罗素通过摹状词理论改写原来命题，金岳霖没有太多反对意见。从数理逻辑的角度看，被改写后的命题与原命题之间的真假值相等，这是金岳霖所同意的，也就是说，金岳霖承认罗素在《数学原理》中有关摹状词的定理。但是，金岳霖否定了罗素认为摹状词单独使用就没有意义的观点。他以"《离骚》的作者"为例进行了说明。他认为《离骚》是春秋战国时期的一部诗书，《离骚》的作者就是写这部诗书的人。我们对于《离骚》有概念，对作者也有概念，那我们对"《离骚》的作者"为何会没有概念？我们应当承认有对"《离骚》的作者"这一个摹状词的概念。概念是包含内涵与外延两重性的，内涵就是概念的意义，外延则是概念所指称的东西。摹状词并不都是同一性质的，有些摹状词必须在命题中才具有意义，但也有无须在命题中就具有意义的摹状词，"《离骚》的作者"就属于这类。"《离骚》的作者"本身就具有确定的意义，而加上"《离骚》的作者是屈原"就使命题的意义更确定了。所以，金岳霖说："摹状词可以使包括它的命题明确化，命题也可以使它包括的摹状词明确化。"[①] 他指出，摹状词有无所指与所指的事物是否存在不是同一个问题，摹状词有无所指和有无意义，都不依赖于所指事物是否存在。因此，对于摹状词单独使用就没有意义的观点，金岳霖直接给予否认。在《知识论》中，金岳霖特意指出了他的摹状论是"注重所谓"[②] 的，也就是注重概念的意义。可见，这是他对罗素的摹状词理论进行深刻反思后提出的主张。

金岳霖的摹状不仅"注重所谓"，而且"注重客观"[③]，他认为后者是他与罗素之间更为根本的分歧。金岳霖认为摹状是把所与的呈现符号化地放置于概念结构中，这里所与作为对象是客观的，而一旦将其符号化地放置于概念结构中，它就成为命题中的一个部分，它是概念，概念是对所与的客观的呈现。但罗素不这样看，他认为事物或对象就是命题的内容。以"孔丘是人"这一主谓式的命题为例。在罗素这里，"孔丘"是实际的人，因为他是作为命题主语而存在的；而金岳霖认为这里的"孔丘"只是命题中的一个概念，它虽是客观的呈现，但并不就是指现在就有一个客观实在的人。概念总是抽象的，语词所指的对象可能不存在，但语词所展现的概念总是存在的。对罗素来说，命题的主语所表示的不是概念，而是主语所指称的对象，这个对象不存在，命题也就没有意义。在金岳霖这里没有这个问题，对象不存在，概念还是存在的，命题仍然具有意义。综上所述，金岳霖对罗素的摹状词理论有吸收的部分，但以批判为主，并且在批判的过程中，逐渐形成了他"注重客观""注重所谓"的摹状论。

前文提及，抽象过程分为摹状和规律，那何为规律？金岳霖的定义

---

① 金岳霖：《罗素哲学》，载《金岳霖全集》第4卷上，人民出版社2013年版，第116页。
②③ 金岳霖：《知识论》，载《金岳霖全集》第3卷上，人民出版社2013年版，第393页。

是："所谓规律，是以意念上的安排，去等候或接受新的所与。"[①] 所与是知识的最原始材料，作为原材料的所与是特殊的、具体的，它缺乏条理和秩序。通过概念接受所与则是抽象的、普遍的，有规律、有秩序的。概念提供了一套接受所与的标准，当所与符合概念提供的标准时，经过抽象作用，就被纳入概念所代表的共相之中，此时的所与也就具有了规律与秩序。以犬为例，犬可以分为牧羊犬、斗牛犬、猎犬、雪橇犬等。这些名称在对象上都各自代表了一类犬，在喜欢犬的人的思想中，它们都表示概念。当某人需要寻找牧羊犬时，他就去看各种各样的犬，看其中有没有他需要的犬。如果有，他就将找到的犬归入牧羊犬的行列，这就是用关于牧羊犬的概念去接受犬。"牧羊犬"就表示一个概念，它有所指称，这个指称就是一个接受犬的方式，也就是一套接受犬的标准和条件。通过概念的安排去规范所与，就体现了概念的规律作用。

　　强调概念的规律作用，康德早已作出了类似讨论。在康德看来，普遍必然性知识必须通过知性范畴的作用才能成为现实，从感性纯直观而来的知识缺乏秩序与条理。[②] 康德提出知性范畴的作用，这对金岳霖产生了一定影响。金岳霖认为要从特殊的、具体的关于所与的知识达到普遍的共相知识，必须通过概念的规律作用。但是，金岳霖展现了与康德不同的致思路向。康德的知性范畴是先验的范畴，通过知性范畴规范感性材料的过程，被称为人为自然界立法的过程。也就是说，人的认识过程是客观符合主观，而不是相反。这显然是金岳霖不承认的。在金岳霖这里，概念虽然能够规范所与，但这个概念并非来自先验范畴，概念根本上来自所与。所与的呈现是客观的，并不像康德所说的知性范畴决定了感性材料如何呈现。概念的规律作用必须以承认所与是客观的呈现为前提，这不仅表现在概念论上，在金岳霖的整个知识论体系中都是如此。此外，康德提出先验

[①] 　金岳霖：《知识论》，载《金岳霖全集》第 3 卷上，人民出版社 2013 年版，第 400 页。

[②] 　康德在《纯粹理性批判》的"先验逻辑论"部分中，对知性范畴进行了详细的说明。参见李秋零主编：《康德著作全集》第 3 卷《纯粹理性批判》，中国人民大学出版社 2013 年版。

的知性范畴总共有十二对，概念的规范作用只需通过这十二对先验范畴就能获得所有关于普遍必然性的知识。这与新实在论者的主张明显不同。虽然罗素的摹状词理论主要在于理解命题主谓之间的关系，忽略了对于对象的讨论，但罗素始终不忘将感觉材料置于一定的逻辑结构中，通过逻辑构造方式来整理感觉材料，从而获得关于外在世界的确定性知识。不过，由于罗素过于关注逻辑构造而使得其重心偏向了空泛的逻辑形式。相比于康德和罗素，"金岳霖则在将康德的知性范畴引申为广义的概念（意念）的同时，又强调概念得自所与，而并不仅仅是空泛的逻辑形式，从而对康德与新实在论（以及逻辑实证主义）作了双重超越"。[1]

当然，以上只是分析地谈概念的摹状和规律作用。在金岳霖看来，在概念规范所与的过程中，摹状与规律是不可分的，它们是彼此的充分必要条件。"无规律不能摹状"[2]，没有规律，概念就无法接受所与，进而就无法摹状所与；"无摹状也不能规律"[3]，没有摹状，就不知道概念的"所谓"，便不能用概念去接受新的所与。两者综合作用，概念才能成为概念。进一步而言，摹状与规律的综合，就是得自所与和还治所与的综合。通过摹状所与，概念具有了"所谓"；通过规律所与，概念又还治所与，使客观呈现的所与得到了整理。得自所与和还治所与的过程也就是知识经验形成的过程。所与之中不仅有关系共相，也有性质共相。金岳霖认为，在感觉中呈现出来的所与是关系殊相，例如"这个苹果比那个苹果大"中的"比……大"是我们能够直接感觉到的。但在所与中，也有关系共相。关系共相经过摹状和规律作用而成为关系的概念或意念。[4] 金岳霖提到性质不仅有共相也有殊相，如普遍的红或白即是共相的红或白，这就是性质共相；某个红或白即是特殊的红或白，也称殊相的红或白，这就是性质殊

① 杨国荣：《实证主义与中国近代哲学》，华东师范大学出版社 2018 年版，第 172 页。
② 金岳霖：《知识论》，载《金岳霖全集》第 3 卷上，人民出版社 2013 年版，第 415 页。
③ 金岳霖：《知识论》，载《金岳霖全集》第 3 卷上，人民出版社 2013 年版，第 418 页。
④ 金岳霖：《知识论》，载《金岳霖全集》第 3 卷上，人民出版社 2013 年版，第 286 页。

相。不论是关系共相还是性质共相，都是金岳霖用来规范所与的。通过概念对所与的摹状与规律，以此把握共相及其关联，从而获得普遍必然性知识。[1]概念对所与的摹状和规律，就是通过概念来把握共相及共相的关联，共相及共相的关联代表了理。因此，通过摹状和规律所与，不仅能获得特殊的、具体的经验知识，也能把握理（普遍必然性知识）。相较于罗素主要通过语言的逻辑分析获得普遍必然性知识，金岳霖坚持了实在主义立场，以概念摹状和规律所与的方式，实现了从特殊的、具体的经验知识过渡到普遍必然性知识的目标。

第四节　"共同意谓"说

金岳霖的概念论是在阐述如何通过概念来认识客观世界，进而把握普遍的理的问题。张岱年未曾提及罗素和金岳霖所讨论的休谟问题，所以他没有过多关注罗素的摹状词理论，也没有发展出像金岳霖那样的概念论。根据张岱年自述，他的知识论原计划由两部分构成，一是论知觉与外在世界的关系，二是论感觉经验和概念思维。他只完成了第一部分，而有关概念论的第二部分未能写成。但在《天人五论》之《哲学思维论》中，张岱年对哲学命题和概念进行了详细界说，从这里也能发掘出张岱年对概念论的阐释。因此，在概念的来源与形成问题上，张岱年提供了一条新的诠释路径，即"共同意谓"说。在共同意谓说的论述中，可以从侧面了解到张岱年对如何把握普遍必然性知识的讨论。

何谓意谓？何谓共同意谓？张岱年对此界定说："意谓即一名或一辞之所指或所谓。"[2]意谓就是一个名称所指称的事物或事实。人们通常称意

---

[1]　金岳霖：《知识论》，载《金岳霖全集》第3卷上，人民出版社2013年版，第293页。

[2]　张岱年：《哲学思维论》，载《张岱年全集》第3卷，河北人民出版社1996年版，第16页。

谓为意义，但张岱年认为不妥，因为意义还有所谓的事物的意义。事物的意义主要指事物与其他事物之间的关系，而意谓主要是名称所指的东西，如果非要称意谓为意义，那意谓就是仅限于名称的意义。共同意谓，顾名思义是人们共同用一个名称来指称一件事物或事实，这便是所谓的概念。张岱年认为，概念的形成和使用并非私人性的活动，而是社会人群共同作用的结果。概念已经超越了个人的感觉经验层面而成为公共的思维活动。概念的运用是一个抽象的过程，人们用以界说同一件事物时所用概念即为同一个，而不论个人对同一件事物的不同感觉或联想如何，此时的概念即代表一个共相。对张岱年来说，人对外物的认识必须有概念的介入，因为认识外物就需要对感觉到的外物进行解释，如果不进行解释，则对外物的了解就仅限在感觉而达不到认识。并且，所有的对外物的解释都依赖于概念范畴的使用，概念范畴又是超越个人经验的社会化产物。所以概念范畴是人的认识过程中的必要条件。对此，张岱年进行了更为详细的论述。他将认识活动分为两个阶段：一是感，即感性认识；二是思，即概念认识（理论和深彻觉悟）。认识活动的两个环节交融相参，并不彼此隔绝。基于此，人的一般知识都含有两种成分："一为经验成分，即感性成分；二为概念成分，即理解成分。"[1] 意思是，人的知识不仅包括个人的特殊经验成分，也包括公共社会的一般概念成分。由上可知，张岱年关于人的认识过程的观点，不是来源于新实在论或罗素的知识论，而是继承自辩证唯物主义的认识论。辩证唯物主义认识论主张认识由感性认识和理性认识组成，认识过程是由感性过渡到理性的辩证发展。可以看出，张岱年的如上看法具有明显辩证唯物主义的色彩。金岳霖认为人的认识过程包括感觉经验和理论知识两个部分，这与张岱年的论述非常相似，但金岳霖在整个认识过程中都没有引入社会性的概念范畴。金岳霖的关注重心是，在认识活动

---

① 张岱年：《认识·实在·理想》，载《张岱年全集》第 1 卷，河北人民出版社 1996 年版，第 424 页。

中，个人通过抽象的概念去摹状和规律所与，从而由特殊的经验知识达到普遍必然性知识，而概念的形成是通过抽象所与的具体意象而来的。不论在感觉经验还是概念知识上，金岳霖的立足点总是正常的个人，并没有社会成分参与其中。在这点上，张岱年有别于金岳霖。

在以往哲学中，如果使用社会中已经形成的概念来把握和规范新的感觉经验，往往容易将此概念纳入先验的或超验的范畴。也就是说，如果强调概念的社会性，那么在解释概念的形成时会自然地导向先验论。但张岱年对此予以否认。他说："知识之社会成分即过去哲学所谓先验的或超验的，实则固可谓先于个人现在一部分经验，而实非先于社会人群的经验，而乃社会人群经验之所产生，乃后于古代人民的实际经验，从根本说乃是后验的。"[①] 具有社会性的概念，根本上还是从经验而来，因为无论如何概念的社会性总不能先于人类总体的经验。因此，不管从个人经验层面还是从社会层面，概念与其说是先验的或超验的，不如说是经验的。在此问题上，金岳霖显然又与张岱年不同。金岳霖提出概念包括两个方面：摹状和规律。从摹状而言，概念总是经验的，因为它是得自所与的客观呈现；但从规律而言，它却总是先验的，因为不论所与怎么呈现，我们接受所与的方式已经作为先验的部分被决定了。

为什么要从根本上强调概念的经验性？因为概念的形成以社会实践为基础。张岱年说："共同经验是一切知识的根据，而共同经验之成立，以指示为主。"[②] 因为这个"共同经验"是一种指示的实践行为，所以它就成为言语（概念）的来源，更是所有知识的依据。张岱年对此进行举例说明。假如我现在看见了一片红色，我用手指向这片红色并对旁边人说，看这片红色。旁边人顺着我手指的方向，也看到了这片红色的东西。通过

---

① 张岱年：《认识·实在·理想》，载《张岱年全集》第 1 卷，河北人民出版社 1996 年版，第 424 页。

② 张岱年：《认识·实在·理想》，载《张岱年全集》第 1 卷，河北人民出版社 1996 年版，第 425 页。

指示行为，别人也看到了与我所见相同的红色，这就是所谓的共同经验。换言之，通过指示行为形成的共同经验，本质上就是人类的社会实践活动。我们用手指示外物，他人根据我们的指示也获得了相关外物的感觉经验，这个感觉经验虽不能完全相同，但也是大致类似的。我们根据指示的实践活动获得的共同经验，也就是一项经验事实。举例来说，我看见一棵绿色的树并以绿树给它冠名，而另外一个人也看见了它，并且也用绿树来对它进行命名，此时我与他人就具有一个共同的绿树概念。在这个经验事实中，包含了概念的运用、命题的证实及人类知识的形成。因此，张岱年认为这个表示人类社会实践的"共同经验"，是概念、命题乃至人类知识的基础。概念的形成立足于实践，当然它也就无所谓先验可言。从这里可以看到，张岱年在概念论上具有浓厚的辩证唯物论特征，他没有像金岳霖那样，在概念论上沿着罗素新实在论的路子继续推进，而是转向了辩证唯物论。

当然，张岱年不仅认为概念的形成以实践为基础，而且提出人类认识过程的始终都贯彻着实践。对知识和实践的关系，张岱年进行了更为详尽的论述。他说："人之知识始终于实践。人由实践之需要而求知，由实践经验而获知，藉实践以验知。"① 这可视为张岱年对知识与实践关系看法的总纲。实践贯穿整个知识的环节，人类追求知识是因为实践的需要，获得知识是因为拥有实践经验，而检验知识的真伪也必须借助于实践。在张岱年看来，知识的获得并不是一蹴而就的，仅通过一视或一听无法获得对外物的认识，而必须反复通过感官的实践作用，获得诸多"感相"，进而形成关于外物的初步知识。再经过实践作用改变外物的形状、结构等，进一步获得关于外物的性质、关系等知识。获得了这些知识后，仍然需要经过实践的检验，以辨别知识的真伪。张岱年对实践能够检验知识的真伪较为

---

① 张岱年：《认识·实在·理想》，载《张岱年全集》第 1 卷，河北人民出版社 1996 年版，第 431 页。

看中，他认为如果没有实践，就无法辨别知识的真假。张岱年对实践能够检验知识的真假作了详细的说明，他说："如实践之结果正如此知识之所预说，则证明此知识之为真；否则证明其为妄。如得知识之后遵此知识之指示而能制造新物，如所造之物表现此知识所预说之性质，即证明此知识之为真，否则证明其为妄。如无实践，则无以区别知识之真妄。"① 由此可见，张岱年是比较彻底地坚持唯物论立场的。金岳霖在讨论概念对所与的抽象作用时，也涉及要用经验对概念进行检查的观点。在他看来，用概念来把握所与，就会带来概念的量的增加和质的改进。他以天鹅为例。有"白天鹅"的概念，是因为在人们的经验范围内以往的天鹅都是白的，然而后来有人经验到了黑的天鹅，这时人们就对"所有天鹅都是白的"的概念开始质疑，进而对此概念进行修改，最终有了"黑天鹅"的概念。金岳霖举此事例说明，概念的真假需要通过经验的考察。此时的金岳霖是比较接近辩证唯物论的，但金岳霖并没有更进一步，他在经验这个地方就打住了。相比于金岳霖，张岱年则认为概念、命题和知识都要通过实践的检验。从这方面看，金岳霖是接着新实在论讲的，而张岱年站在了辩证唯物论的立场。

对如何获得普遍必然性知识的问题，罗素认为通过逻辑分析摹状词理论，就能够获取共相的普遍必然性知识；金岳霖认为概念对所与的摹状和规律，就是通过概念来把握共相及共相的关联；而张岱年因为立足于辩证唯物论，展现了不同于二者的理论路径。在第一节中已经提及，张岱年继承新实在论的共相论，承认有客观实在的共相（理），并且认为实在的共相（理）是知识的对象。那么，该如何去认识这个客观实在的共相（理）呢？

张岱年用中国传统哲学的"理"，来统摄西方哲学中的形式、共相、

---

① 张岱年：《认识·实在·理想》，载《张岱年全集》第 1 卷，河北人民出版社 1996 年版，第 431 页。

规律、理性等不同的概念。所以，如何认识形式、共相、规律、理性，也就是如何认识理的问题。无论是从新实在论出发，还是站在辩证唯物论的角度，都主张可以通过语言概念来认识普遍的理。而张岱年倾向于辩证唯物论，他说："概念范畴，都更深切地反映客观世界，是对于世界的条理规律之认识。"① 张岱年认为概念范畴反映着客观世界的内在条理与固有规律，把握概念范畴，就能达到普遍必然性的知识。从感觉经验而来的知识主要是关于客观事物表面的、外在的知识，而认识的最终目的是认识客观世界的固有规律和各现象间的内在关联，所以必须将从感觉而来的知识加以理论的整理，由此形成概念范畴："人不只在感觉中把握物质世界，并且依据感觉而造出概念或范畴。"② 首先，概念知识完全由感觉经验而来，并无所谓的先验或超验的概念知识。概念是主体运用抽象的、思辨的能力，将感官获得的材料进行整理加工，从而形成概念知识，这个概念知识就是理性知识。换言之，我们通过感觉提供的特殊内容，再经过理性的抽象作用，制定出概念或范畴。其次，感觉与概念虽然不同，但它们是统一的。概念是综合有关外在客观世界的感觉经验而来的，概念与感觉紧密相连。没有感觉经验就无所谓概念，没有概念也不能获得更正确、更深刻的感觉，二者相互统一。在这方面，张岱年同时批评了经验论与唯理论的观点。经验论只重视感觉经验的作用，并视其为知识的唯一来源，忽视概念的抽象作用；唯理论怀疑感觉经验的可靠性，而只关注理性。经验论的弊端是不能从感觉的经验知识过渡到概念的理性知识，只承认知觉对认识的作用，而否认概念对认识普遍规律（理）的意义。唯理论不承认感觉经验的认识作用，因而忽视外界的实在，只重视抽象的思维世界。关于唯理论，张岱年着重批评了康德。康德虽然自称综合了唯理论与经验论，但是

---

① 张岱年：《辩证唯物论的知识论》，载《张岱年全集》第 1 卷，河北人民出版社 1996 年版，第 187—188 页。

② 张岱年：《辩证唯物论的知识论》，载《张岱年全集》第 1 卷，河北人民出版社 1996 年版，第 186 页。

在概念论上，将概念范畴划入先验论行列，否定概念从感觉而来的观点，切断了感觉与概念之间的联系，也就是阻隔了从感觉到概念的过渡。他没有从根本上解决唯理论与经验论之间关于认识过程的分歧和争论，反而加剧了双方的矛盾。

张岱年接着辩证唯物论的思路，认为解决唯理论与经验论的纷争的途径就是通过实践作用。他说："感觉之过渡为概念，基于实践。"① 感觉是主体通过实践产生的，又通过实践将感觉改造为概念，概念范畴是人类社会实践的产物，它与人类的实践历程密不可分。张岱年强调，所有的概念范畴，都是通过实践作用而得到的。通过概念范畴来把握普遍必然性的知识，这是罗素、金岳霖和张岱年都承认的。不同的是，张岱年认为形成概念范畴必须以实践为基础。以实践为基础，就明确显示了张岱年概念论中的辩证唯物论的因素，这也构成了他在概念论上区别于罗素和金岳霖的主要特征。

总体而言，张岱年在概念论的立场上已经走出新实在论而走向了辩证唯物论。② 外部的实在世界有其固有的条理与规律，概念范畴就是对普遍的条理与规律的反映、摹写，而这个过程是通过实践作用实现的。从这里可以看到，虽然张岱年继承了新实在论的共相理论，但在如何把握共相、如何获得普遍必然性知识的问题上，张岱年与罗素、金岳霖呈现出明显差异。

---

① 张岱年：《辩证唯物论的知识论》，载《张岱年全集》第 1 卷，河北人民出版社 1996 年版，第 187 页。

② 根据张岱年 1981 年的自述，他在 20 世纪 30 年代特别强调概念范畴对于哲学理论的重要性，推崇唯物论，但同时也吸收了理性主义、生命哲学、实证主义的观点。参见张岱年：《哲学思维论》，载《张岱年全集》第 3 卷，河北人民出版社 1996 年版，第 11 页。

第五章

真理观：认识的最终目标

"认识的最终成果表现为真理。"①任何认识论体系，如果不以发现和达到真理为最终目标，那么无论在其他方面有多大创见，它都不能算是一种真正意义上的认识论体系。对真理问题的系统探究，肇始于亚里士多德，他讨论了真假的问题，并引出了关于真理的符合论。此后，真理符合论成为西方哲学史上流传最久远的真理学说之一。当然，根据真理的定义或标准，除符合论外，还有融贯论、效用论、收缩论、施为论、语义论等类型的真理学说。②罗素从20世纪初期至50年代，对真理问题给予了充分的关注，这与他始终追求确定性的知识密不可分。本章第一节主要论述罗素的真理符合论，他在真理问题上的观点有过几次变更，但绝大多数时候的主张与符合论相契合。受罗素的影响，金岳霖在真理观上坚持符合论的立场，但他着重批判了罗素的那种严格对应的照相式符合关系，而提出地图式或目录式的一一相应的符合关系，这可以说是一种关联的符合论。对金岳霖真理观的讨论是第二节的主要内容。在第三节中，主要论述张岱年的真理观。张岱年一方面受罗素的影响，另一方面又吸收了辩证唯物论的真理理论，并将二者进行融合，提出了兼具实在主义与辩证唯物论的真理观。真理是他们的认识论所要达到的最终目标，由此出发，真理观也就构成了罗素、金岳霖、张岱年各自认识论体系的重要组成部分。

第一节 真理符合论

罗素在《我的哲学的发展》那本书中对其真理观有过总结，里面大致

① 杨国荣：《科学的形上之维——中国近代科学主义的形成与衍化》，北京师范大学出版社2018年版，第271页。
② 对真理学说的详细论述，参见弓肇祥：《真理理论——对西方真理理论历史地批判地考察》，社会科学文献出版社1999年版。

勾勒了他对真理问题的研究进程。① 根据罗素自述，自从反叛新黑格尔主义的一元论后，他就坚持主张真理的符合论，即真理必须是它与事实间的某种关系所决定的；至于二者具体表现为何种关系，则取决于真理的性质。为了回答此问题，罗素先后批判了一元论的真理观和实用主义的真理观。② 虽然罗素自称从反叛一元论真理观后就进入了真理符合论阶段，但在此期间还有一个过渡阶段。事实上，罗素放弃一元论后，并没有立即主张符合论，而是仍然持一种反符合论的立场。③ 许多学者认为，罗素自从反叛新黑格尔主义转向新实在论后，他的真理观就始终是符合论，这并非没有依据。因为在《我的哲学的发展》那本书中，罗素自称他从批判一元论的真理观后就转到了真理符合论。另外，在罗素生前发表的著作中，也没有关于反符合论的著作传世。但在罗素未刊著作中发现了"*The nature of Truth*"（1905 年）一文，该文集中阐述了罗素反符合论的观点。在文中，罗素批判了以洛克为代表的符合论，符合论的问题在于，以"符合"定义"真"，容易导致二者之间的循环定义。鉴于此，罗素指出命题就是事实，而真理的本性就在于事实（命题）本身，这也成为他反符合论的主要论点。然而，反符合论并未在罗素有关真理的研究历程中占据很长时间，他在 1910 年前后就彻底转向了真理符合论。④

罗素主张符合论的真理观是从批判新黑格尔主义的一元论真理观开始的。罗素首先将矛头指向了英国哲学家哈罗德·乔基姆。乔基姆

---

① 参见罗素《我的哲学的发展》第十五章"'真理'的定义"。1906—1909 年间，他写了四篇专门文章讨论真理问题，后来收录在 1910 年出版的《哲学论文集》（*Philosophical Essays*）中。此后，在《意义与真理的探究》（1940 年）那本书里，罗素对真理问题进行了系统论述。到了 1948 年，罗素出版《人类的知识——其范围与限度》，他又进一步讨论了真理问题。

② 一元论主要以新黑格尔主义的布拉德雷、哈罗德·乔基姆为代表，而实用主义以皮尔斯、威廉·詹姆士为代表，罗素主要以他们为对象进行批判。

③ 罗素公开与新黑格尔主义决裂的时间是 1898 年，而他正式提出真理符合论是在 1910 年前后，中间这段时期正是罗素主张反符合论的时间。参见贾可春：《罗素意义理论研究》，商务印书馆 2005 年版，第 216—220 页。

④ 这里只是提出罗素探讨真理观的历程，他的反符合论观点对中国的新实在论者并未产生实质性影响，因此我们不拟进行详细讨论。

在 1906 年发表了《真理的本质》一文，这篇文章主旨就体现了新黑格尔主义的一元论真理观。在罗素看来，一元论者主张真理的最重要特质是融贯的（coherence）。也就是说，融贯论认为没有一个真理可以脱离其他真理而存在，任何真理都彼此联系；此外，任何一个真理都可以扩充为全体宇宙的整个真理。罗素对此提出了批评。乔基姆把每个代表真理的命题视为绝对真理的一部分，罗素认为这是不对的。罗素指出，任何命题是真还是假，并不取决于它是不是绝对真理的一部分，而主要在于命题本身是否有足够证据证明其为真或假。比如"甲谋杀了乙而被枪毙"这个命题，它的真假绝不依赖于它是不是整个真理的一部分，而是有没有发生过与它对应的事实。将每个命题当作整个真理的一部分，这只是一种预先的假设，并无充足的根据。有鉴于此，罗素认为每个命题所代表的真理都是独立的，每个命题之所以为真是因为它本身有足够的事实证据作为支撑。对乔基姆的批判只是罗素反叛一元论真理观的小试牛刀，对一元论真理观更全面深入的批判体现在批评布拉德雷那里。

在 1898 年之前，罗素与摩尔共同服膺于新黑格尔主义者布拉德雷，并深受其绝对唯心论的真理观的影响，但在 1898 年之后，罗素因为坚持实在的外在关系说而与布拉德雷进行了多次论辩和交锋，从此罗素彻底与布拉德雷决裂并最终转向了新实在论。[①] 布拉德雷主张绝对唯心论的真理观的依据是内在关系说，即所有事物之间的关系都是内在的和必然的。他在《现象与实在》（*Appearance and Reality: A Metaphysical Essay*）[②]、《真理

---

① 关于罗素与布拉德雷之间的论争，臧勇进行了详细考察。他指出，外在关系说是罗素与布拉德雷争论的要点之一。罗素坚持外在关系说，认为关系外在于项，不可还原为项的性质。布拉德雷则指责罗素割裂了项与关系的联结，使得关系成为孤立对象，对此罗素提出"关系是一种钩联"作为回应。见臧勇：《外在关系说的困难与辩护——罗素与布拉德雷外在关系之争》，《深圳大学学报》（人文社会科学版）2014 年第 4 期。

② 详见 F. H.Bradley, *Appearance and Reality : A Metaphysical Essay*, Cambridge: Cambridge University Press, 2012。

与实在论文集》(*Essays on Truth and Reality*) ① 中对"关系""实在""真理"
等概念进行了详细辨析。在布拉德雷看来，实在性是融贯的、和谐的、包
含一切的经验整体，所以它只能是一种"一元性"而不是"多元性"，这
种一元性和作为直接经验的感觉紧密相连。而感觉经验构成了一切判断与
真理的前提和基础，凭借是否融贯于感觉经验，可区别出真或假的知觉判
断。同时将真的判断（真理）放到经验整体中，以提升它的融贯性与和谐
性。然而，所有处在关系中的概念都有无法化解的矛盾，因为作为概念的
"关系"自身就是一自我矛盾的概念。所有关系都至少由三部分组成：两
个关系项以及二者间关系。我们用 aRb 来表示关系，其中 a 和 b 是关系
项，R 是 a 和 b 之间的关系。在这里，R 只能是两种情况，它或者是 a、
b 之外的其他东西，或者是存在于 a、b 之内且与 a、b 不可分。如果是
第一种情况，那么它被称作外在关系，此时的 R 本身也是一个关系项。要
通过 R 使 a、b 之间有关系，R 与 a、R 与 b 就必须分别有关系，此时就
需要先具有关系 R_1，但 R_1 本身又是一个关系项，以此类推到 R_n，这样
就会导致无穷倒退，而始终无法获得关于 a、b 之间的关系。由此也就说
明外在关系论是矛盾的，根本不存在外在关系。用内在关系对其进行解
释，a=R=b，这意味着关系 R 与关系项 a、b 是相同的，三者就成为统一
的整体，两关系项之间也就无所谓关系了。

在《现象与实在》中，布拉德雷还以性质和关系的互相依存来说明内
在关系。在关于对象的分析中，关系视性质为其先决条件，性质也视关系
为其先决条件，二者互相依赖。依据融贯性和内在关系说，布拉德雷提出
了关于真理理论的看法，绝对真理必定是对宇宙大全的整体看法，并且它
是融贯的，而融贯性又表现为相互依赖性和相容性。针对布拉德雷的内在
关系说，罗素给予了充分批判。罗素认为一切关系并不都是内在的，还有
外在关系。外在关系有其实在性，实在性就表现为关系的独立性和不可还

① 详见 F. H.Bradley, *Essays on Truth and Reality*, Cambridge: Cambridge University Press, 2011。

原性。按照布拉德雷的说法，关系与性质是相互依存的，上述"a=R=b"命题即表示关系可还原为性质，这同时意味着关系不具备独立存在的可能。而在罗素看来，不是一切关系都能还原为性质。我们以兄弟关系为例进行说明。用关于性质的命题来陈述兄弟关系，a 和 b 是兄弟关系，能够从"a 是 c 的儿子"以及"b 是 c 的儿子"这两个关于性质的命题了解。但要表示 a 年长于 b，则无法从上述两个性质命题中呈现出来。即使知道 a 生于 1900 年，b 生于 1910 年，但是不说 1900 年比 1910 年更早，那我们也无法知道 a 比 b 年长。所以，罗素认为这种不对称关系都不能进行还原，并且这种关系是独立的，具有实在性。基于外在关系的实在性，真理就不是内在关系说所主张的一元论，而是多元论；真理也不是融贯的、无所不包的，而是符合的、独立的。

在批判一元论真理观（真理融贯论）后，罗素又批判了实用主义的真理观（真理效用论）。他写了两篇专门批评实用主义的文章，分别是批判威廉·詹姆士《实用主义》的和讨论一般实用主义的。实用主义真理观的主要论点是：判断一个信念是不是真理，归根到底是看这个信念能否产生某些效用（effects）。对此，罗素极不赞成。他认为判断一个经验上的信念是否为真理，主要在于这个信念是否具有某些原因（causes）。罗素转引詹姆斯的话："我们对真理的说明是一种多元的说明，有多种在事物中实现的引导过程，而只有这个共同性质，那就是真理都是有用的。"[1] 罗素将此理解为：无论是何种信念，只要相信它能获得效用，它就可称为真理。罗素对这种真理效用论提出了质疑，并认为这种真理观有无法克服的难题，就是在确定信念的真或假之前，首先应该明确两点：一是效用是从何种意义上谈的；二是效用到底属于好的一面还是坏的一面。罗素认为，关于真理的效用需要"有用的"来评判，关于效用是好是坏也需要"有用

---

① ［美］威廉·詹姆士：《实用主义——某些旧思想方法的新名称》，李步楼译，商务印书馆 2014
年版，第 122 页。

的"来评判，这就会导致无穷倒退，最终我们无从知道何为效用。在罗素看来，真理效用论不仅在理论上会有无法克服的困难，在实际生活中也难以成立。一个人的信念在实际生活中是否有好的效用，与其所处的社会文化环境有密切关联。罗素以纳粹分子的信念为例进行说明。德国在"二战"中战败了，依据真理效用论，纳粹分子所持的信念自然是假的；但若是德国战胜了，则真理效用论会认为纳粹分子的信念为真。除了提出真理效用论面临的困难，罗素还指出了效用论与符合论相违背的地方。罗素认为，按照詹姆士的观点推论下去，即使"A"不存在，从实用主义出发"A存在"这个命题也能成立。罗素对此作了很多批评，最重要的就是它与真理符合论相违背。

在批判真理融贯论和真理效用论的基础上，罗素提倡真理符合论。罗素真理符合论的核心要义是：一个命题之所以为真，取决于命题本身的意义和命题所指的事实之间具有一种符合的关系；反之，一个命题为假就是其意义与所指之间没有这种符合关系。虽然罗素从1910年前后就进入了符合论，但他的真理符合论至少经历了两次变化，即逻辑原子论时期的符合论与中立一元论时期的符合论，这可从《我的哲学的发展》中得到验证。[①]

关于逻辑原子论时期的关联符合论，可以从《哲学问题》所述的真理观中得到详细说明。罗素认为无论何种理论都须以三个条件为前提：（1）作为正面的真理理论必定有反面的虚妄理论的存在；（2）无论是真理也好，虚妄也罢，它们都属于信念的性质；（3）判断信念是真理或虚妄，不

---

① 对罗素真理符合论属于哪种类型的问题，多数学者简单地将罗素真理观划入再现符合论，另外也有一些学者认为罗素是关联符合论。贾可春详细剖析了罗素的真理观，认为在1910年前后，罗素大体上坚持关联论，但从20年代前后，又转向了典型的再现论。经过对罗素真理观的梳理，我们大致同意贾可春的分析。但是，罗素本人并未提及关联论或再现论的问题，而我们加上逻辑原子论时期和中立一元论时期来划分，能更清晰地理解罗素在真理符合论上的转变历程，也更符合罗素本身的哲学分期。参见贾可春：《罗素意义理论研究》，商务印书馆2005年版，第220—244页。

能依据于信念本身，而取决于信念以外的事实。对第三个条件，罗素举了英国国王查理一世的例子进行说明。如果我们说"英国国王查理一世死在断头台上"，那我们的这个信念就是真的，因为在 1649 年确实发生过这一历史事件。从我们这个信念的内在性质中，分析不出任何关于这个信念的真假。从第三个条件出发，罗素提出"真理存在于信念和事实相符的形式之中"①，这就是真理符合论，也是西方哲学史上流行较广的真理观。罗素赞成真理符合论，但这个真理理论受到了来自真理融贯论的挑战。真理融贯论认为，如果我们的信念体系缺乏一致性或融贯性，那么这个信念体系就是虚妄的、假的；一个真理实际上属于整个真理体系的一部分，一个真理不在于与信念之外的事物相符，而在于与整个真理体系相一致。罗素对真理的一致性提出了质疑。他认为一致性存在两个难题：一是没有充足的原因认为只有一个一致信念体系；二是在哲学中两种完全相反的假设都能解释所有事实，一致性并不足以成为真理的定义。所以，罗素在回应真理融贯论的挑战后，坚持把信念符合于事实当作真理的含义。既然真理就是信念符合于事实，那么具体是怎么符合的呢？罗素从分析信念的概念开始。

罗素如是界定信念："所谓信念或判断并不是什么别的，只不过是把一个心灵和心灵以外的不同事物联系起来的这种信念关系或判断关系罢了。"② 根据信念或判断的定义，信念或判断就包含了心灵、心灵之外的事物及判断行为本身。心灵称为主体，心灵之外的事物称为客体。根据定义，罗素认为信念或判断就是产生于主体和客体之间的关系，并且信念的真假取决于客体内部。那客体具体指什么呢？罗素在分析客体的过程中，也同时表达了事实如何使信念为真的问题。在罗素看来，如果要允许真理和虚妄同时存在，那客体永远不能是单一的客体或某个事实，只有单一的

---

① ［英］罗素：《哲学问题》，何兆武译，商务印书馆 2007 年版，第 100 页。
② ［英］罗素：《哲学问题》，何兆武译，商务印书馆 2007 年版，第 104 页。

客体或某个事实，那么信念就无所谓真假的问题。例如，"一个杯子"这个判断只表示单一的客体或一个事实，但是这个判断无所谓真假问题；只有"桌子上有一个杯子"这个判断才能表示真假的问题。如果事实上在桌子上有一个杯子，那么"桌子上有一个杯子"这个判断就是一个真判断，这个判断就表示真理；如果事实上在桌子上没有一个杯子，那么"桌子上有一个杯子"就是一个假判断，这个判断就表示虚妄。进一步分析"桌子上有一个杯子"所表示的客体或事实。在这个客体或事实中，至少包括客体或事实 1（桌子）、客体或事实 2（有）、客体或事实 3（一个杯子）。所以，"桌子上有一个杯子"这个判断实际上是包含了主体、客体 1（桌子）、客体 2（有）、客体 3（一个杯子）等含有四个关系项的判断关系。只有主体和单一客体的判断是没有真假可言的。罗素认为，如果承认信念或判断有真有假，就必须承认信念或判断关系至少包含四项间的关系，而不应该把信念或判断关系只当作主体和客体之间的两项关系。当然，四项间的关系并不是主体与三个客体之间的单独关系，而是主客四项按照安排的次序构成信念或判断关系的统一体。"桌子上有一个杯子"这个判断关系由主体、客体 1（桌子）、客体 2（有）、客体 3（一个杯子）构成，但他们之间的关系是有一定次序的，随意调换次序这个判断就无法成立了。比如"一个杯子上有桌子"这个判断，虽然这个判断还是由与前一个判断相同的四项构成，但是它们次序不同了，判断关系也就发生了变化。

为了更细致地说明客体的问题，罗素又提出了一个复杂的客体（a complex object）的概念。这个复杂的客体，是在信念或判断关系中除去了主体项的其他客体项组成的。在这几个客体项中用一个客体项作为关系，将剩下的客体项按照一定的次序排列起来，从而组成这个复杂的客体，罗素将这个复杂的客体称为事实。由此，罗素认为，每一个信念或判断，就是一个主体项和几个客体项之间的关系；几个客体项中又有一个客体项作为关系，把剩余的客体项按照一定的次序安排起来组成一个复杂的客体。所以当信念或判断的统一体与复杂的客体（事实）符合时，该信念或判断就是真的，否则就是假的。经过细致的分析后，罗素对真理进行了界定："判断或信念是某种复杂的统一体，心灵是它的一个组成成分；如果其余各个成分排列成为信念中的同样次序，结果形成了一个复杂的统一体，那么这种信念便是真确的。"① 真理的定义解释了信念如何符合事实的问题。在罗素看来，虽然真理是信念的性质，但是信念能否成为真理却依赖于事实。可以看出，罗素的真理符合论在批判真理融贯论的基础上，继承了传统符合论的某些观点，同时又运用逻辑分析方法，通过分析概念重新诠释了真理符合论。总体而言，以上所述就是罗素逻辑原子论时期的真理符合论。

大约在 20 世纪 20 年代，罗素哲学逐步转变为中立一元论，他的真理观也由逻辑原子论时期的关联符合论转向了中立一元论时期的再现符合论。罗素自述了他的转变历程，他放弃逻辑原子论时期关联符合论的主要理由是他不相信有主体或"自我"的存在。因为作为判断关系之一的主体已经没有了，所以这就表示信念或判断不可能成为主体与客体之间的一种对应关系。抛弃了先前的关联符合论，罗素就要寻求一种新的真理理论，来解决真理观的问题。而他对新的真理理论的阐述，集中在《意义与真理的探究》和《人类的知识》这两本著作中。罗素对中立一元论时期的再现符合论的定义，与以往没有多大差别，依然主张真理就是信念符合于事实。然而，此时的罗素重新诠释了信念、符合及事实等概念，也正是对这些概念的重新诠释，使得罗素的再现符合论展现了不同于他以往符合论的内容和意义。

在中立一元论时期，罗素取消了主体（自我），他提出信念不是主体与客体间的关系。那信念又该如何界定？罗素认为信念是"有机体的一种状态"②，这种状态可以不用区分它到底是身体的还是心理的，并且这

---

① ［英］罗素：《哲学问题》，何兆武译，商务印书馆 2007 年版，第 106 页。
② ［英］罗素：《人类的知识——其范围与限度》，张金言译，商务印书馆 1983 年版，第 179 页。

种状态就类似于由于外部刺激而引起的条件反射作用。罗素对信念的定义，深受华生行为主义心理学的影响。行为主义者将人视为消极被动的行为主体，人的心理特征只有在外部刺激后所表现的行为中才能显现出来。人的思想无法被实验直接观察，但可以通过外部刺激后的反应发现。罗素将这种行为主义的思想运用到了信念的解释中。他指出，我们通常用文字来表达信念，如果不用文字表达信念，那信念将是不可能的，但实际信念是先于语句的。比如闻到焦煳味使我们相信房子着火了，然后我们才说"房子着火了"，"房子着火了"这几个字并不能被称为一种信念，而只是我们用一种行为的形式将信念告知他人。也就是说，当我们闻到焦煳味时我们就有了一种房子着火了的信念。所以，罗素认为信念可以称作一种先于理性，并且是人的心理或身体的被动的行为反应。虽然信念是有机体的一种状态，但信念的内容就是命题，信念必须通过命题才得以传达给他人。真理或虚妄是信念的性质，它们也间接地是命题的性质。"罗素把命题或信念即语句所'表达'的东西看作是语句的意义，而把相关的事实即语句所'指示'的东西作为语句的指称。"[1] 而信念是真理还是虚妄，就在于命题（语句）的意义与命题（语句）的指称之间是否能够符合。如果命题的意义与指称符合，那么命题就是真的，即信念也是真的；如果二者不符合，则命题或信念就是假的。由此可见，罗素这一时期的真理观仍然真理符合论。但是，命题的意义与命题的指称是怎么符合的呢？罗素提出了"证实者"（verifier）概念来解决这个问题。

所谓"证实者"，其实就是命题所指示的东西，他说："当一个经验的信念是真的时，它是通过我称为其'证实者'的某种现象而为真的。"[2] 在罗素看来，与一个直接证实者相符合只存在于能被经验的相对简单的信念

---

[1] 贾可春：《罗素意义理论研究》，商务印书馆 2005 年版，第 238 页。
[2] ［英］罗素：《意义与真理的探究》，贾可春译，商务印书馆 2012 年版，第 266 页。

那里，然而一般信念和证实者之间很难有那种一一对应的符合关系。一个原因就是作为信念载体的命题的结构，与事实结构不可能是一种简单的对应关系。例如"伯明翰在伦敦的北边"这个命题里有三个词组"伯明翰""伦敦"和"在……北边"，但这个命题的含义只表示两个地点之间的关系，命题的结构和事实的结构并不是一一对应的。并且，如果命题中还有逻辑联结词，那么命题与事实之间的符合关系就会更复杂。还有一个更为重要的原因，就是很多信念的证实者已经超越了经验的范围。作为注重经验论的罗素来说，一旦超越经验的范围，要找到信念与证实者之间的符合关系就会特别困难。为了解决这个难题，罗素通过分析四个命题来进行解释："（1）我热；（2）我过去热；（3）你热；（4）太阳热。"[①] 在我作出命题（1）的判断时，我能直接经验到证实者，这个证实者就是我意识到的一个关于"热"的事件。判断（1）具有直接性和简单性，它所传达的和所指称的都是同一种热，也就是说命题的意义和命题的指称是一种符合关系，所以命题（1）是真的。在作出命题（2）的判断时，我过去直接经验到了证实者，所以这个命题也是真的。在作出命题（3）的判断时，我没有直接经验到证实者，这意味着命题（3）的判断已经超出了我的经验范围，它是一个包含变项的命题。然而，这个"热"依然是从我自身的经验中获得的性质，"你热"是我依据于自身的经验推论出来的假设值，所以这个命题既不能确定为真，也不能确定为假。命题（4）中的"热"不是我经验到的热的性质，而是产生热的原因。作出命题（4）的判断，如果它是真的，它必然存在着一个证实者，但这个证实者是无法经验到的。罗素分析命题（4）时说："从形式上说，每当一个断言超越我的经验时，面临的情况就会是这样的：推论导致我作出'有一个 x，并且 φx'；而且，如果这是真的，那么它之所以为真，是因为由'φx'所断言的一种现

---

① ［英］罗素：《意义与真理的探究》，贾可春译，商务印书馆 2012 年版，第 268 页。

象。但是，我并不知道这样的现象。"①在对以上四个命题详细分析后，罗素总结道：在命题（1）的情况下，命题的所表示的与证实者之间有一种直接的、简单的符合关系，此时的真理符合论是绝对成立的。并且，命题（1）的情况下经验知识的所有事实前提。在命题（2）情况下的真理符合论也是可以成立的。但在类似命题（3）和命题（4）这样的断言中，从符合论的角度谈论真理就会非常复杂，它们需要引入归纳或类推论证的方法才能得到说明，而这已经超出了经验论的范畴。

由此可见，罗素在取消了主体之后，在中立一元论时期的真理符合论与逻辑原子论时期有明显不同，他认为不论是在经验内可断言的信念，抑或超出经验范围的信念，都逻辑地存在着一个证实者，这个证实者就是使信念为真的事实。但在"有一个 x，并且 ϕx"这样的包含变项的命题中，这里的证实者已经超出经验的范围，这导致我们对事实的结构一无所知。因此，我们可能无法回答命题与事实具体如何符合的问题。然而，罗素对于真理符合论依然有着坚定的信心，他提出了如何理解超出经验范围的证实者。比如在证明普遍性命题为真的问题上，我们确实不能找到与普遍命题相符合的普遍事实，但是我们能够想象出可以证明普遍命题为真的普遍外界条件。以"有些树木是永远没有看到过的"这个命题为例，我们完全能够想象出使这个命题为真的那些树木，并且我们确实也没有关于那些树木的经验。在罗素看来，无论何种信念，必定能最终分析为我们可理解的已被经验过的元素，但如果用逻辑形式表达一个信念，对这个逻辑形式的分析就可能牵扯到不能被经验所理解的成分。基于如上看法，罗素对真理和虚妄下了定义，他说："每个不只是行动的冲动的信念都具有一幅图画的性质，加上一种'是的'或'不是的'感觉；在我们遇到'是的'感觉的情况下，如果有一件事实对于那幅图画具有一个原型对于一个意象所有的那种相似，那么它便是'真的'；在我们遇到'不是的'感觉的情况

---

① ［英］罗素：《意义与真理的探究》，贾可春译，商务印书馆 2012 年版，第 272 页。

下，如果没有这样的事实，那么它便是'真的'。一个不真的信念叫作一个'伪的'信念。"① 真理和虚妄的标准仍旧是信念（命题）是否与事实相符合，如果符合就是真理，不符合便是虚妄。从这里可以看到，罗素对真理符合论的陈述，在前后期都没有多大差别，但在具体如何理解符合关系的问题上产生了较大变化。

第二节　"一一相应"的真理符合论

在真理观上，金岳霖继承新实在论的传统，也主张真理符合论，他说："本书以符合为真的定义。"② 所谓真理就是命题与事实或实在的符合。金岳霖对真理的定义与罗素对真理的定义几乎相同，但是他们在分析命题如何符合事实的问题上，既有相似性也有差异性，而这种相似和差异可追溯到他们所批判的真理理论。罗素批判了融贯论和效用论后提出了符合论，而金岳霖在批判了融洽论、有效论、一致论及照相式符合论基础上，提出了新符合论的真理观。金岳霖批判的融洽论和有效论就是罗素批判的融贯论和效用论。

在批判融洽论上，金岳霖指出要注意融洽论的两个特点：一是融洽论追求完整感，所以真理也需要完整感；二是融洽论追求全体的融洽和谐，所以真理不能是片面的，只能是全体的。从第二个特点说，真理也有两方面的问题：一是真理是有程度上的差异；二是一个真理不能单独存在，必须依赖于其他真理。对于真理融洽论的以上说法，金岳霖是不同意的。针对第一个特点，金岳霖认为真理在于命题与事实是否符合，不在于它的完整感，完整感主要指"思想底结构或图案底四通八达"③，也就是说，理论

---

① ［英］罗素：《人类的知识——其范围与限度》，张金言译，商务印书馆1983年版，第190页。
② 金岳霖：《知识论》，载《金岳霖全集》第3卷下，人民出版社2013年版，第998页。
③ 金岳霖：《知识论》，载《金岳霖全集》第3卷下，人民出版社2013年版，第974页。

需要完整性和融贯性，但这不是真理的特性。针对第二个特点，金岳霖认为一个命题为真，它就永远为真，真理无所谓程度的差异；此外，一个命题的真假依赖于事实或实在，而不是其他真理，一个真理可以单独为真。从金岳霖对融洽论的批评，可以看到他与罗素对融贯论的批判十分相似。罗素批评融贯论主张没有一个真理可以脱离其他真理而存在、任何真理都彼此联系的观点，也批评融贯论认为部分真理必须依赖全体真理的观点。罗素认为能否成为真理在于信念（命题）是否与事实相符合，并且真理都是一个个的，而不是融贯的。罗素还批判了作为融贯论基础的内在关系说，强调外在关系说。金岳霖批判了内在关系说，他认为引用内在关系说，就会导致命题与事实之间产生鸿沟。因为如果主张内在关系说，那命题是内在的，与命题相对的经验中的事实也是内在的，但实际上事实是在经验之外的，它是外在的、客观的，这样在命题与客观事实之间就产生了一条鸿沟。金岳霖的认识论是从正觉基础上的所与出发的，命题与事实统一于所与，它们之间没有鸿沟。虽然罗素主张外在关系说，但他仍没有解决内容与对象之间的鸿沟，所以他在后来才会转向中立一元论继续寻求解决路径。从这方面来说，金岳霖一方面吸收了罗素真理符合论中的合理成分，另一方面又看到了罗素自身的理论困境，他试图消除命题与事实之间的鸿沟，这可谓是对罗素的超越。

在批判有效说上，金岳霖与罗素一样，批判实用主义者将真与用等同起来的观点。金岳霖真理自然是有用的，但是有用的未必是真理。有用往往是以人为标准的，也就是说用是以人类为中心或以自我为中心的，以用释真，就会自然推论出真理是以自我或人类为中心的，这就失去了真理的普遍性。此外，有效说无论是否与有用联系，都存在时间和地点的问题，有效总是相对于一时一地的，所以从有效讨论真理，那真理就是相对的。金岳霖对此极力反对，因为这会否认真理的客观性。金岳霖指出了有效论会导致真理的以上两方面困难。罗素指出真理效用论会导致真理的相对性问题，在这点上金岳霖与罗素是一致的。但金岳霖没有像罗素那样分析效用论会导致无穷倒退的问题。罗素指出真理效用论的标准在于有效，但这个有效又需要有效来证明，这就会导致证明的无限后退。罗素对效用论以有用为标准的论证方式提出了质疑。金岳霖不同于罗素的地方在于，金岳霖将实用主义的人类中心论立场及相对主义联合起来考察，对有效说的实用主义的哲学本质进行了批判，这实际上击中了真理效用论的要害。

接着，金岳霖对一致说和照相式符合论进行了批判，这是罗素没有做的工作。一致说是逻辑经验论者主张的真理观，他们认为真在于命题与命题之间的一致，而不在于命题符合于事实。逻辑经验论者接续康德的观点，从分析命题和综合命题开始讨论。综合命题与经验密切相关，它是对实际有所肯定或否定的积极命题，综合命题所表示的真总是与以往经验相符合，然而它无法避免被未来的经验所推翻，也就是说综合命题不能保证永远为真。分析命题是重言式的永真命题，不需要对实际有所肯定或否定，所以它不需要考虑经验问题。因此，逻辑经验论者在分析命题的永真性基础上，提出了关于真理的一致说，它涵盖了分析命题和综合命题。在逻辑经验论者那里，证实分析命题的真假就是发现命题与命题之间是否一致，而这个证实方法同样可以运用到综合命题那里，也就是说，证实综合命题的真假就是发现命题与命题之间是否一致。对真理的一致说，金岳霖显然是不能同意的。金岳霖指出，一致说将真理解为命题与命题间的一致，而不考虑实在或事实，这种一致无法产生积极的意义。金岳霖认为真命题固然一致，然而命题的一致并不能保证其为真，因为在综合命题那里，假命题也能保持一致。逻辑经验论者由于感到命题符合于事实或实在的问题非常困难，就采取以命题与命题的一致来取代命题与事实的符合，这虽然避开了符合论的困难，但是一致说却是难以成立的，因为"一致说将一致与真等同起来，本质上却是违反形式逻辑规则的"。[①] 如果金岳霖批

---

① 胡伟希：《金岳霖与中国实证主义认识论》，上海人民出版社 1988 年版，第 90 页。

评一致说违反了形式逻辑规则是正确的，那么金岳霖对逻辑经验论者的批评将是致命的，因为逻辑实证的方法就是命题的真假取决于命题是否符合逻辑规则和语法规则。一致说违反了形式逻辑规则，也就是说逻辑经验论者违反了他自己评判的真理标准，那么一致说将会无法成立。

除了批评一致说，金岳霖对西方传统符合论存在的问题也进行了讨论。传统符合论中最容易被人诟病的就是照相式符合。在金岳霖看来，命题有其自身的逻辑结构，它不可能像照片那样反映外物。想象或意象可能比较贴近于照片，但命题与想象或意象不同，命题不会近似照片。特殊命题可能会表达具体的意象，这个具体的意象可能接近于照相式的，但是具体的意象只是特殊命题所表达的东西，它不是命题本身。普遍命题也可能会表达一些想象，但是既然命题是普遍的，它就不可能是照相式地对准某些特定对象。所以，不论从特殊命题还是普遍命题出发去谈论与事实相符合的问题，都不可能是照相式的。此外，照相式符合还存在着实际的困难，那就是将经验之内的命题与经验之外的事实进行对照，很难得出符合与否的结论。讨论照相式的符合涉及照片与底片的对照的问题，然而对照必须同在经验范围内进行，如果不在经验范围内，那对照是不可能实现的，没有对照自然也就没有所谓符合的问题。从真理方面而言，命题要符合的底片就是事实或实在。但命题在经验范围内，事实或实在又在经验范围之外，它们不是同处于经验之中，这就产生了符合的困难。也就是说，我们无法将在内的命题与在外的事实进行对照，无法对照就不能谈论符合与否的问题。金岳霖认为，虽然传统符合论有照相式符合的困难，但在真理理论上还是应当坚持符合论，"因为符合说是最原始的真假说法"[①]。符合论是"最原始"的真理理论，意味着它在真理理论上是最早提倡的，也意味着其他真理理论都根据于它。既然符合论具有原始性和基础性，那坚持符合论就成为真理观的内在要求。在金岳霖看来，更为重要的问题是解决

---

① 金岳霖：《知识论》，载《金岳霖全集》第 3 卷下，人民出版社 2013 年版，第 983 页。

符合论面临的困难。

　　从批判以往真理理论出发，来提出真理符合论，这是罗素和金岳霖共同的理论旨趣。但是，罗素主要批判了融贯论和效用论，而金岳霖在批判这二者之外，还批评了一致说和传统符合论。显而易见，金岳霖的批判范围要大于罗素。虽然他们都主张真理符合论，但由于批判的对象不同，使他们的真理符合论表现出差异性。这种差异性可在金岳霖论述命题如何符合事实的过程中具体呈现。金岳霖主张真理就是命题符合于事实，这与罗素对真理符合论的定义是相同的。但在如何符合的问题上，金岳霖与罗素有很大不同。这里将分别对金岳霖的"命题""事实"及"符合"等概念进行分析，以求详细展现金岳霖在真理观上对罗素的继承与超越。

　　金岳霖指出，"命题底定义就是思议内容之有真或假者"[1]。这就是说，真或假是命题的值。通过将真界定为命题的值的做法，金岳霖解决了照相式符合的困难。金岳霖的这一思想源自批判真理一致说，也即来源于逻辑经验论。金岳霖继承逻辑经验论者对命题的分类，将其划分为分析命题和综合命题。前文已提及，金岳霖对逻辑经验论者倡导的分析命题持批判的态度，因为它是消极的命题，不能对实际有所肯定或否定，它是永真的。虽然它永真，但从它那里无法获得关于事实的知识，这样的命题自然要被排除在知识论所需的命题范围之外。由此，金岳霖把关注的重心放在综合命题上，综合命题的内容是经验事实，也称之为经验命题。他说："知识论所需要的近乎前提式的命题都是综合命题，都是有积极性的命题。"[2] 所以真假是关于综合命题的真假，而不是其他。综合命题不像分析命题那样具有无可怀疑性，它也没有分析命题那样的必然性，它是或然的。虽然逻辑经验论者提倡命题分为分析的和综合的，但这种命题分类法并不是他们的首创，最早提出者可追溯到莱布尼茨。当然，莱布尼茨并未使用分析的

---

[1]　金岳霖：《知识论》，载《金岳霖全集》第3卷下，人民出版社2013年版，第912页。
[2]　金岳霖：《知识论》，载《金岳霖全集》第3卷上，人民出版社2013年版，第95页。

与综合的两个术语，他使用的是必然的与偶然的，但它们所表达的意思是一致的。

在莱布尼茨看来，所有逻辑学、几何学和算数的命题都属于分析命题的范围，这些分析命题是永恒真理，因为分析命题是谓项包含在主项之中的命题；而自然科学中关于事实的命题属于综合命题的范围，它的谓项不包含在主项之中，它是偶然命题，它的真理性需要立足于充足理由律，还须通过经验事实的验证。在莱布尼茨之后，康德对分析命题与综合命题的问题进行了细致论述，他在分析二者的基础上提出了先天综合判断，认为综合命题也可以成为必然的真理。逻辑经验论者艾耶尔对康德的理论是不满的，他提出了另外一种思路。艾耶尔说："我们用以决定先天命题或分析命题的有效性的标准，对决定经验的或综合的命题的有效性来说，是不够的。因为经验命题的特点是它们的校准不是纯形式的。……说经验命题或经验命题的系统是假的，并不是因为它形式上有缺点，而是因为它不能满足某种实质的标准。"[①] 在艾耶尔看来，单就综合命题的证实方法来说确实不同于分析命题，但是证实分析命题为真的方法也可以运用到综合命题上，即综合命题的真也在于命题同命题之间一致。艾耶尔关于真理一致论的看法，被逻辑经验论者普遍接受，在他们那里，一致原则可以贯穿于分析命题和综合命题。

金岳霖沿用了逻辑经验论者划分命题的理论框架，但同时也表现出超越他们的地方。金岳霖注重综合命题或经验命题，他的真的定义也是关于综合命题的。综合命题的真不是像逻辑经验论者那样取决于命题间的一致，而是命题与事实相符合。金岳霖认为，凡是被证明为真的综合命题就是永真的，它不会被未来的事实或经验推翻，就此而言，综合命题是必然的而不是偶然的。按照金岳霖的一贯立场，知识论如果以真为目标，就必须站在经验论的立场上，他说："我们在理论上求得到真正感也就是在对

---

① ［英］艾耶尔：《语言、真理与逻辑》，尹大贻译，上海译文出版社 1981 年版，第 99—100 页。

象上求得到经验所有的实在感。"①只有经验命题（综合命题）才能给我们实在感和积极性。

由上可知，金岳霖主要从综合命题来论真理的问题，真属于命题的值而不是命题自身的性质。如果真是命题的性质，那么真就不需要使命题符合于事实来实现，而通过分析这个命题本身就能得到真。这显然是金岳霖不赞成的。他说："以真为符合，真是关系质，它是命题与客观的实在底关系所予命题的关系质，不是命题本身底性质。"②真是关系质，这是罗素积极提倡的观点。不论在逻辑原子论时期还是中立一元论时期，罗素都主张真是信念和使信念为真的事实之间的关系。同样作为真理符合论者，金岳霖可能吸收了罗素的这个观点。要更深入地挖掘真的含义，就要对事实进行详细的考察，在这方面，金岳霖像罗素一样做了大量的工作，但金岳霖的事实与罗素的事实有很大差别。③

金岳霖对事实有过两次专门研究，一是发表在《哲学评论》上的《论事实》（1931年）一文，二是《知识论》的论"事实"一章。按照金岳霖的论述，对事实的分析可以归纳为以下几个方面：（1）"事实是接受了的或安排了的所与。"④也就是说，构成事实的成分包括客观的所与，这意味着事实也是客观的。但事实并不仅仅是客观的所与，它是被意念安排好了的所与，因此它还涉及主体的概念结构或判断。金岳霖强调"化所与为事实"，也就是用概念结构去接受或安排所与从而形成事实，在接受或安

---

① 金岳霖：《知识论》，载《金岳霖全集》第3卷上，人民出版社2013年版，第101页。

② 金岳霖：《知识论》，载《金岳霖全集》第3卷下，人民出版社2013年版，第1006页。

③ 关于罗素与金岳霖在事实观上的异同，陈波进行了详细的讨论。陈波指出，在论事实上，罗素展现了一种实在主义的事实观，他认为世界包含事实，事实处在外在世界。他运用逻辑分析方法得来逻辑原子，逻辑原子构成了原子事实，并通过否定词和量词的连接，得到负事实、普遍事实和存在事实，以此来阐述世界的本体论结构。金岳霖或许受到罗素及其哲学的影响，对有关事实的诸多问题作了系统的探讨。金岳霖发展了一种认知主义事实观，他认为事实是被接受和安排了的所与，更明确地说，事实是认知主体在感觉材料基础上所作的一种认知建构，兼具客观性和主观性。这种事实观与罗素的事实观迥然有别，得出了很多与后者截然相反的结论。见陈波：《客观事实抑或认知建构：罗素和金岳霖论事实》，《学术月刊》2018年第10期。

④ 金岳霖：《知识论》，载《金岳霖全集》第3卷下，人民出版社2013年版，第810页。

排的过程，必然牵扯到主体的判断问题，有什么可以接受或不能接受，都是需要主体作出判断的。主体作出判断的材料是客观的所与，但判断的对象乃是事实。金岳霖在《论事实》中就分析过事实与情形的区别。他指出，情形是未纳入主体领域的本然的存在，而事实是具有"人事成分"的存在。总体而言，"事实是所与和意念底混合物"①。事实不是本然的存在，它是所与经过意念安排后的混合物。（2）"一件东西是一大堆的事实。"② 东西和事实是不同的，东西是我们在语言学上用名称所指称的，它占据着特定的时空位置，而事实是用命题或句子所表达的，它包含时空因素，但又超越于时空。一个东西可以分析为许多事实。以"这张桌子"为例。"这张桌子"就表示一个东西，而有关这张桌子的命题可以有：这张桌子有四个脚，桌脚是钢制的，桌面是红色的，等等。这些命题都表达了不同的事实。我们遇见的每一个东西都可以进行这样的分析。但是从反方向说，许多事实并不一定能组成一个东西，东西有完整性而事实没有。此外，如果强调东西之间的关系，也能够发现许多事实。（3）"没有普遍的事实。"③ 金岳霖认为，命题可以是普遍的，但事实不能。像逻辑命题、本然命题和表达自然律的命题都可以表达普遍命题，然而这些普遍的命题都无法肯定事实的存在。虽然普遍命题无法肯定事实的存在，但是证实普遍命题为真，还是需要一件或多件事实，这可以通过例证的方式实现。也就是说，普遍命题不肯定事实，但普遍命题根据于事实。没有与普遍命题对应的普遍事实，事实都是特殊的。普遍命题和事实的关系，就像概念和个体的关系一样，概念表示共相而不是个体，概念更不表示普遍的个体，当然根本没有普遍的个体这种东西。普遍的事实就像普遍的个体一样，它是一个自相矛盾的词语。（4）命题有正负，但事实无正负。命题有正负就是说，有肯定命题，也有否定命题。如这是一张桌子和这不是一张桌子，就分别表示肯

① 金岳霖：《知识论》，载《金岳霖全集》第3卷下，人民出版社2013年版，第813页。
② 金岳霖：《知识论》，载《金岳霖全集》第3卷下，人民出版社2013年版，第814页。
③ 金岳霖：《知识论》，载《金岳霖全集》第3卷下，人民出版社2013年版，第828页。

定和否定命题。但是否定命题不对应否定事实，因为没有否定事实。事实有直接或间接的感觉上的根据，而负事实无论是直接的还是间接的感觉上的根据都没有，没有感觉上的根据就不能称为事实。（5）事实只存在于以往和当下，没有未来的事实。根据第一条，事实是被意念安排或接受的所与，表明事实是已经呈现或正在呈现的所与。未来的事实，就是还未呈现的所与，它不可能被意念所接受，就不可能成为事实，因此没有未来的事实，只有以往和当下的事实。（6）事实有秩序。在接受所与的过程中，我们不仅用意念图案（概念结构）接受所与，同时也以特殊的时空位置安排所与。客观呈现的所与有秩序，事实也有秩序。无论事实是否有其他的秩序，它至少有概念结构方面的秩序。

以上只是简单归纳了金岳霖论事实的主要内容，金岳霖的事实观远比上述丰富。这里的目的，是想引出金岳霖与罗素关于事实观的异同。换句话说，金岳霖对罗素的事实问题有哪些取舍。罗素通过逻辑分析方法得到原子事实，在原子事实基础上，推导出否定事实、普遍事实、存在事实等，这些事实的逻辑结构与否定命题、普遍命题、存在命题等命题结构相同，以此获得真理。金岳霖跟随罗素的脚步讨论并承认了否定命题、普遍命题、特殊命题的存在，但金岳霖却不承认否定事实、普遍事实的存在，因为事实是意念接受或安排的所与，也直接地或间接地有感觉上的根据，这就表示事实总是与肯定的、具体的相关。由此可见，金岳霖虽然吸收了罗素的问题意识，但在解决问题的方法和思路上，与罗素相差甚远。

讨论完命题与事实，接下去的重点就是命题如何符合事实的问题。虽然罗素和金岳霖都叫真理符合论，对真理的界定都是命题符合于事实，但他们的真理符合论却不尽相同。如前所述，金岳霖对真理理论的融洽说、有效说、一致说及照相式符合说作了详细深入的批评。在此基础上，他提出了真理就是命题与事实或实在的符合。那么如何符合呢？就是命题与事实两者间有所谓的一一相应的符合情形。他说："一一相应的情形是符合底主要要求，符合一定是一一相应的。"①金岳霖提供了两个关于一一相应的符合的例证，即地图式符合和目录式符合。一张中国地图就是对于整个中国地域的符合。在地图上，河流山脉的走向、省与省之间的位置关系、湖泊的形状，等等，与实际的地域都有一一相应的关系。这种一一相应的关系也可能被叫作相似，但这种地图式的相似和照相式的相似不同，照相式的相似是一种原物映现，但地图式的相似可以是一个方面或几个方面的相似。即使这样，相似依然是相似，符合也仍旧是符合。图书馆的目录就是对于整个图书馆藏书的符合。如果图书馆的目录是完整的，那么图书馆的所有藏书必定能在目录中一一寻找到。完整的目录能给我们提供关于书的名称、主要内容及其在图书馆中的具体位置，按照目录的指示，一定能够找到目录所指示的那本书，这里就有一一相应的符合关系。目录不是书，但通过目录可以找到书，通过目录的介绍也可以知道书中的内容。目录符合于图书馆的藏书，但这也不是照相式符合。目录非但没有藏书的照相，更不具备藏书的形状、颜色、大小，等等。目录式符合也是一种一一相应的符合。

金岳霖指出，既有关系上的一一相应的符合，也有性质上的一一相应的符合。命题与事实或实在的符合就是一一相应的符合："一命题与它所断定的实在符合就是一命题有它底相应的实在，而该命题底命题图案有和它一一相应的实在。"②金岳霖注重的是综合命题，而普遍命题、特殊命题和历史总结都可以称为综合命题，因为他们都可以通过经验的证实或证明。就普遍命题而言，普遍命题的真，需要与固然的理相符合。从普遍命题直接地符合于固然之理下的某个事实中，获得关于普遍命题的真理，这可以通过经验证实来实现；从普遍命题间接地符合于固然之理中，获得关于普遍命题的真理，这可以通过证明来实现。通过特殊命题符合于特殊事实，可以获得特殊命题的真理，因为特殊事实本身的结构相应于特殊命题

---

① 金岳霖：《知识论》，载《金岳霖全集》第 3 卷下，人民出版社 2013 年版，第 1005 页。
② 金岳霖：《知识论》，载《金岳霖全集》第 3 卷下，人民出版社 2013 年版，第 1006 页。

的分析。通过历史总结符合于一时一地的历史事实，可以获得关于历史总结的真理，因为历史总结与一时一地的历史事实也是一一相应的。金岳霖的真理符合论主张，真理就是命题符合于事实，而这种符合是一种一一相应的符合关系。

总体而言，金岳霖的真理符合论对罗素的真理符合论是批判地继承。在中立一元论时期，罗素强调命题与事实的符合，就是命题的结构与事实的逻辑结构有严格的对应关系，所以，像否定命题、存在命题、普遍命题等都有与它们相应的否定事实、存在事实、普遍事实，这是一种再现符合论。从根本上说，此时罗素的再现符合论仍未摆脱照相式符合的观点。金岳霖虽然承认有否定命题、存在命题、普遍命题等，但并不认为有与之严格对应的事实，事实总是特殊的。所以符合的关系也不是严格的对应关系。金岳霖着重批判了这种严格对应的照相式符合关系，而提出地图式或目录式的一一相应的符合关系，这可以说是一种关联的符合论。也就是说，金岳霖批判了罗素中立一元论时期的再现符合论，而吸收了逻辑原子论时期的关联符合论。

第三节　融合新实在论与辩证唯物论的真理符合论

张岱年在真理观上，既吸收了罗素关于真理符合论的命题和事实的论述，又继承了辩证唯物论关于真理标准的理论，还借用了中国传统哲学的墨家"三表"说，表现出与金岳霖的真理观明显相异的旨趣。张岱年认为，关于真理的标准问题，主要同事实命题的真假相关："与外在事物之实际情况相符合者，谓之真知；否则谓之谬妄。"[1]那如何才能确定命题和事实相符合呢？唯有通过实践，他说："真知之标准唯实践"，"真知之标

---

[1]　张岱年：《天人简论》，载《张岱年全集》第 3 卷，河北人民出版社 1996 年版，第 222 页。

准即是符合之标准"。① 从这方面说，张岱年的真理符合论，是对罗素的真理观和辩证唯物论的真理观的综合。

张岱年没有像金岳霖那样对事实问题进行细致而深入的讨论，但他对事实也进行了界定。在张岱年看来，"凡已实现与正实现之事，谓之事实"②。事实，就表示为现实的或已经是现实的事，没有现实的事只是一可能，不是事实。如果一事在以往存在过，哪怕它现在不存在，它也永远属于实在，也就是一事实。他对事实的如上看法与金岳霖对事实的分析有相同之处。金岳霖指出，事实只存在于以往和当下，没有未来的事实。但是，张岱年又认为，事实可以不受主体的认知的影响，也就是说，有不被主体认识的事实存在。而这是金岳霖所否认的。因为金岳霖认为事实就是已经被主体接受或安排了的所与，它是主体用概念结构来安排感官对象的一种认知建构，具有主体因素和客体因素双重属性。张岱年在这一方面对事实的理解更接近于罗素。

罗素认为事实处于外在世界之中，世界包括了事实。张岱年说："如承认世界之实在，则必承认世界乃事实所成。"③ 这表明，张岱年只承认事实的客观性成分，排除了它的主观性成分，这与罗素对事实的看法是一致的。然而，在事实问题上罗素承认有普遍事实的存在，而张岱年对此并不赞同，张岱年认为"在世界之中，有特殊之事实与普遍的条理或规律"④。事实都是特殊的，事实的类型可称为条理或规律，也即共相。金岳霖也只承认特殊事实而不认可普遍事实。从这里可以看到一个有趣的现象，两位中国哲学家虽然都吸收了罗素的事实观，但他们不约而同地否定了普遍事实的存在，都只承认特殊的事实。为何会有这样的差异？其实正是由于罗素和金岳霖、张岱年身上表现出的西方与中国两种相异的哲学传统。在罗

---

① 张岱年：《人与世界》，载《张岱年全集》第 3 卷，河北人民出版社 1996 年版，第 368 页。
② 张岱年：《认识·实在·理想》，载《张岱年全集》第 1 卷，河北人民出版社 1996 年版，第 438 页。
③④ 张岱年：《哲学思维论》，载《张岱年全集》第 3 卷，河北人民出版社 1996 年版，第 12 页。

素哲学中，他经常强调有一个超越的彼岸世界，那个超越的世界是独立实在的，它是这个现实世界得以形成的原因，这个现实世界就是超越世界的淡淡的影子。金岳霖和张岱年虽然也都强调有共相世界，但是共相世界是不可离开这个现实世界或个体世界的，也就是所谓的"理不离事"，这仍是中国传统哲学的一贯思路。从这样的哲学传统出发，也就不难理解为何罗素会承认普遍事实，金岳霖和张岱年却否定普遍事实的存在。众所周知，事实是构成外在世界的成分，而表示或传达事实的则是命题："命题即人对事实之符号表示。"[①]

张岱年认为，特殊事实和普遍条理或规律都可以通过命题来表示。特殊事实由各种成分及成分之间的关系构成；普遍条理或规律由可变项及可变项之间的关系构成。用一个符号来表示一个成分或可变项，同时以符号与符号之间的关系来表示各成分之间或可变项之间的关系。符号按照一定的秩序进行排列组合，就构成了命题。命题中符号的秩序，就是依据各成分之间或可变项之间的相对关系而定的。张岱年在这里表达了一个重要思想：命题的结构与事实或规律的结构是相应的。这个观念与罗素对命题和事实关系的看法并无二致。罗素强调命题结构与事实结构之间有严格的对应关系。从强调命题与事实的同构关系而言，张岱年的主张也属于符合论的范畴。对符号、命题与事实之间的关系，张岱年继续解释道：符号和命题不仅能表示其他的事实，而且符号和命题本身的存在就是一类事实。从根本上说，只有事实才能表示事实。符号和命题就是可以表示其他事实的事实，因此它们也是构成世界的事实中的一种。既然符号和命题本身是事实，那么它们又可以用符号或命题来对它们进行表示，因此也就有了表示符号的符号、表示命题的命题。另外，符号和命题与其表示的事实之间的关系，也属于一种关系事实，它们也可用符号和命题来表示。主体不仅可以认识事实，也可以对事实进行评判，这样就可以讨论理想的事情。符号

---

① 张岱年：《哲学思维论》，载《张岱年全集》第 3 卷，河北人民出版社 1996 年版，第 12 页。

可以表示理想的事情，而用符号表示理想或事实与理想之间的关系，就是命题。总体而言，张岱年认为命题可以分为事实命题、名言命题及价值命题三大类。

第一类事实命题，顾名思义就是表示事实的命题。事实命题按照事实的范围又可以分为四种：统赅命题、规律命题、特殊事实命题及经验内容命题。统赅命题就是统摄世界一切事实的命题；规律命题就是表示某类事实或某个范围内的事实的命题；特殊事实命题就是表示某件事实的命题；经验内容命题就是直接经验事实的命题。事实命题按照事实的性质可以分为实有命题和摹状命题两种。前者就是表示某物或某事实存在的命题；后者就是表示描述摹写事物的状态或事实的情形的命题。第二类名言命题，可大致分为形式逻辑命题和方法论命题两种。第三类价值命题，可大致分为基本价值准衡命题、特殊价值批评命题及行为准则命题三种。由此可见，张岱年对命题的分析，不同于罗素和金岳霖。在罗素和金岳霖的著作中，极少讨论第三类命题的问题。因为他们要寻求命题与事实相符合的真理，这种真理与普遍必然性的知识是相对应的。而价值命题主要关注道德准则、人生理想等，这与罗素和金岳霖整体的哲学态度关联性弱。张岱年一直致力于提倡文化的"综合创新论"，价值问题在这个综合创新论中比较重要，因此他要较多关注价值命题。当然，在知识论上讨论命题问题，应以事实命题为中心，这点是罗素、金岳霖和张岱年一致认可的。所以张岱年在真理理论中也主要讨论事实命题。

张岱年对事实命题的论述，是从分析基本命题（直接经验内容的命题）开始的。而这直接继承自罗素。罗素在《意义与真理的探究》中对基本命题进行了细致的分析。从知识论上对基本命题进行界定，它是"经过仔细检查之后，在无需任何对其有利的外部证据的情况下，我们依然相信的那些关于特殊现象的命题"①。也就是说，基本命题是无需凭借其他命题

---

① ［英］罗素：《意义与真理的探究》，贾可春译，商务印书馆 2012 年版，第 173 页。

的推论就能获得的关于特殊事物的命题，这样的命题就是指直接的感觉经验命题。在关于"感觉论"那章中我们提到，罗素认为直接的感觉经验是认识的最确定、最可靠的基础，也是认识的来源。因此，基本命题当然是有关于直接的感觉经验的命题，这样的命题才能称得上所有命题中最基本的命题。张岱年对基本命题的定义与罗素几乎相同。张岱年认为直接经验内容的命题，实在是一切事实命题和价值命题的基础，因此把它叫作基本命题。他指出，直接经验可分为三类：一是外感觉经验，指感觉对自身之外的事物的经验；二是内感觉经验，指主体自身之内的感觉经验，比如自己的举手投足、记忆、做梦等；三是活动经验，主体通过活动作用于外物的感觉经验，也称实践经验。张岱年对直接经验第一、二类的分析，与罗素一致。罗素也认为直接经验应该包括感觉外物的经验和记忆、做梦的经验，他们都具有直接性，但罗素未提出过实践经验的说法。张岱年分析的第三类直接经验（实践经验）来自辩证唯物论。将实践经验作为直接经验，并将实践作为真理的标准，是辩证唯物论倡导的核心理念之一。张岱年吸收了这一观点，并将实践是真理的标准作为自己真理观的重要内容。由上可知，在基本命题的问题上，张岱年融合了罗素哲学和辩证唯物论的两种命题理论。通过分析确立了基本命题后，张岱年提出了对事实命题的看法，他说："基本命题以外之事实命题，皆可谓基本命题之概括。"[①] 在张岱年看来，每一个事实命题实际上都涵盖了若干个基本命题，事实命题就是一整套基本命题概括。从基本命题→特殊事实命题→规律命题→统赅命题，它们是由一步步的概括而来的，基本命题就是所有命题的基础。

分析完事实与命题后，接下去就可以讨论真理问题。张岱年继承罗素对真理符合论的陈述，认为命题符合于事实就是真理，命题不符合于事实就是虚妄。那么该如何确认一命题符合于它所表示的事实？张岱年的回答

---

① 张岱年：《哲学思维论》，载《张岱年全集》第3卷，河北人民出版社1996年版，第15页。

是："在于审察其有验与否。"① 也就是观察命题所表示的内容是否与主体的活动经验相符合。张岱年进一步解释说："所谓与事实相符，实在于其与多人多次之活动经验相符；……事实命题之真之准衡，在于其与众人活动经验之契合。活动经验，亦即实践经验。"② 张岱年的真理符合论，具有明显的辩证唯物论色彩。虽然真理就是命题符合于事实的这个表述与罗素一致，但在命题如何符合于事实的问题上，则表现了辩证唯物论的立场，事实命题为真的标准在于它与众人的实践经验相符合。由此可以说，张岱年的真理符合论并不是新实在论意义上的符合论，而是辩证唯物论意义上的符合论。从辩证唯物论的立场来分析命题，命题就是"世界事物的反映，也即是世界事实的摹写"③。所以，张岱年的真理符合论根本上属于真理反映论或摹写论。张岱年认为在每个命题中都包含许多词或符号，每一个符号或词都是对事实中的每一要素的摹写。而确认命题是不是对事实的反映或摹写，只能通过实践经验。这就是说，命题与事实是否相符合的标准在于实践经验，即：检验真理的标准在于实践。

以上所述的是事实命题的真假问题，那名言命题和价值命题有没有真假呢？张岱年认为名言命题和价值命题也有真假问题，但一般不叫作真假，而称为正谬（正确与错误）。名言命题正确与否的标准在于有用或有益。名言命题主要指形式逻辑命题或方法论命题，而形式逻辑或方法论都是思维的工具，思维工具的目的就是整理和增加人们的知识。因此，名言命题的有用或有益，也就是它们能整理或增加人们的知识。张岱年以有用或有益为名言命题的正确与否的标准，是从批判实用主义而来的。张岱年认为，实用主义者以有用来评判事实命题的真假，这是不对的。事实命题只有符合与否的问题，名言命题才存在有用与否的问题。在评判价值命题

① 张岱年：《哲学思维论》，载《张岱年全集》第 3 卷，河北人民出版社 1996 年版，第 19 页。
② 张岱年：《哲学思维论》，载《张岱年全集》第 3 卷，河北人民出版社 1996 年版，第 19 页。
③ 张岱年：《认识·实在·理想》，载《张岱年全集》第 1 卷，河北人民出版社 1996 年版，第 408 页。

的正谬上，张岱年认为价值命题正确与否的标准在于能否实现实践上的融贯。按照价值命题所指示的去实践，如果能达到一贯的实践，那么该价值命题就是正确的，否则就是谬误的。一贯的实践就是主体的实践活动前后融贯而不相违背。张岱年提倡价值命题，一部分原因是为了回应西方实证主义者否定价值命题。实证主义者认为价值命题是没有意义的命题，因为价值命题不表示任何事实，价值命题的真假无法从经验上得到证实。张岱年认为价值命题本就不涉及事实问题，用衡量事实命题的标准来衡量价值命题，这就发生了思想上的错误。价值命题正确与否的标准在于实践，而不在于符合或证实。

命题有所谓的真假或正谬问题，由命题构成的知识当然也有真假问题。从判断命题真假或正谬的标准中，张岱年推导出辨别真理性知识的标准有三个，即他所谓的"真知三表"。这个"真知三表"的表述，源自墨子"三表法"。墨子的"三表法"在中国传统致知论中具有比较重要的地位，张岱年吸收了"三表法"的含义，并对其进行稍微改造，提出"真知三表"说，其具体内涵："一曰自语贯通；二曰与感觉经验之内容相应；三曰依之实践。"[①] 就第一点"自语贯通"而言，真理性知识本身不能自相矛盾，应有其理论的融贯性。这种自身的融贯性，不是说不能表达客观事物的矛盾性。按照辩证唯物论的观点，一切事物必然包含相反相成的内在矛盾，这是事物固有的特征和性质。真理性知识正确反映了事物的实际状况，也就是知识可以表达事物的矛盾，但知识理论本身需要自相融贯。如果知识理论本身自相矛盾，它就不可能被称作真理性知识。第二点，真理性知识与感觉经验的内容相应。因为感觉经验的内容表达的是事实，知识也由命题构成，所以真理性知识必然是符合于事实的知识。感觉经验可能有错误，然而感觉的错误能够通过反复实践得到勘正。这就得出了真理标准的第三点：判断真理性知识必须依赖于实践。概言之，真理必然是逻辑

---

① 张岱年：《天人简论》，载《张岱年全集》第 3 卷，河北人民出版社 1996 年版，第 222 页。

上无矛盾、必然是符合于感觉经验（事实）、必然是能通过实践检验的。

总体来说，张岱年真理观是以辩证唯物论为基础的真理符合论。他既批判地继承了罗素关于命题与事实相符合的观点，也吸收了辩证唯物论的实践观，还批判了实用主义和实证主义。在真理观上，虽然金岳霖与张岱年都深受罗素真理符合论的影响，但也由于各自吸收了不同派别的理论资源，形成了内容相异的真理符合论。他们都赞同真理取决于命题与事实的符合，然而在如何符合的问题上，金岳霖认为命题与事实的符合，是类似于地图式或目录式的一一相应的符合；张岱年认为命题与事实的符合，是立足于实践经验基础的反映或摹写的符合。获得真理性的知识，是认识的最终目标，罗素、金岳霖和张岱年对此都给予肯定。虽然他们关于真理理论具体内容的论述不尽相同，但是他们都主张真理符合论的立场是明确的，并且他们的真理符合论都处在新实在论的视域之下。

第六章

实在主义知识论转化的成果与意义

　　金岳霖和张岱年通过吸收和改造罗素哲学构建起各自的知识论体系，就是实在主义知识论转化的成果。在哲学倾向上，金岳霖和张岱年受罗素影响，都坚持实在主义的立场。金岳霖直言实在主义是其知识论的主旨，并且这个实在主义就是从罗素、摩尔那里继承来的。除了前文所述的感觉论、概念论、真理观等具体的知识论问题展现了金岳霖对罗素实在主义知识论批判地继承，在关于外物问题、关系问题、共相问题等方面，亦是如此。虽然张岱年没有像金岳霖那样直言自己的知识论是实在主义的，但是他多次强调要在坚持马克思主义的同时对罗素哲学和中国传统哲学进行综合创造。因此，我们可以看到张岱年的知识论蕴含了辩证唯物论与实在主义的双重因素。在对待外物问题和共相问题上，张岱年的处理方式基本承袭自罗素。可以说，金岳霖和张岱年正是在对实在主义知识论转化的过程中，构建了各自的知识论体系。

　　实在主义知识论的转化过程，呈现出多方面的意义。其具体表现在：一是促进中国哲学由传统到现代的转化；二是促进中国哲学研究方法的更新；三是促进中国现代知识论研究的全面兴起。就实质意义而言，实在主义知识论的转化过程，就是西方哲学中国化的过程。这个西方哲学中国化的过程，始终面临着如何对待中国传统的本土资源问题，而这体现在变革、融合与制约三个环节上。实在主义知识论在中国的转化过程：一是体现西方哲学对中国传统哲学的变革；二是体现西方哲学与中国哲学的合流；三是体现西方哲学受到中国传统哲学的制约。从宏观层面看，罗素哲学一开始进入中国时，就与中国近现代哲学的古今中西之争紧密相连。

第一节　实在主义知识论转化的成果：
从罗素到金岳霖、张岱年

　　罗素认为，20 世纪以来的世界哲学大致由三个阵营构成：一是德国古典哲学的拥护者，如新康德主义和新黑格尔主义；二是实用主义及柏格森的哲学；三是新实在论。而罗素自称与新实在论比较接近。他认为新实在论的"最主要特质是将分析视作基本方法以及将多元论视作形而上学。……其愈发偏向于使用和深化詹姆士的观点，即构成外在世界的基本原料既非物质的也非心灵的，而是一种更直接、更简单、更原始的事物，物质和心灵皆来源于这种事物"①。罗素吸收了威廉·詹姆士的实在主义观点，强调分析的方法及多元论，进而主张新实在论。罗素自述其哲学思想可以划分为多个时期，但他有一个自始至终都秉承的信念："我始终是急于要发现，有多少东西我们能说是知道，以及知道的确定性或未定性究竟到什么程度。"②这就是说，寻求确定性的知识成为罗素毕生从事哲学工作的主要目的。讨论知识问题必然要涉及世界和实在的问题，罗素在涉及知识论的第一部专著《哲学问题》（1912年）中，首先就提出现象与实在的关系问题，而这也是本体论的问题。纵观罗素哲学，他对知识论与本体论的研究始终是紧密相连的，这里以他的"逻辑原子主义"为例进行说明。

谈罗素的实在主义知识论，应从逻辑原子主义谈起。在罗素看来，他的哲学一般被人们称作一种实在主义，但人们认为他的哲学中时常有与实在主义相矛盾的地方，所以人们批评他的哲学不能一以贯之。罗素不同意这种批评。他认为批评者指出的问题并不涉及哲学的根本性质。他说："我认为哲学中最根本的是逻辑，反映一个学派特点的应当是它的逻辑，而不应当是它的形而上学。"③虽然实在主义是罗素哲学的形而上学（本体论），但他认为只有逻辑才能体现他的哲学的根本性质。所以他认为，与其说他的哲学是实在主义，不如说是逻辑原子主义。一方面，罗素继承英国经验论的传统，认为无数的原子构成了客观世界，而原子之间彼此独立，在本体论上每个原子都是终极实在的。世界并不是一个单一的不可分

---

① Bertrand Russell, *Sceptical Essays*, New York: Routledge, 2004, p.53.
② ［英］罗素：《我的哲学的发展》，温锡增译，商务印书馆1982年版，第3页。
③ ［英］罗素：《逻辑与知识》，苑莉均译，商务印书馆1996年版，第393页。

的实体，而是多元的，这多元论的根据就是彼此独立的实在的原子。另一方面，罗素的逻辑原子主义是在研究数理逻辑基础上提出的，所以他的原子是逻辑的而不是物质的。

罗素认为，逻辑原子的范围比物质原子要广，他说："某些这样的原子就是我称为'殊相'的东西……而还有一些原子是谓词或者关系等。"①罗素的逻辑原子包含有殊相的事物、性质和关系三类东西。罗素为什么要提倡逻辑原子呢？因为在罗素看来，构成真实的外部世界不仅是那些大量的称为殊相的事物，还包括由命题所肯定或否定的事实。事实的事物可通过命题或句子的逻辑分析还原为谓词、关系等逻辑原子。既然逻辑原子是由事实的事物逻辑分析出来的，那么事实从何而来呢？罗素认为"世界包含事实"是一条不证自明的原理。事实属于客观的世界，它是该如何就是如何的东西，它不是由我们的意识创造出来的。维特根斯坦对罗素的这个观点影响颇深。维特根斯坦的《逻辑哲学论》开篇即言："世界是事实而非物的总和。"②然而，作为经验论者，罗素的客观世界既有事实，也包含特殊的事物。罗素说："世界上的事物具有各种特性，并且相互之间具有各种关系。事物具有这些特性和关系，这是事实，而事物及其性质或关系在某种意义上显然是具有这些性质或关系的事实的组成部分。"③在罗素这里，特殊的事物是实在的，由事物及性质或关系构成的事实也是实在的。因为构成它们的终极简单物（ultimate simples）的逻辑原子是实在的。他说："世界是由这些简单之物建立的，而且，这些简单之物具有一种不属于任何其他东西的实在。"④这个简单之物（逻辑原子）是罗素的新实在论中终极的、根本的、不能再分析还原的东西，它就是新实在论的基础。

罗素通过逻辑分析得出逻辑原子是构成世界的终极成分，而逻辑原子

---

① ［英］罗素：《逻辑与知识》，苑莉均译，商务印书馆1996年版，第215—216页。

② ［奥］维特根斯坦：《逻辑哲学论》，韩林合译，商务印书馆2013年版，第5页。

③ ［英］罗素：《逻辑与知识》，苑莉均译，商务印书馆1996年版，第231页。

④ ［英］罗素：《逻辑与知识》，苑莉均译，商务印书馆1996年版，第328页。

总是处在具有性质或关系的事实的多层次结构中的。在事实的多层次结构中，原子事实是最简单、最基本的事实。世界就是各种原子事实的集合，世界的基本结构就是由原子事实构成的。原子事实在罗素这里有特别的含义，比如"这个是黄色""这个在那个上面"等命题所表达的事实，"这个"或"那个"仅指当下看见某物时，这些命题表达的事实才是原子事实，它是一个含有摹状词的存在命题。而类似"苏格拉底是会死的"这样包含专有名称的命题所表达的事实都不是原子事实。罗素关于原子事实的含义，表达了这样一条明确的信息：原子事实所具有的性质或关系，是通过直接认识感觉材料而获得的。通过亲知感觉材料，便能获得原子事实。除了原子事实外，罗素认为还有分子事实、否定事实、普遍事实等，与它们对应的有原子命题、分子命题、否定命题、普遍命题等，这些构成了知识命题。罗素哲学最主要的问题意识是要寻求外在世界确定性的知识，而这可以通过分析知识命题来实现。因为罗素和早期维特根斯坦都认为由命题构成的语言同世界具有相同的结构，通过分析知识命题了解语言结构，从而认识世界的结构。获得外在世界的知识，就是分析有关命题的意义，由此，命题的意义就成为确定性知识的基础和依据。一个命题要有意义就必须能在世界中找到与之相应的对象，命题的意义取决于命题与事实之间的对应关系。这样，命题的意义就被视为连接知识与世界（存在）的中介，认识论与本体论也得以在意义的基础上进行沟通。罗素立足于经验论，认为确认命题与事实之间的对应关系，必须从感觉经验之中获得，并且是从直接认识感觉材料开始的。既然认识世界的原子事实来源于亲知感觉材料，那么认识世界当然是建立在感觉材料的基础上。罗素的逻辑原子和感觉材料是可以等同起来的，逻辑原子是从本体论上讲，而感觉材料是就知识论意义而言的，它们都是构成世界的终极成分。

诚如罗素所言，新实在论的真正特征是以分析为方法和以多元主义为形而上学，而他的逻辑原子主义的逻辑分析方法和逻辑原子理论很好地贯彻了这两个特征。从这个意义上讲，罗素的逻辑原子主义是立足于新实在论立场的。而逻辑原子主义既是讨论本体论的学说，也是研究认识论的哲学。罗素先后主张的逻辑原子主义和中立一元论就蕴含知识论与本体论的双重意味。无论是他先前通过感觉材料推论出实在的客观事物，还是后来通过"事素"这个中立材料逻辑地构造心或物，它们都是试图消除唯心论与唯物论的对立以提倡实在主义，而这个实在主义就是罗素的本体论。正是在这个意义上，罗素的知识论虽然经历多次变化，但我们仍然可称其为实在主义的知识论。罗素来华讲学，使其思想在中国广为传播，罗素的实在主义知识论为金岳霖和张岱年等中国学者所接受。

金岳霖在《知识论》中直言："实在主义也许最能表示本书底主旨。"[①]虽然他认为他的知识论中所持的某些观点可能与实在论者相去甚远，如对"归纳原则""事实"等问题的主张，但其知识论的基本立场是符合实在主义的。从 20 世纪 20 年代开始关注知识论问题直至《知识论》的完成，他所持的实在主义态度并未发生根本改变。而这个实在主义的立场，主要来自罗素和摩尔，他说："我的实在主义是从早期的罗素、穆尔那里来的。"[②] 罗素和摩尔的新实在论对金岳霖的影响很深，但他们的新实在论思想又稍有分别。摩尔的新实在论被称为常识实在论，在他那里，常识是其哲学理论的基础，他提倡常识则始于批判布拉德雷。布拉德雷主张常识认为的一切都只是现象，是靠不住的；而摩尔则走向了布拉德雷的反面，摩尔认为常识被视作实在的事物，它就是实在的，常识提供给我们最基本的信念和经验。例如眼前的这张桌子是实在的，我用手触摸它就能感受到它的硬度，它确确实实存在于那里，每个人都能作出这样的常识的证明。金岳霖接受了摩尔的常识实在论，他的知识论持有常识的态度。他承认常识中有很多观点靠不住，一部分常识的知识可以被放弃，但常识是绝不能被完全推翻的。

---

① 金岳霖：《知识论》，载《金岳霖全集》第 3 卷上，人民出版社 2013 年版，第 23 页。
② 金岳霖：《我追随毛主席接受了革命的哲学——历史唯物主义》，载刘培育主编：《金岳霖的回忆与回忆金岳霖》，四川教育出版社 1995 年版，第 57 页。

在金岳霖看来，科学或哲学的知识应当以常识里的知识为源头，也可以说，"科学知识底最原始的基础，就是另一部分的常识中的知识"①。对常识如此信赖，以至于他提出"本书是就常识中的知识立论"②。从金岳霖的知识论可知，他将"有外物"视作知识论的出发点，而且他对"外物"的独立存在拥有坚定的信念，这种信念就来自常识。早期罗素与摩尔持有相同的常识立场，但后来罗素通过研究数理逻辑，他的哲学重心转向了逻辑原子主义。罗素认为新实在论区别于以往学说的根本特质就在于"以分析作为基本方法和以多元主义作为形而上学"，而他的逻辑原子主义便是提倡逻辑分析方法和多元宇宙论的典型，这对金岳霖产生了较深的影响。罗素的这个方法"主要是运用逻辑手段或技术，对日常语言、哲学问题进行分析和论证"③。金岳霖继承了罗素，我们在《论道》和《知识论》中都能看到他娴熟地使用该方法分析哲学问题。金岳霖首篇哲学论文是《唯物哲学与科学》，这是有关实在主义的文章，它展示了金岳霖对罗素新实在论的推崇。他认为，对科学来说，唯心论与唯物论没有太大区别，它们都无法产生科学。而唯实哲学与科学的联系最密切，他说："从科学本体论看起来，所用的哲学，是唯实哲学。"④科学里时常有不经证明就使用的概念，但对这些概念的分析又是十分必要的，而唯实哲学最能满足科学的概念的要求，因为它是"最能分析、最能条理这种概念的哲学"⑤。金岳霖所推崇的"唯实哲学"，就是罗素的新实在论。

在罗素和摩尔的引领下，金岳霖步入了新实在论的潮流中。我们说金岳霖知识论的立场是实在主义的，还可从他关于外物问题、关系问题及共相（理）问题等方面得到证明。英美新实在论者对外物的独立存在有坚定的信念，金岳霖也持此说。金岳霖从常识出发肯定外物的存在，外物就

①② 金岳霖：《知识论》，载《金岳霖全集》第 3 卷下，人民出版社 2013 年版，第 983 页。
③ 刘培育主编：《金岳霖思想研究》，中国社会科学出版社 2004 年版，第 132 页。
④⑤ 金岳霖：《唯物哲学与科学》，载《金岳霖全集》第 2 卷，人民出版社 2013 年版，第 381 页。

是"有形色状态而又占特殊时空位置"①的存在，像桌、椅、人、动物等，都可称为外物。罗素承认外物是实在的，但他的外物是通过感觉材料推论或逻辑建构出来的，金岳霖对此提出了批评，他认为外在事物不可能从主观的感觉内容推论或建构出来。感觉材料可以是私人的，但外物不是私人的而是公共的、外在的，外物不依赖于人而独立存在。因为外物的独立存在，所以它包含的各种性质是自本自足的而无需人所赋予。独立存在的外物，还能够保存它的同一性，即使在某些性质和关系改变的情况下也是如此，它仍然是那个外物。

对于外物，金岳霖直接承认它有，而不需要推论或建构出来。他不认可罗素在"逻辑原子主义"中推论外物的存在的方式，因为感觉内容是在内的，而外物是在外的，要想从内在的感觉内容推论出外在的独立的外物是做不到的，罗素在这方面的尝试失败了。同时，他也不认可罗素在"中立一元论"中通过逻辑建构的方式来建立外物。金岳霖说："建立是以定义的方式产生所要的东西。"②建立外物就是通过定义命题来建构外物的存在，它首先涉及建构的工具和材料。建立的工具是逻辑，而建立的材料是命题、公设等，通过建立确实能够获得关于外物的定义，却不能获得独立实在的外物，建立没有增加任何外部实在的东西，这是罗素的逻辑建构所面临的问题。所以，金岳霖从常识立场直接承认有独立存在的外物，这样很好地解决了罗素知识论的棘手难题，而实在的外物也成为他的知识论的出发点。

在关系问题上，金岳霖吸收了罗素的新实在论，注重外在关系说。他与罗素一道，首先从批判布拉德雷的"内在关系说"谈起。布拉德雷继承黑格尔的绝对一元论，认为世界是一元的，因此所有的关系都是内在的。两项间的所有关系基本呈现的是两项各自的内在属性，而两项从根本上又

---

① 金岳霖：《知识论》，载《金岳霖全集》第3卷上，人民出版社2013年版，第70页。
② 金岳霖：《知识论》，载《金岳霖全集》第3卷上，人民出版社2013年版，第79页。

属于一元论的那个总体的属性。罗素与摩尔反叛新黑格尔主义，就是以多元论的外在关系说反对一元论的内在关系说。金岳霖继承了这个新实在论的传统，在《内在关系和外在关系》一文及《知识论》的第三章，详细论述了他的主张。在知识论上，金岳霖从两个方面反驳了内在关系说。首先，知识也是一种关系，包括知识者及知识对象，如果按照内在关系说的理论，所有关系都是内在的，知识关系也是内在的，那么任何一项关系者的改变都会引起与之相对的关系者的变化。在知识关系中，如果知识关系发生变化，知识对象也会发生变化，此时的知识对象就不同于它本来的面目，这样就根本无法认识到本来的对象。其次，如果所有关系都是内在的，那么其中某个体与其他所有个体的关系都是内在的，要了解其中某个体，就不得不认识所有的关系。也就是说，要认识其中某个体就得认识整个宇宙，但认识整个宇宙在现实上是无法达到的，如此其中某个体也就无法认识了。因此，内在关系说导致认识行为成为不可能的事情，这也导致了知识不可能产生。金岳霖还通过论证六个逻辑命题的方式①，证明不是所有的关系都是内在关系，除内在关系外也有外在关系。而且，在认识关系中，官觉者与外物主要是外在的关系，这保证了在官能活动中所得的呈现是客观的，也使得知识具有了客观性。

在共相（理）问题上，金岳霖继承了新实在论的观点，认为共相是实在的，但他比西方新实在论者更好地解决了共相与个体问题。金岳霖的共相理论较多地吸收了罗素的共相论。罗素在《哲学问题》中对共相观念着墨甚多，他接续柏拉图主义的共相理论，主张共相的实在性。在罗素那里，共相的世界与存在的世界截然不同，共相的世界是实在的、超时间的、永恒的、严格的、确切的，而存在着的世界则是瞬息万变、朦胧含混、界限不明、杂乱无序。虽然罗素更喜欢共相的世界，但他认为两个世

---

① 对于六个逻辑命题的详细论证过程，可以参见金岳霖：《知识论》，载《金岳霖全集》第3卷上，人民出版社2013年版，第174—175页。

界同等重要，并且两个世界都是实在的。罗素对两个世界的关系没有进行讨论，而只将存在的世界比作共相世界的"淡淡的影子"。金岳霖区分两个世界，但他详细讨论了共相与个体的关系。金岳霖说"共相是个体化的可能"[①]，他将罗素"实在"与"存在"的区别运用到共相与个体的讨论中，共相是普遍的、超时空的，个体是具体的、占据特殊时空的，共相寓于个体之中。没有共相，个体就不会有性质或关系；没有个体，共相无所依归，共相与个体不可须臾分离。在金岳霖看来，共相是实在的，共相与共相之间的联系是普遍的，强调共相关联的普遍性，也即承认外在世界的固有规律和联系，这样的世界是可认识的、可规律与摹状的。在注重外物的实在、关系的实在、共相的实在等方面，都展现出金岳霖知识论的实在主义立场。

张岱年没有像金岳霖那样直言自己的知识论是实在主义的，他多次强调其哲学的综合创造就是要在坚持马克思主义的同时，将罗素哲学与中国传统哲学相结合，所以他的哲学体系也以引用这三方面的理论资源为主。有不少学者[②]认为张岱年的认识论立场是辩证唯物论的，其理论依据是张岱年在多篇有关知识论的文章中都涉及辩证唯物论，尤其是《辩证唯物论的知识论》这篇文章，张岱年将辩证唯物论的知识论通过提纲挈领的方式进行了说明，他表现出的辩证唯物论的立场是明显的。所以，将张岱年的知识论立场归为辩证唯物论并没有错。但是，与其说张岱年知识论的立场是辩证唯物论的，不如说是新实在论的。因为展现张岱年的知识论思想的核心著作《知实论》与《事理论》，蕴含的新实在论特征十分明显。关于外在世界的独立存在，是辩证唯物论和新实在论都承认的，也是二者的相似之处。但他们的不同之处在于，多数辩证唯物论者对证明外在世界的实

---

① 金岳霖：《论道》，载《金岳霖全集》第 2 卷，人民出版社 2013 年版，第 87 页。

② 范学德认为张岱年的认识论是辩证唯物论的，因为他《论外界的实在》《知实论》是通过分析感觉论证外在世界的实在，它要解决的是唯物论的反映论的根本基础问题。见范学德：《综合与创新——论张岱年的哲学思想》，教育科学出版社 1989 年版，第 15—20 页。刘军平认为："张岱年唯物论的哲学思想在《知实论》和《事理论》中得到进一步体现。"见刘军平：《传统的守望者——张岱年哲学思想研究》，人民出版社 2007 年版，第 185 页。

在问题是通过举例的方式来完成的，列举自然和社会领域中大量实例来说明外在世界的实在；新实在论者，一般从分析感觉入手，通过推论或逻辑构造的方式证明外在世界的实在。张岱年所使用的就是后一种方式，从分析感觉现象着手，从逻辑上证明外界的实在，而这基本承袭自罗素。

这里说张岱年的知识论是实在主义的，主要理由就是张岱年对外在世界的实在的证明与罗素在《哲学问题》中的证明如出一辙。对于外在世界的实在，罗素没有直接承认它，而是由它所呈现的感觉材料说起。他以一张桌子为例。首先，无论我们是否观察到桌子，桌子一直存在着。其次，每个人感觉到的桌子的颜色、硬度、声音不尽相同，我们直接认知到的这些感觉是否就是实在的桌子呢？当然不是。罗素认为，感官所呈现给我们的只不过是现象，而在现象背后定有一个实在的桌子，它是造成这些不同的感觉材料的原因，它是真实的独立存在的。罗素对贝克莱认为实在的桌子并不独立于人的心灵而存在的观点提出了批评。在罗素这里，实在的桌子是由感觉材料推论出来的，是独立的、客观的。张岱年在《论外界的实在》这篇文章中，也以桌子为例。他首先批评了贝克莱的观点，认为我们感觉到的桌子并不随心灵的变动而变化。桌子不论是否被我们观察到，它都存在于那里。此外，我们所能感觉到的只能是桌子的颜色、形状等，对于桌子的内在性质并不能感觉，但我们也不能否认桌子的存在，因为没有独立存在的桌子，我们就不能感觉到桌子的颜色、形状等。只有承认桌子的存在，承认外物的独立存在，这样当我们没有感知桌子或外物时，它仍然会继续存在于其所在的地方。除了由感觉材料推论出外物的实在，张岱年还以类推的方式论证外物的实在。我们通过自我意识认识到自身的实在，而我们也能意识到他人与我们相似，由他人与我们相似推论出他人的实在。他说："我如承认我身之实在，则不得不承认他人身体之实在，亦即不得不承认外物之实在。"① 他通过感觉材料的推论、自身的推论等方式，

---

① 张岱年:《论外界的实在》，载《张岱年全集》第 1 卷，河北人民出版社 1996 年版，第 146 页。

证明外在世界的独立实在。张岱年的论证方式和结论，都与罗素十分相似，他在《知实论》中也延续了这种相似性。所以，从这个意义上说，以实在主义来说张岱年的知识论是较为恰当的。

在共相（理）问题上，张岱年批判地继承了新实在论的观点。他承认共相的实在，但否认共相的独立存在。张岱年认为："（一）我觉得理是实有的，外界有理，共相是外界本来有的，不因我们的认识而始存在。……（二）我觉得外界虽有理，但无独立自存之理，理依附于个别的事物，并没有理的世界，理只在事物的世界中。"[①] 张岱年明确提出他与新实在论的区别，他虽然承认有不依存于主体认识的实在的"理"，然而并没有自存的"理"，"理"总是依附于个别的事物，实在的"理"世界也只能出现在个别事物的世界之中。不过在探讨"理"的问题上，张岱年首先使用的是逻辑分析方法，他对"理"的概念进行了精密的分析，指出"理"至少包含五种含义（这五种含义包括形式、规律、秩序、所以然及所当然）。[②] 对"理"的实在的问题，张岱年从批评唯心论关于"理"的看法入手。一种唯心论认为，"理"不是外在世界具有的，而是通过人的心灵的先验形式显示出来的，外在世界的"理"只是心灵的先验形式投射到外物上的，所以"理"不是实在的。另一种唯心论认为，外在世界虽然有"理"，但不能为我们所知，关于"理"的概念和普遍命题只不过是运用理性推理而来的，实质上也是心灵的先验形式导致的。张岱年对这两种唯心论都作了批判。他认为根本无所谓心灵的先验形式，"理"的发现是通过对外在世界的精密分析得到的，而不是运用理性推理的结果。张岱年对"理"的探讨，主要集中在"理"与个体的关系上。他认为，在"理"的形式、规律与秩序的三重意义下，谈没有个体而先有个体之理是不可能的，大多数的"理"随个体的生灭而生灭，大多数的"理"没有永恒性。但是，他也承

---

① 　张岱年：《谭"理"》，载《张岱年全集》第 1 卷，河北人民出版社 1996 年版，第 98 页。
② 　张岱年认为中国传统哲学中的"理"至少应该包含这五种意思。

认有少数永恒的"理",如对立统一规律和矛盾发展规律。他以"根本的"和"非根本的"来区分永恒的"理"和有生灭的"理"。但无论是根本的还是非根本的,它们都不能独立存在,永恒的"理"也只是因为其所依存的个体是一直存在的。因为"理"不能脱离于个体,所以张岱年认为在具体的世界之外,不需要有共相或理的世界。对新实在论者主张共相的超时空性,张岱年也给予否定。共相不像个体事物在特定的时空中,它是不限于特定的时空,而不是在时空之外。在共相问题上,张岱年立足于新实在论而又逸出新实在论的范围,倾向于辩证唯物论。

总体而言,不论是提倡逻辑分析方法还是主张外在世界的实在,张岱年的知识论显然更倾向于新实在论的立场,与罗素的知识论有较近的亲缘关系。以金岳霖和张岱年为代表的中国现代哲学家,他们的知识论受罗素实在主义知识论影响颇深。在研究知识论的方法问题上,他们继承新实在论的分析方法,提倡运用逻辑分析方法来研究知识论;在涉及知识论的核心问题——感觉论、概念论及真理观时,其对新实在论既有继承也有批判。可以说,金岳霖和张岱年都展现了将实在主义的知识论中国化的趋势。

第二节　实在主义知识论转化的意义

金岳霖和张岱年通过批判地继承罗素哲学来构建知识论的过程,正是实在主义知识论的转化过程。而引进和借鉴西方哲学是使中国哲学从传统走向现代的一种快捷方式。实在主义知识论的转化过程也就是中国哲学在面对西方哲学的刺激和挑战时,从中国哲学的立场所作的尝试和回应。因此,这个转化过程是有其积极意义的。

首先,促进了中国哲学由传统到现代的转化。金岳霖和张岱年通过吸收罗素及其他知识论的思想,分别构建了知识论体系,这很好地弥补了中国传统哲学的欠缺之处。在张东荪、熊十力、金岳霖、贺麟等诸多学者看来，相较于西方哲学，中国传统哲学主要特点之一是较少讨论知识论问题，所以他们都努力尝试在中国哲学中发展和讨论知识论问题。张东荪主要以康德哲学为基础，并融合新黑格尔主义、逻辑经验主义等各家学说，形成了"多元认识论"，可以说初步构建了认识论体系。金岳霖和张岱年将实在主义知识论转化到中国哲学中，金岳霖的《知识论》和张岱年的《知实论》的相继完成，意味着知识论成为中国哲学独立的研究领域。而这与中国传统哲学只将知识作为实现道德理想的手段不同。金岳霖和张岱年将西方哲学的知识论移植到中国传统哲学的土壤，并使之生根发芽，使中国传统哲学得以转化和发展。

其次，促进了中国哲学研究方法的更新。在金岳霖、张岱年那里，逻辑分析方法构成了他们从事哲学研究的基本方法，而这得益于他们所吸收的罗素哲学。一般而言，中国传统哲学并不缺乏深邃的哲学理论，但与西方哲学相比，中国哲学往往注重个人直觉而忽视逻辑推理、注重体悟意会而忽视概念辨析，所以在传统中国也难以产生像西方那样逻辑严密和概念清晰的哲学体系。学习西方哲学中的逻辑和方法论，并不是隔靴搔痒地对中国传统哲学进行改革，而是对其釜底抽薪。引入西方逻辑和方法论后，中国近现代哲学家开始自觉地运用新方法来梳理传统哲学问题、辨析传统哲学概念，并由此构建精密的理论体系。而其中对中国哲学产生较大影响的，就是罗素所提倡的逻辑分析方法，诚如冯友兰所言："就我所能看出的而论，西方哲学对中国哲学的永久性贡献，是逻辑分析方法。"[①] 正是在吸收和使用逻辑分析方法的基础上，金岳霖和张岱年都构建起了各自的哲学体系。

最后，促进中国现代知识论研究的全面兴起。实在主义知识论的转化，使中国现代哲学家开始全面系统地研究知识论，包括感觉论（认识的

---

① 冯友兰：《中国哲学简史》，载《三松堂全集》第 6 卷，河南人民出版社 2001 年版，第 277 页。

产生）、概念论（认识的范围与限度）、真理观（认识的目标）等具体问题。例如对认识的产生问题，许多中国哲学家会持不同的主张，有强调认识来源于经验，也有强调认识是先验的，更有认为认识是经验和先验的综合。在现代中国哲学中，对知识论诸多具体问题的讨论已经开始同现代西方哲学接轨。当然，中国现代哲学中关于知识论的讨论并不局限在具体的问题上，西方哲学中的多种知识论也被引入现代中国哲学的视域中，如笛卡尔的认识论、莱布尼茨的认识论、休谟的认识论、康德的认识论、逻辑经验主义的认识论，等等，而实在主义知识论只是中国现代哲学的知识论研究中的一种。实在主义知识论与其他诸多知识论合力推进了知识论在中国现代哲学中的全面兴起。

从实质意义上讲，实在主义知识论的转化过程，就是西方哲学中国化的过程。"西方哲学中国化是指它们在中国取得了新的理论形态，有着与其在西方不尽相同的面貌。"① 金岳霖和张岱年并未照搬罗素知识论的原貌，而是在批判地继承罗素哲学的基础上，分别构建了知识论体系。因此，金岳霖和张岱年所做的工作，就是使实在主义知识论中国化。实在主义知识论的中国化，意味着它已经不同于原汁原味的西方哲学中的实在主义知识论，按金岳霖的话说，它是"中国的哲学"，并非"哲学在中国"。作为"中国的哲学"的实在主义知识论，它展示了金岳霖和张岱年在分别构建知识论体系时的理论创造。实在主义知识论之所以能够转化到中国，是因为包括"道""理"等在内的中国传统哲学的概念、理论为其提供了肥沃的土壤。因此，实在主义知识论的转化过程，也时常面临怎样吸收对待本土资源的问题，而这体现在变革、融合与制约三个环节上。

首先从变革环节来说。中国传统哲学中的认识论意识薄弱，或者说中国传统哲学没有发展出类似西方哲学的认识论传统，这就意味着实在主义知识论的转化过程，就是在变革传统的中国哲学，并为其注入新鲜血液的

---

① 陈卫平：《西方哲学的中国化与当代中国哲学的建构》，《学术月刊》2004 年第 7 期。

过程。所以，变革就成为实在主义知识论转化到中国的第一环节。只有在变革中国传统哲学的过程中，实在主义知识论的转化才能凸显其价值和影响。如果没有变革，那么金岳霖和张岱年就不可能通过吸收罗素哲学来构建各自的知识论体系。从这一方面而言，变革是必要的。当然，变革也是可能的，这种可能性来自中国传统哲学的土壤。中国传统哲学的认识论意识薄弱，但这并不是说中国传统哲学中没有认识论问题。张岱年在《中国哲学大纲》中，梳理了中国传统哲学中的认识论问题，考察了中国传统哲学对认识的来源与性质、认识的可能与限度、真理的标准等具体问题的看法。这明确表示中国传统哲学已经讨论了认识论问题，同时意味着中国传统哲学有接受和理解西方哲学的认识论的土壤。有了接受和理解认识论的土壤，也就有了用实在主义知识论变革中国传统哲学中的认识论的可能。可以说，实在主义知识论在中国的转化过程，总是与变革中国传统哲学中的认识论紧密相连的。

其次从融合环节来说。金岳霖和张岱年将实在主义知识论转化到中国传统哲学的土壤中，就是在将西方的知识论与中国传统哲学相融合。有学者认为，金岳霖和张岱年的知识论基本就是西方知识论在中国的翻版，金岳霖的《知识论》更像是一位中国哲学家在讨论西方哲学的知识论问题，张岱年的《知实论》则是罗素知识论的再现。然而，从感觉论、概念论、真理观等几个部分的剖析论证，可以明确说，金岳霖和张岱年的知识论都是融合了中西两种哲学传统的结果。比如在概念论的问题上，概念论的前提是承认有实在的共相。而金岳霖和张岱年各自的共相，既包含了新实在论中的"共相"成分，又有宋明理学中的"理"的因素。张岱年认为中国传统哲学"理"的概念，拥有西方哲学中共相、秩序、规律、形式等概念的内涵。在哲学概念上的相互阐发，成为中西哲学融合的重要内容。金岳霖和张岱年在这方面做了大量工作，他们使得中国传统哲学的许多概念具有了西方哲学概念的明确含义，同时也使西方哲学的许多概念具有了中国味道。所以说，实在主义知识论的转化，其实就是中西哲学的融合过程。

最后从制约环节来说。无论是通过实在主义知识论对中国传统哲学进行变革，还是将实在主义知识论与中国传统哲学进行融合，都需要以理解实在主义知识论为前提。而理解又总是在主体已有概念思维的基础上才能实现。金岳霖曾说过，他虽然对中国传统哲学研究不深，但他一直生活在这传统之中，他的哲学研究总是要以传统为依托的。例如，金岳霖认为罗素构建知识论失败的一个重要原因是没有统摄一切的玄学（形而上学），所以为了避免罗素遇到的困难，金岳霖在构建知识论体系之前先写了《论道》。但金岳霖并没有沿袭西方传统的形而上学，而是继承了中国哲学中的"道"，他认为"道"是"最崇高的概念，最基本的原动力"[1]。以"道"的形而上学为知识论的前提，这样的知识论也就有了根基。由此可见，金岳霖对于实在主义知识论的转化，借助了以往中国哲学的理论资源。在理解罗素实在主义知识论的过程里，金岳霖和张岱年都有意或无意将中国传统哲学的思想和概念融入其中，并将实在主义知识论转化到中国，从而分别构建起知识论体系。所以，中国传统哲学的制约作用，也成为新实在论转化到中国的第三个环节。

当然，罗素哲学对中国近现代哲学的影响是多方面的，而实在主义知识论的转化只是其中的一个主要部分。如第一章中所言，罗素哲学的引入，一开始与中国近现代哲学的古今中西之争紧密相连。罗素哲学涉及古今中西之争的历史观、认识论及逻辑与方法论等问题。这里主要是围绕认识论问题展开的，而历史观问题、逻辑与方法论问题还有待于进一步的研究。无论如何，罗素哲学在中国的传播，构成了中国近现代哲学变革过程中一个不可或缺的环节，而实在主义知识论的转化正体现了这一点。从认识论方面来说，罗素哲学在中国近现代哲学史的发展历程中理应占有一席之地。

---

[1]　金岳霖：《论道》，载《金岳霖全集》第2卷，人民出版社2013年版，第20页。

附录一
罗素思想在上海的传播及其影响[*]

　　1920年10月12日，世界著名哲学家罗素应尚志学会、北京大学、新学会、中国公学等机构邀请，乘"波多"号轮船抵达上海，开始了为期近一年的中国之行。罗素访华及其讲学活动，引发了新文化运动中知识分子多次思想交锋与论辩，如"科玄论战""社会主义的论战"等，给中国思想界带来了深远影响。罗素在中国能够受到持续的关注，一方面是由于他本人的讲学活动及其崇拜者的推广，另一方面是由于大量报刊的宣传报道，使其思想得以大范围传播。上海作为中国新思想的前沿阵地，对传播世界著名哲学家的思想不遗余力。当时在上海颇具影响力的《申报》《时事新报》《民国日报·觉悟》《东方杂志》《民铎》《新青年》等报刊，对罗素思想及其在华演讲进行了长时间、大规模的报道和评论。某些专门类别的期刊，援引罗素的观点来宣传自己的主张。例如：《妇女杂志》《家庭研究（上海）》等引用罗素的婚姻观来批判旧中国的婚姻制度；《上海教育界》《中华教育界》等引用罗素的教育观来提倡中国的新式教育；《学生》《学艺杂志（上海1917）》引用罗素的物理科学思想来传播现代科学知识。经过诸多报刊的报道，罗素的思想在上海得到了广泛传播。

　　就罗素思想接受史的研究而言，现有研究侧重罗素对中国思想界的整体影响或某些中国哲学家、思想家的个人影响，鲜有对罗素思想在上海的传播和影响的专门研究。冯崇义以翔实可靠的史料，介绍了罗素及其基本

---

[*]　本文原发表于《上海文化》2018年第10期。

思想、罗素在华行程及其演讲内容，围绕《中国问题》分析了罗素的中国观，并考察了罗素对中国的影响。[1] 丁子江阐释了罗素的访华语境、罗素的中国情结、罗素与中国各类知识分子之间的联系、罗素在华演讲及其影响，全方位展现了罗素与中华文化之间的关联。[2] 关于"罗素在上海"的研究，此前历史学者和文学研究者已有涉及。熊月之、高俊从历史叙事的角度，详述了罗素的上海之行；[3] 徐茂昌从文学纪实的角度，专章论述了罗素在上海的经历。[4] 要扩充和深化"罗素在上海"的研究，仅仅依赖于历史叙事或文学纪实还不够，仍需从思想关联的角度来阐释罗素对上海思想界的影响。这既是深化"罗素在上海"研究的内在要求，也是研究"罗素在中国"的必要补充。具体而言，罗素思想的传播引起了上海思想界的哪些变动？这些变动又造成了何种后果？回答这两个问题，就是从思想关联的角度对"罗素在上海"研究的一种尝试。以民国时期在上海发行的报刊为切入点，通过考察它们对罗素的相关记载和报道，可以直观、立体地感受罗素在上海的真实境况，分析罗素思想对上海及中国思想界的影响。

一、全面宣传

自罗素答应梁启超的演讲邀请后，上海的报刊就不停地对罗素及其思想进行报道和介绍。这些报刊包括《申报》《东方杂志》《解放与改造》《新青年》等等，涉及罗素思想的诸多方面，包括他的哲学、政治、伦理、物理、教育等。

---

[1] 冯崇义：《罗素与中国：西方思想在中国的一次经历》，生活·读书·新知三联书店 1994 年版。
[2] 丁子江：《罗素与中国文化》，北京大学出版社 2015 年版。
[3] 熊月之、高俊：《上海的英国文化地图》，上海锦绣文章出版社 2011 年版，第 24—27 页。
[4] 徐茂昌：《海上洋人：百年时光里的碎影》，上海书店出版社 2017 年版，第 449—462 页。

当时上海颇具影响力的《申报》，^①最先对罗素及其学说进行介绍。1920 年 7 月 11 日，《申报》报道了罗素即将访华的消息，并对罗素的思想和重要著作进行了介绍，如《数学原理》《哲学问题》《哲学中之科学方法》《社会改造原理》等，并称罗素为"近代全球四大哲学家之一"。^②《申报》在 1920 年 9 月 1 日报道了罗素将抵达上海的消息，还报道了邀请罗素的机构、具体到沪时间、详细接待安排等。^③从 9 月 7 日到 10 月 7 日，《申报》连续为罗素的《社会改造原理》《政治理想》等书做广告，介绍书的核心内容，宣传推广罗素的思想。10 月 13 日，在罗素安全抵达上海的第二天，《申报》对罗素的个人情况进行了详细介绍，包括罗素的思想主张、思想转变的过程、个人经历的重大事件等；同时详尽地列举出罗素的 16 本重要著作，包括中英文书名、著书时间。^④罗素在上海停留的近一周时间里，《申报》对罗素在沪的活动进行了持续跟踪报道，同时将罗素在各处的演讲内容及时公之于众。

作为当时上海乃至全国首屈一指的期刊，《东方杂志》曾广泛宣传罗素及其思想。张申府在 1920 年 9 月下旬出版的《东方杂志》上发表《志罗素》一文，对罗素的生平和思想进行了多层次阐发。在《志罗素》中，他对罗素极为推崇，将罗素称为"现代世界至极伟大的数理哲学家"，对"数理哲学""逻辑解析法""外在关系说""社会改造原理"和自由学说等罗素的核心理论，都有所介绍。他还制作了当时能搜罗到的罗素所有著作的目录。^⑤1920 年至 1948 年间，《东方杂志》陆续发表了罗素的哲学、社会改造、伦理、教育、物理等方面的学说，对罗素思想在上海的传播起到

---

① 1920 年和 1921 年，《申报》的日发行量分别达 3 万份和 4.5 万份，与《新闻报》并驾齐驱，成为当时上海发行量最多、影响力最大的两份报纸，《申报》"以官府政界人士及知识分子为主要读者对象"。参见马光仁：《上海新闻史》，复旦大学出版社 1996 年版，第 548—553 页。

② 《大哲学家罗素将来北大讲学》，《申报》1920 年 7 月 11 日。

③ 《英国哲学家罗素氏将到沪》，《申报》1920 年 9 月 1 日。

④ 《大哲学家罗素氏抵沪》，《申报》1920 年 10 月 13 日。

⑤ 张崧年：《志罗素》，《东方杂志》1920 年第 17 卷第 18 号。

了重要作用。

作为研究系的政论性刊物,《解放与改造》杂志也宣传过罗素的许多理论。在1919年出版的创刊号上,张东荪写了长篇书评《罗塞尔的(政治理想)》,对罗素的政治哲学展开了深入的评论。1920年,罗素初到上海时,《解放与改造》在第3卷第2期连续发表三篇"罗素介绍"的文章,对罗素的政治和社会思想作了详细介绍。从1919年创刊到1922年停刊,该杂志对罗素的"基尔特主义"、社会改造原理、自由主义、国家学说等都进行了专门论述。

新文化运动的核心刊物《新青年》,对罗素思想的引介同样功不可没。1920年上半年出版的第7卷第4、5期,刊登了张申府、高一涵、王星拱等介绍罗素社会哲学、科学哲学的文章。在罗素抵沪前后,《新青年》第8卷第2、3期几乎以专刊的形式,刊登了关于罗素的十几篇文章,这些文章的内容涵盖了罗素的主要思想,包括逻辑学、科学哲学、政治哲学等。此后,《新青年》也登载过袁振英等批评罗素的文章。以"阐扬平民精神,介绍现代最新思潮"为主旨的《民铎》杂志,于罗素访华之际,在1920年第2卷第3期花了大量篇幅介绍罗素的著作和思想。从1920年开始直到1931年停刊,《民铎》杂志几乎每年都会发表关于罗素的文章,主题包括科学哲学、逻辑学、政治哲学、婚姻观、教育观等。

从以上几份影响力较大的报刊对罗素报道的时间跨度和内容范围,足见当时上海新闻媒体和思想界对罗素访华的重视。当然,在上海宣传罗素的报刊远不止这些,像《兴华报》《学生(杂志)》《妇女杂志》等皆不同程度地介绍过罗素的思想。而《申报》更不必说,它的受众包含各个阶层的群体。像梁启超、蔡元培、胡适、胡愈之、李大钊、陈独秀、杜亚泉、张东荪、钱玄同、张崧年、高一涵、张君劢等,这些在上海思想界耳熟能详的名字,经常是《东方杂志》《解放与改造》《新青年》《民铎》等杂志的作者。经过报刊持久广泛的宣传,上海思想界热切期盼罗素的到来,希望他能为"中国向何处去"的时代问题提供解决方案。

二、两次风波

当罗素到达上海后，上海思想界的热情彻底被点燃，人们非常希望从罗素那里获得与自己相关的思想资源，这可从当时的新闻报道和罗素本人的回忆中得到印证。1920 年 10 月 13 日，百余位各界人士出席了罗素的欢迎宴会，包括徐季龙、陈独秀、沈信卿、薛思培、康伯、赵元任、徐维荣、谢福生、张东荪、张伯初等。[①]10 月 16 日，"教育之效能"的演讲听众达到六七百人。[②]罗素回忆道："在上海时，我们是在同不计其数的人的会见中度过的。"[③]可想而知，当时上海思想界对罗素的到访满怀期待。虽然罗素在上海停留不到一星期，但他日后的行程和讲学内容始终在第一时间发表在上海多家报刊上。为了便于理解罗素对上海思想界产生的影响，这里以罗素对中国思想界产生重要影响的几大问题或领域为经，以报刊报道有关罗素的内容为纬，顺次开展"罗素在上海"的讨论。

（一）罗素"中国观"与"保存国粹"的争论

1920 年 10 月 13 日晚，罗素在"七团体"的欢迎晚宴上作了简短的演讲，10 月 14 日《申报》刊登了罗素演讲内容，新闻的副标题是《罗博士言中国宜保存固有国粹》。报道后不久，此文便遭到一些知识分子的诘难。周作人在《晨报》上发表了《罗素与国粹》一文，直接点名批评罗素的观点，他认为罗素劝中国人要保存国粹，这是很要不得的，因为中国传统的坏处远比好处多，中国人又特别容易自大。[④]在同一期《晨

---

① 《各团体欢迎罗素博士纪》，《申报》1920 年 10 月 14 日。

② 《三团体公请罗素演讲纪》，《申报》1920 年 10 月 17 日。

③ ［英］罗素：《罗素自传》第 2 卷，陈启伟译，商务印书馆 2015 年版，第 191 页。

④ 仲密：《罗素与国粹》，《晨报副刊》1920 年 10 月 19 日。

报》上，还刊登了支持罗素观点的文章《改造社会与保存国粹》，与周作人针锋相对。该文认为保存国粹与改造社会并不矛盾，中国人不仅应该保存本国国粹，还应保存他国国粹，这一道理也适用于其他的国家。对罗素的质疑传播开来后，当时仍在上海会见罗素的张申府立即致信给《时事新报》，认为《申报》断章取义，报道的内容与罗素原意相去甚远。罗素的意思是要国人有创造的精神，应警惕西方近代资本主义造成的不良后果，像中国传统艺术一类的好东西应当保留，而以"保存国粹"归纳罗素的演讲，极容易误导大众。[1] 张申府的辩解暂时平息了由罗素关于中国问题的看法所引起的争论，但罗素对中国问题的态度在许多中国知识分子心中留下了不好的印象，尤其是主张激烈革新传统文化的知识分子。当然，眼光犀利的罗素显然看到了中国思想界的反应，他在《申报》上发表了《罗素对于中国之第一感想》一文，旨在消除人们对他的"中国观"的误解。罗素重申：中国要富强，对西方的科学技术、民主制度、教育方法等应有所吸收，但也要避免西方现代化过程的弊端，例如大规模战争；中国对自己优秀的传统文化应当有所保留和传承，如中国古典艺术。[2] 尽管罗素、张申府等都努力向世人澄清误会，但是对罗素思想的误读总是存在，尤其是在多种思潮交汇下的新文化运动时期，人们往往依据自身的需要来解读名家的思想。

（二）罗素社会改造学说与"关于社会主义的讨论"

罗素在上海的第一次演讲，已经引起了一些知识分子的不满，而他在长沙关于"布尔什维克与世界政治"的演讲内容传到上海后，直接引发了著名的"社会主义"论战。陈独秀把这次论战的13篇文章汇集成"关于社会主义的讨论"，以专刊形式登载在1920年12月出版的《新青年》

---

[1]　皓明：《国人对罗素的误解》，《晨报》1920年10月20日。皓明即张申府的笔名。
[2]　《罗素对于中国之第一感想》，《申报》1920年12月3日。

第 8 卷第 4 号上；张东荪也将梁启超、费觉天、蓝公武等与他观点相似的论战文章结集成"社会主义研究"，刊发在 1921 年 2 月第 3 卷第 6 号的《改造》上。此次论战的导火索是张东荪发表的《由内地旅行而得之又一教训》一文。张东荪陪罗素在湖南演讲后返回上海，于 11 月 5 日在《时事新报》上发表此文，大致意思是他陪同罗素参观内陆之后，发现"中国的唯一病症就是贫乏，中国真穷到极点了"，根本"没有谈论什么主义的资格，没有采取什么主义的余地"。张东荪援引罗素的观点，认为只有在中国发展实业、增加"富力"才是解决落后局面的根本之道。① 对张东荪所说的这个"教训"，陈望道和江春立即给予回击。陈望道在 11 月 7 日的《民国日报·觉悟》上发表《评东荪君底"又一教训"》，直接驳斥张东荪的观点。在陈望道看来，张东荪在《我们为什么讲社会主义》一文中表达的观点和态度是正确的，然而在内陆旅行一番后，鼓吹的观点却成了"开发实业"、走资本主义道路，这显然是违背了不久前的主张，抛弃了"'改造人的全体生活'的'社会主义'"②。江春在同期的《民国日报·觉悟》发表《张东荪现原形》一文，毫无顾忌地批评张东荪。他先贬损了张东荪一番，然后抓住张东荪提出的"人的生活"观点进行批判。③11月 8 日，邵力子也在《民国日报·觉悟》上发表文章，批评张东荪，质问他谈社会主义与发展实业是否不可兼容、"人的生活"究竟如何解释。④张东荪不甘示弱，他发表《大家须切记罗素先生给我们的忠告》，对陈望道、江春等进行回击。经过几番论战后，陈独秀终于忍不住了，分别致信罗素和张东荪，让他们直陈在中国施行社会主义的态度。在给罗素的信中，陈独秀想让罗素声明在中国"不必提倡社会主义"是不是罗素本人的

① 张东荪：《由内地旅行而得之又一教训》，《时事新报》1920 年 11 月 5 日。
② 陈望道：《评东荪君底"又一教训"》，《民国日报·觉悟》1920 年 11 月 7 日。
③ 江春：《张东荪现原形》，《民国日报·觉悟》1920 年 11 月 7 日。
④ 邵力子：《再评东荪君底"又一教训"》，《民国日报·觉悟》1920 年 11 月 8 日。

观点。① 从现存文献中，未找到罗素的答复。陈独秀与张东荪对中国是否实行社会主义的观点，进行了几个回合的辩论，然而陈对张的回答始终很不满意。经过这次论战，张东荪渐渐远离了社会主义阵营，而他在《改造》上刊发的《现在与将来》，更像是与社会主义者决裂的宣言书。他在文中仍然援引罗素的观点，认为当时在中国强行实行社会主义必然不会有好结果，应当首先"发展实业"和创办教育，他在文末特别强调："以上所称的我们，乃是告趋向于社会主义者。至于我个人，此后拟专研究哲学。"②

　　虽然支持社会主义者的矛头直指张东荪，但他们实质上是对罗素不满。罗素在长沙关于"布尔什维克与世界政治"的四次演讲，分别刊登在 1920 年 11 月 3、7、8、9 日的《民国日报·觉悟》上。从报道的内容来看，罗素基本认为当时苏俄实行的社会主义失败了（这是第三次演讲的主题），在第四次演讲中，罗素分析了如何才能实现共产主义，他得出的结论是：只有在工业发达的情况下，共产主义才有实现的可能，例如美国。而中国还是落后的农业国，根本不具备实现共产主义的条件，中国不应该"以俄为师"，应当走"科学的共产主义"。③ 罗素的演讲，对那些支持俄国十月革命的中国共产主义者来说，无疑是晴天霹雳。他们本希望能从罗素那里获得在中国实行社会主义的强有力支持，未曾想罗素给他们浇了一盆冷水。尔后，袁振英连续发表《批评罗素论苏维埃俄罗斯》与《罗素——一个失望的游客》，表达对罗素的失望之感。④ 其他对罗素的批评也陆续见诸报端。从此以后，许多中国社会主义者与罗素分道扬镳，他们不再相信罗素，反而更加坚定了走"以俄为师"的道路。因为这场"关于

---

① 《独秀致罗素先生底信》，《新青年》1920 年第 8 卷第 4 期。

② 张东荪：《现在与将来》，《改造》1920 年第 3 卷第 4 号。

③ 罗素讲演，李济民、杨文晃记：《布尔札维克与世界政治》，《民国日报·觉悟》1920 年 11 月 3、7、8、9 日。

④ 《新青年》1920 年第 8 卷第 4 期。

社会主义的讨论"，陈独秀对罗素也逐渐失去了信心，除参加了第一次在上海的罗素欢迎会外，陈独秀再也没有参加过罗素在中国的其他活动。直到 1921 年 7 月，罗素发表《中国人到自由之路》的离别赠言，陈独秀才改变了对罗素的整体看法，他认为罗素的赠言对中国未来道路的选择至关重要。[①]

三、积极反响

罗素的"中国观"和"社会改造学说"引起了上海思想界的很多讨论，尤其是"社会改造学说"的传播，成为 20 世纪 20 年代关于"社会主义"论战的导火索。但是，罗素思想的传播，也并非总是引发风波，他的教育思想和婚姻观在上海的流行，带来了积极的反响和丰硕的成果。

（一）罗素教育观与上海新式教育

教育问题始终是新文化运动的核心问题之一。当初邀请罗素访华的主要目的，就是希望西方大哲能为中国未来教育指点迷津，这从邀请罗素的团体组织便可了解。一般认为，邀请罗素来华的机构有尚志学会、北京大学、新学会、中国公学等，它们毫无疑问都是当时教育机构或为促进教育事业创办的团体组织。罗素来华后也没有让人们失望，他在上海的欢迎宴上就提出，在改造社会的各种方法中教育是首要方法。[②]1920 年 10 月 16 日，罗素在上海的江苏省教育会会场作了"教育之效能"的讲座，这是他第一场正式的以"教育"为主题的演讲，演讲内容发表在次日《申报》上。[③]10 月 19 日晚，罗素在杭州的浙江第一师范学校作了题为"教

---

① 陈独秀：《政治改造与政党改造》，《新青年》1921 年第 9 卷第 3 号。
② 《各团体欢迎罗素博士纪》，《申报》1920 年 10 月 14 日。
③ 《三团体公请罗素演讲纪》，《申报》1920 年 10 月 17 日。

育问题"的演讲。10月20日从杭州返沪后,江苏省教育会宴请全国教育会联合会各省区代表,罗素也在受邀行列,在宴会上罗素发表了简短演讲。1920年的《教育杂志》第12卷第9号和《兴华报》第17卷,对罗素发表的教育观点进行了报道和评论。

对罗素的教育观点,上海知识界乃至全国知识界始终持赞成态度。罗素在多种场合都强调教育是社会改造与国家兴盛之根本,他在致《申报》的信中说:"余可断言者,今日中国最重要事,厥为教育。此不独为目前学生界之教育,且为全国人民之教育。"[1]罗素的判断与当时上海乃至全国知识界的观点不谋而合,也是新文化运动的推崇者们一直致力的方向。要在上海及全国弘扬科学的文化,首要就是通过教育。天民发表《罗素之教育说》一文,强调罗素的教育提倡进取、发明、自由和创造的冲动精神,而中国本有之旧文化使人禁锢、压抑和失去活力,这正是中国积贫积弱的根源。罗素的教育观恰好适用于改变当时中国的状况,能使国民有一种全新的气象。[2]在罗素离开中国后,他的教育理念仍在上海传播。《教育杂志》分别在1926年、1927年、1929年刊登了罗素的"教育之目的""儿童教育"及介绍罗素《教育论》的文章,为上海在全国倡导儿童新式教育开了先河。[3]《上海教育界》在1933年连续发表罗素有关"大学教育""中日英美教育对比"及"性教育"的文章,对上海高等教育和性教育的推动功不可没。[4]

(二)罗素婚姻观与上海妇女解放运动

罗素婚姻观在当时上海知识界引起了广泛讨论。在婚姻问题上,罗素

---

[1] 《罗素对于中国之第一感想》,《申报》1920年12月3日。

[2] 天民:《罗素之教育说》,《教育杂志》1920年第12卷第9号。

[3] 参见《教育杂志》1926年第18卷第11期,1927年第19卷11期,1929年第21卷第1、9期。

[4] 参见《上海教育界》1933年第1、2、7期。

终其一生都保持着自由与开放的态度。罗素携勃拉克初到上海时，他与勃拉克的关系便引起了人们关注，成为时人热议的话题。在罗素看来，他与法律上的妻子已没有感情，但迫于英国的法律无法离婚，而他又倡导爱情自由，所以坚持邀请勃拉克与他一同访华。罗素特意在《申报》上发文解释他们的关系，但偏保守的《申报》对罗素的解释有所保留，仍然称罗素与勃拉克之间没有夫妻之实。这招致新知识分子的批评。双明在《民国日报·觉悟》发表《罗素和男女关系》一文支持罗素和勃拉克的关系，批评《申报》保守的婚姻主张。[①] 瑟庐在《妇女杂志》上刊登《罗素与妇女问题》，将罗素对待妇女的问题进行详细分析，罗素强调的妇女应当有独立社会地位、独立经济来源的观点，非常符合社会进步的观念，与新文化运动中提倡妇女"新道德"不谋而合。[②] 1921年《家庭研究》第1卷以专刊形式讨论了罗素与勃拉克的婚姻问题。罗敦伟提出，罗素的婚姻观涉及婚姻中的8个问题：恋爱、一夫一妻、法律、习惯、处置前妻、前妻自处、离婚、女子运动的趋向。[③] 易家钺希望通过分析罗素与勃拉克对待婚姻的态度，借鉴他们自由恋爱的精神，解决当时中国一般人无法解决的婚姻自由问题。[④] 陈顾远通过罗素对待婚姻的看法，研究当时中国人对已经成婚但是没有了爱情的婚姻问题。[⑤] 他们三人还互相通信，以此展开对罗素婚姻观的探讨。上海女权运动在维新变法时期就开展了，如陈撷芬在上海率先开女校、办女报、兴女权，而在新文化运动时期达到高潮。1923年勃拉克写的《中国的女权主义及女性改造运动》一文发表在《妇女杂志（上海）》上，勃拉克在该文中描写了中国新女青年的面貌，这些新女青年受新式教育，渴望获得与男子平等的社会地位和经济条件。例如，她参

① 双明：《罗素和男女关系》，《民国日报·觉悟》1920年10月17日。
② 瑟庐：《罗素与妇女问题》，《妇女杂志（上海）》1920年第6卷第11期。
③ 罗敦伟：《罗素婚姻与八大问题》，《家庭研究》1921年第1卷第3期。
④ 易家钺：《罗素婚姻问题为中国人之观察》，《家庭研究》1921年第1卷第3期。
⑤ 陈顾远：《罗素婚姻问题与旧氏结婚》，《家庭研究》1921年第1卷第3期。

观了上海一所女校，学校开的课程大部分为体操课，女学生都穿着短裤在竞技场上展示体力，这些新女青年不仅在思想上锐意进取，在身体上同样勇猛刚健。[1]勃拉克描写的事例，是上海妇女解放运动的一个缩影。当罗素的婚姻观传入上海后，倡导女权的知识分子从西方大哲那里获得了理论支持，上海的妇女解放运动得到了越来越多的妇女响应，这可从《妇女杂志》《家庭研究》等记载的文章中得到佐证。

1930年，罗素新书《婚姻革命》由上海世界学会出版后，上海又掀起了新式婚姻的讨论。仲华写了《罗素的"婚姻与道德"》一文，对罗素书中的观点进行了详细介绍和评论。[2]该文认为罗素洞察到了当时社会的弊病，对于中国新青年研究两性关系和婚姻问题很有参考价值，当时中国很需要提倡"性道德"和"妇女解放"，让新女青年接触到世界上的"前进思想"，"使妇女的思想先解放起来，作为其他一切解放的准备"。《东方杂志》也在1935年、1936年分别刊登了张耆孙、陈碧云以"妇女与家庭"为主题评述《婚姻与道德》的文章，对罗素婚姻观持肯定态度。在这些新知识分子看来，罗素的婚姻观为上海乃至全国的妇女解放运动提供了强有力的理论支撑。

四、余音绕梁

随着罗素离华，上海"罗素热"渐渐退潮。1920年至1922年间，上海知识界对罗素的讨论呈现井喷状态，如《申报》《时事日报》《民国日报·觉悟》《东方杂志》《新青年》等，对罗素在中国的活动给予长时间、大范围报道。1922年之后，罕有见诸上海报端的罗素的新闻，除了罗素

---

[1] 勃拉克：《中国的女权主义及女性改造运动》，云鹤译，《妇女杂志（上海）》1923年第9卷第1期。

[2] 仲华：《罗素的"婚姻与道德"》，《妇女杂志（上海）》1930年第16卷第11期。

的教育思想以及《婚姻与道德》在 1930 年传入上海引起不少讨论外，他曾经风靡一时的思想几乎被人们遗忘，像当时引起广泛争论的社会改造学说已无人谈及。这也无怪乎许多中外学者认为罗素在中国基本是失败的，他未成为影响中国现代历史进程的关键思想家。

然而，在罗素的许多思想被人们遗忘的同时，曾经遇冷的哲学思想却在上海落地生根。罗素在华讲学的主要内容是哲学，包括"哲学问题""心的分析""物之分析""社会结构学"和"数理逻辑"，这五大讲演的内容陆续刊登在上海的报刊上。1920 年 11 月至 1921 年 3 月，《申报》和《民国日报·觉悟》陆续发表罗素演讲的内容，罗素每作一次演讲，这两份报刊都会及时转载。《科学》杂志在 1921 年第 6 卷第 2 至 5 期刊登了罗素"物之分析"系列演讲内容。此外，一些杂志也会介绍和发表罗素其他的哲学思想。《学生（杂志）》在 1922 年、1923 年分别介绍了罗素《哲学中之科学方法》和《罗素算理哲学》；《民铎》杂志从 1920 年至 1927 年，发表过罗素的科学哲学、宗教学、逻辑哲学、语言分析哲学的内容。可是，罗素的哲学思想传播出来后，上海的报刊上除了引述外，还未见过为罗素哲学辩论的文章。像罗素的中国观、社会改造论、教育观、婚姻观等传播开来后，总会或多或少引起上海乃至全国知识界的反响，但他的哲学思想犹如微风吹过，在思想界难以泛起一丝涟漪。这里可能有三个方面的原因：一是上海知识界主要希望从罗素那里获得关于改造社会的理论，而对纯哲学的内容兴趣不大；二是当时上海的高等学府还没像北京那样汇集全国各地的新知识分子，纯哲学的知识没有传播者；三是罗素哲学本身晦涩难懂，接受者很难理解它的意涵，更谈不上辩论交流。无论如何，罗素的哲学思想在当时上海遇冷了，当时研究罗素哲学的人在上海乃至全国都寥寥无几。

但是，罗素哲学在当时遇冷并不意味着会被长期埋没。20 世纪 30 年代，金岳霖开始系统介绍罗素的哲学：《逻辑》一书将罗素的逻辑哲学体系引介到中国；在《论道》中运用罗素的逻辑分析方法构建起形而上学体系；在罗素"外界知识何以可能的问题"的刺激下完成了《知识论》；20世纪50年代末撰写《罗素哲学》，对罗素的思想进行了系统评述。1986年，在冯契的主持下，《罗素哲学》整理出版，参与整理的有陈卫平、童世骏、李福安、胡伟希等学者。冯契将罗素—金岳霖而来的注重逻辑分析的传统移植到上海的华东师范大学哲学系，构建起他的"智慧说"哲学体系。

　　1920 年 10 月 12 日上午 9 时，罗素所乘"波尔托"号轮船到上海，比原计划提前了三天。故 12 日来时，未能及时招待，只由徐文耀到船迎接。《罗素自传》中证实了这一消息。到达当天无人接船，致使罗素怀疑邀请他来华讲学是不是一个玩笑，后来证实原来是接待员把轮船到达的时间弄错了。当天接到罗素和勃拉克·朵拉后，带领他们到上海一品香旅社 103 号房间居住。

　　1920 年 10 月 13 日，白天，罗素和勃拉克·朵拉游览了"上海四郊"。下午 6 时，江苏教育总会、中华职业教育社、新教育共进社、基督教救国会、中国公学、《时事新报》、《申报》七团体在上海大东旅社举行欢迎宴，罗素与勃拉克 7 时左右到场，现场约有 100 人，除三四个外宾迟到，其余准时入席。主客边宴边谈。到 8 时半，江苏省教育会沈信卿主席首先致欢迎辞。接着罗素发表英文演讲，由赵元任现场翻译成中文，主题是"中国宜保存固有国粹"。结合 1920 年 10 月 14 日《申报》等报道可知：罗素演讲结束后，朱进之和谢福生先后用中英文进行了演讲。朱进之称罗素为第二个孔子，谢福生赞美罗素，也赞美了勃拉克·朵拉。9 时三刻，演讲结束再进茶点。10 时欢迎会宣告解散。到会者还有徐季龙、陈独秀、薛恩培、康伯、徐维荣、杨端六、张竹平、王伯衡、温万庆、夏奇峰、胡明复、张东荪、张伯初等。

　　1920 年 10 月 14 日下午 2 时，罗素在上海中国公学发表题为"社会改造原理"的演说，演讲由傅佩青主持，赵元任翻译。

1920年10月15日上午10时，《申报》记者刘南陔到一品香旅社拜访罗素。首先进行了访谈，内容发表在1920年10月16日《申报》上。然后邀请罗素和勃拉克·朵拉乘汽车出游。到访沪南闸北等处，在半淞园停留了两个小时。在兴华川菜馆午餐，吃完饭后回到寓所休息。晚上赴宴。

1920年10月16日，中午到《申报》报馆参观，并在报馆吃午饭。下午4时，江苏省教育会、中华职业教育社、新教育共进社三团体，在西门外方斜路348号省教育会会场邀请罗素作题为"教育之效能"的演说，演讲由郭秉文博士主席首先介绍，听众达六七百人之多。

1920年10月17、18、19日，在杭州西湖畔住了三晚。17日，在西湖旁的山上，坐着轿子游玩了12个小时。18日，参观湖中岛上的乡间别墅、庙宇等。19日，在杭州浙江第一师范学校作了题为"教育问题"的演讲。

1920年10月20日，从杭州返回上海。晚7时，江苏省教育会在上海西藏路一品香菜馆，宴请全国教育会联合会各省区代表，罗素和勃拉克·朵拉一同出席。罗素演讲"在江苏省教育会招待会上的答辞"，由郭秉文翻译。

1920年10月21日早上7时，罗素和勃拉克·朵拉乘夜车从上海到达南京，由中国社会科学社及南京高师、第一女师代表等招待至下关惠龙饭店休息（在南京大学作了"关于哲学"的演讲）。12时，由该社在南京的全体社员公宴于复成桥，地方公会到者30余人。下午2时，在成贤街该社社所进行"爱因斯坦引力新说"的演讲，来听者700余人，由胡刚复博士主席致欢迎辞。罗素和勃拉克·朵拉因还要游览，于下午4时离开会场。

随后，罗素和勃拉克·朵拉一行逆长江而上。1920年10月24日，经过三天航行到达汉口。接着，换乘火车于10月26日抵达长沙。同行人员有蔡元培、吴稚晖、张东荪、李石岑、杨端六、赵元任、傅佩青等。

1920 年 10 月 26 日下午、晚上和 27 日上午、下午，罗素接连作了四场演讲，主题为"布尔什维克与世界政治"。

1920 年 10 月 27 日晚，湖南省省长兼督军谭延闿亲自出面宴请罗素、杜威等人，再三挽留罗素在长沙逗留一周，但被罗素辞谢。当晚，罗素乘坐火车北上。

1920 年 10 月 31 日，罗素抵达北京，初住大陆饭店，尔后租在遂安伯胡同 2 号院。每日上午编纂演讲稿，下午到名胜地游览，同时观察中国社会状况（《晨报》1920 年 11 月 2 日报道，罗素于 10 月 30 日早抵京，决定休息五天不见外客）。

1920 年 11 月 5 日，梁启超拜访罗素。

1920 年 11 月 7 日，上午 10—12 时，在北京大学第三院大礼堂，作第一次"哲学问题"演讲。约有 1500 人出席。

1920 年 11 月 9 日，下午 3 时，在京畿道国立美术学校，开欢迎罗素的大会，到会者百余人。首先由梁启超代表讲学社致欢迎辞，罗素发表有关中西文化比较的演说。

1920 年 11 月 10 日，晚 7 时半—9 时半，在北京大学第三院大礼堂，作第一次"心之分析"演讲（一直延续到 1921 年 2 月，固定时间和地点，演讲"心之分析"。以"心之分析"为题的演讲总共 14 次）。

1920 年 11 月 14 日，上午 10—12 时，在北京女子高等师范学校大礼堂，作第二次"哲学问题"演讲：什么是物质（一直延续到 1921 年 1 月，固定时间和地点，演讲"哲学问题"。以"哲学问题"为题的演讲总共 12 次）。

1920 年 11 月 17 日，晚 7 时半—9 时半，在北京大学第三院大礼堂，作第二次"心之分析"演讲。

1920 年 11 月 18 日，罗素参加北京饭店举行的宴会。

1920 年 11 月 19 日，晚 7 时半，北京女子高等师范学校学生自治会邀请罗素到该校演讲，题为"布尔塞维克的思想"，并邀勃拉克·朵拉一同出席。

1920年11月21日，上午10—12时，在北京女子高等师范学校大礼堂，作第三次"哲学问题"演讲：唯心论。

1920年11月24日，晚7时半—9时半，在北京大学第三院大礼堂，作第三次"心之分析"演讲。

1920年11月28日，上午10—12时，在北京女子高等师范学校大礼堂，作第四次"哲学问题"演讲：论理的唯心论。

1920年11月28日，罗素学说研究会借欧美同学会址开成立会，到会人员有罗素、勃拉克·朵拉、傅佩青、赵元任及会员共39人。讨论决定研究会分为英文组和中文组。英文组由能用英语直接谈话的人组成，先由罗素出四个题目，组员用英文作答，每星期开会，罗素都亲自到场指导。中文组每星期二晚7时开会，遇到重大问题无法解答时，才邀罗素亲自指导（罗素两周来一次），由傅佩青、赵元任担任翻译。

1920年11月30日，晚7时—9时半，罗素学说研究会中文组第一次会议召开。傅佩青、赵元任及会员共23人到会。讨论了"什么是真理"和"结婚与人口问题"。

1920年12月1日，晚7时半—9时半，在北京大学第三院大礼堂，作第四次"心之分析"演讲。

1920年12月5日，上午10—12时，在北京女子高等师范学校大礼堂，作第五次"哲学问题"演讲：神秘的唯心论。

1920年12月8日，晚7时半—9时半，在北京大学第三院大礼堂，作第五次"心之分析"演讲（载《晨报》1920年12月27、28、29日）。

1920年12月10日，在中国社会政治学会，作"未开发国的工业"演讲。

1920年12月10日，晚7时—9时45分，中文组共11人在欧美同学会召开临时讨论会。关于"真理问题"拟在星期二（14 日）请罗素到场作答。

1920 年 12 月 12 日，上午 10—12 时，在北京女子高等师范学校大礼堂，作第六次"哲学问题"演讲：因果的观念。

1921 年 12 月 14 日，晚 7—10 时三刻，罗素学说研究会中文组例会，到会 52 人。7—8 时，会员先讨论了"结婚与人口问题"。8 时罗素到会，探讨"真理问题"，直到 10 时 45 分结束（另外预告从 12 月 28 日开始，每星期二晚 7 时半—9 时半，讲"物的分析"，地点在北京大学第三院。但因罗素年假，直到 1921 年 1 月 11 日才开始第一次演讲）。

1920 年 12 月 15 日，晚 7 时半—9 时半，在北京大学第三院大礼堂，作第六次"心之分析"演讲。

1920 年 12 月 16 日，发表"初抵中国印象"。

1920 年 12 月 18 日，罗素和博学友人协会（Learned Friends Society）谈俄国。

1920 年 12 月 19 日，上午 10—12 时，在北京女子高等师范学校大礼堂，作第七次"哲学问题"演讲：因果律。

1921 年 12 月 21 日，晚 7 时，罗素学说研究会讨论题为"共产主义，何以不能实行于现在的中国"，罗素参与讨论。

1920 年 12 月 22 日，晚 7 时半—9 时半，在北京大学第三院大礼堂，作第七次"心之分析"演讲。

1920 年 12 月 25 日—1921 年 1 月 8 日，罗素讲演因年假暂停。自 1921 年 1 月 9 日起讲"哲学问题"；自 1 月 11 日起讲"物之分析"；自 1 月 12 日起讲"心之分析"。

1921 年 1 月 6 日，下午 2 时，应北京哲学研究社邀请，在北京大学第三院大礼堂，作"宗教之信仰"演讲（载《晨报》1921 年 1 月 9、10 日）。

1921 年 1 月 9 日，上午 10—12 时，在北京女子高等师范学校大礼堂，作第八次"哲学问题"演讲：从建设方面论因果观念（上）。

1921年1月9日晚7时，罗素与勃拉克·朵拉参加罗素学说研究会，讨论"婚姻问题"。

1921年1月11日至3月1日，每星期二晚7时半—9时半，在北京大学第三院大礼堂，作了六次题为"物之分析"的演讲。

1921年1月12日，晚7时半—9时半，在北京大学第三院大礼堂，作第八次"心之分析"演讲。

1921年1月15日，下午4时半，北京大学社会主义研究会第一次讲演大会，邀请罗素演讲，由赵元任担任翻译，地点在北京大学第三院大礼堂。

1921年1月16日，上午10—12时，在北京女子高等师范学校大礼堂，作第九次"哲学问题"演讲：从建设方面论因果观念（下）。

1921年1月19日，晚7时半—9时半，在北京大学第三院大礼堂，作第九次"心之分析"演讲。

1921年1月23日，上午10—12时，在北京女子高等师范学校大礼堂，作第十次"哲学问题"演讲：知识与错误（上）。

1921年1月26日，晚7时半—9时半，在北京大学第三院大礼堂，作第十次"心之分析"演讲。

1921年1月29日，晚8时，罗素在无量大人胡同本宅，举办罗素学说研究会会员恳亲会，同时邀请北大音乐队、女子高等师范跳舞队加入。到场40余人。据说罗素认为家中狭小未尽兴，拟2月5日再开第二次恳亲会。

1921年1月30日，上午10—12时，在北京女子高等师范学校大礼堂，作第十一次"哲学问题"演讲：知识与错误（中）。

1921年2月2日，晚7时半—9时半，在北京大学第三院大礼堂，作第十一次"心之分析"演讲。

1921年2月6日，上午10—12时，在北京女子高等师范学校大礼堂，作第十二次"哲学问题"演讲：知识与错误（下）。

1921 年 2 月 9 日，晚 7 时半—9 时半，在北京大学第三院大礼堂，作第十二次"心之分析"演讲。

1921 年 2 月 13 日，上午 10—12 时，在北京大学第三院大礼堂，作第一次"社会结构学"演讲。

1921 年 2 月 16 日，晚 7 时半—9 时半，在北京大学第三院大礼堂，作第十三次"心之分析"演讲。

1921 年 2 月 20 日，上午 10—12 时，在北京大学第三院大礼堂，作第二次"社会结构学"演讲。

1921 年 2 月 23 日，晚 7 时半—9 时半，在北京大学第三院大礼堂，作第十四次"心之分析"演讲。

1921 年 2 月 27 日，上午 10—12 时，在北京大学第三院大礼堂，作第三次"社会结构学"演讲。

1921 年 3 月 6 日，上午 10—12 时，在北京大学第三院大礼堂，作第四次"社会结构学"演讲。

1921 年 3 月 8 日，晚 7 时半—9 时半，在北京大学第二院大讲堂，作第一次"算学的论理学"演讲（原定总共作四次演讲，前两次在北大，后两次在高等师范学校，后因感染肺炎，只演讲两次便终止了）。

1921 年 3 月 10—11 日，罗素游览长城。

1921 年 3 月 13 日，上午 10—12 时，在北京大学第三院大礼堂，作第五次"社会结构学"演讲。

1921 年 3 月 13 日，晚 7 时，罗素学说研究会开讨论会，讨论题为"怎能使道德的进步追及科学的进步"。罗素和勃拉克·朵拉参加讨论，并回答问题。

1921 年 3 月 14 日，赴河北保定的育德中学，作题为"教育问题"的演讲。

1921 年 3 月 15 日，晚 7 时半—9 时半，在北京大学第二院大讲堂，作第二次"算学的论理学"演讲。

　　1921年3月14日，在保定育德中学演讲时受到风寒。3月18日之后感染肺炎。3月25日迁入德国医院，勃拉克和赵元任陪护。胡适于3月26日上午11时赴医院探望。3月26日晚9时，罗素气息渐弱，情况危急。杜威闻讯于26日晚赶到医院，为罗素办理遗嘱，并署名作证，罗素挣扎着签了字。

　　1921年3月27日，罗素病有好转。29日病又有反复，不过下午6时之后，体温下降，精神转好，能自己饮食。

　　1921年4月17日，罗素肺炎好转。勃拉克·朵拉此时已有身孕，罗素决定回国，但他病情一直反复。直到6月底，罗素始终处在休养状态。

　　1921年7月初，罗素得到医学评估报告，终于可以踏上返回英国的旅程。

　　1921年7月6日，罗素在北京教育部会场作题为"中国到自由之路"的演讲，向中国人致告别辞。

　　1921年7月7日晚，讲学社在中央公园来今雨轩为罗素和勃拉克·朵拉送别，到场者有汪大燮、梁启超、范源濂、蒋梦麟、丁在君、邓萃英等20余人。

　　1921年7月11日，罗素与勃拉克·朵拉离开中国，前往日本。

参考文献

一、专著类

［1］张东荪:《新哲学论丛》,商务印书馆 1929 年版。

［2］［英］艾耶尔:《语言、真理与逻辑》,尹大贻译,上海译文出版社 1981 年版。

［3］［英］休谟:《人类理解研究》,关文运译,商务印书馆 1981 年版。

［4］［英］罗素:《我的哲学的发展》,温锡增译,商务印书馆 1982 年版。

［5］［英］罗素:《数理哲学导论》,晏成书译,商务印书馆 1982 年版。

［6］［英］罗素:《人类的知识——其范围与限度》,张金言译,商务印书馆 1983 年版。

［7］蔡元培:《五十年来中国之哲学》,载高平叔编:《蔡元培全集》第 4 卷,中华书局 1984 年版。

［8］［奥］马赫:《感觉的分析》,洪谦、唐钺、梁志学译,商务印书馆 1986 年版。

［9］中国社会科学院哲学研究所编:《金岳霖学术思想研究》,四川人民出版社 1987 年版。

［10］胡伟希:《金岳霖与中国实证主义认识论》,上海人民出版社 1988 年版。

［11］张申府:《罗素哲学译述集》,教育科学出版社 1989 年版。

［12］范学德:《综合与创造:论张岱年的哲学思想》,教育科学出版

社 1989 年版。

　　[13] 涂纪亮主编:《分析哲学》,上海人民出版社 1989 年版。

　　[14] 王鉴平、胡伟希:《传播与超越: 中国近现代实证主义进程研究》,学林出版社 1989 年版。

　　[15] 胡军:《金岳霖》,台湾东大图书股份有限公司 1993 年版。

　　[16] 冯崇义:《罗素与中国: 西方思想在中国的一次经历》,生活·读书·新知三联书店 1994 年版。

　　[17] 胡伟希:《金岳霖哲学思想》,湖北人民出版社 1994 年版。

　　[18][英] 罗素:《逻辑与知识》,苑莉均译,商务印书馆 1996 年版。

　　[19] 张岱年:《张岱年全集》,河北人民出版社 1996 年版。

　　[20] 陈晓龙:《知识与智慧: 金岳霖哲学研究》,高等教育出版社 1997 年版。

　　[21] 王中江、安继民:《金岳霖学术思想评传》,北京图书馆出版社 1998 年版。

　　[22] 张岱年:《张岱年学述》,林大雄整理,浙江人民出版社 1999 年版。

　　[23] 乔清举:《金岳霖新儒学体系研究》,齐鲁书社 1999 年版。

　　[24] 弓肇祥:《真理理论——对西方真理理论历史地批判地考察》,社会科学文献出版社 1999 年版。

　　[25][英] 罗素:《对莱布尼茨哲学的批评性解释》,段德智、张传有、陈家琪译,商务印书馆 2000 年版。

　　[26] 刘培育主编:《金岳霖的回忆与回忆金岳霖》(增补本),四川教育出版社 2000 年版。

　　[27] 王路:《理性与智慧》,上海三联书店 2000 年版。

　　[28] 王路:《逻辑的观念》,商务印书馆 2000 年版。

　　[29] 陈波主编:《分析哲学: 回顾与反省》,四川教育出版社 2001

年版。

〔30〕冯友兰:《三松堂全集》第 1 卷,河南人民出版社 2001 年版。

〔31〕冯友兰:《三松堂全集》第 4 卷,河南人民出版社 2001 年版。

〔32〕沈益洪编:《罗素谈中国》,浙江文艺出版社 2001 年版。

〔33〕郭一曲:《现代中国新文化的探索:张申府思想研究》,广东人民出版社 2002 年版。

〔34〕刘鄂培主编:《综合创新:张岱年先生学记》,清华大学出版社 2002 年版。

〔35〕胡军:《道与真:金岳霖哲学思想研究》,人民出版社 2002 年版。

〔36〕胡伟希:《知识、逻辑与价值——中国新实在论思潮的兴起》,清华大学出版社 2002 年版。

〔37〕胡伟希:《观念的选择——20 世纪中国哲学与思想透析》,云南人民出版社 2002 年版。

〔38〕杜国平:《"真"的历程——金岳霖理论体系研究》,中国社会科学出版社 2003 年版。

〔39〕张茂泽:《金岳霖逻辑哲学述评》,陕西人民出版社 2003 年版。

〔40〕陈嘉明:《知识与确证》,上海人民出版社 2003 年版。

〔41〕程志民、江怡主编:《当代西方哲学新辞典》,吉林人民出版社 2003 年版。

〔42〕贡华南:《知识与存在:对中国近现代知识论的存在论考察》,学林出版社 2004 年版。

〔43〕张学立:《金岳霖逻辑哲学思想研究》,贵州人民出版社 2004 年版。

〔44〕胡军、王中江、诸葛殷同、张家龙、刘培育:《金岳霖思想研究》,中国社会科学出版社 2004 年版。

［45］袁刚、孙家祥、任丙强编:《中国到自由之路——罗素在华讲演集》,北京大学出版社 2004 年版。

［46］刘鄂培、衷尔钜编:《张岱年研究》,清华大学出版社 2004 年版。

［47］张申府:《张申府文集》,河北人民出版社 2005 年版。

［48］贾可春:《罗素意义理论研究》,商务印书馆 2005 年版。

［49］［英］迈克尔·达米特:《分析哲学的起源》,王路译,上海译文出版社 2005 年版。

［50］姜继为编:《哲学盛宴:罗素在华十大讲演》,安徽教育出版社 2007 年版。

［51］袁彩云:《经验·理性·语言:金岳霖知识论研究》,人民出版社 2007 年版。

［52］刘军平:《传统的守望者:张岱年哲学思想研究》,人民出版社 2007 年版。

［53］［英］罗素:《哲学问题》,何兆武译,商务印书馆 2007 年版。

［54］［英］罗素:《我们关于外间世界的知识——哲学上科学方法应用的一个领域》,陈启伟译,上海译文出版社 2008 年版。

［55］王路:《走进分析哲学》,中国人民大学出版社 2009 年版。

［56］曹剑波:《知识与语境:当代西方知识论对怀疑主义难题的解答》,上海人民出版社 2009 年版。

［57］刘静芳:《综合创造的哲学与哲学的综合创造:张岱年哲学思想研究》,上海人民出版社 2009 年版。

［58］干春松:《超越激进与保守:张岱年与综合创新文化观》,中州古籍出版社 2009 年版。

［59］曹元勇编:《通往自由之路:罗素在中国》,江西高校出版社 2009 年版。

［60］吴汝均:《西方哲学的知识论》,台湾商务印书馆 2009 年版。

［61］［英］罗素:《意义与真理的探究》，贾可春译，商务印书馆2009年版。

［62］［英］罗素:《心的分析》，贾可春译，商务印书馆2010年版。

［63］［美］王浩:《超越分析哲学》，徐英瑾译，浙江大学出版社2010年版。

［64］洪谦:《论逻辑经验主义》，商务印书馆2010年版。

［65］［德］石里克:《普通认识论》，李步楼译，商务印书馆2010年版。

［66］郭湛波:《近五十年中国思想史》，上海古籍出版社2010年版。

［67］刘鄂培、杜运辉、吕伟编著:《张岱年哲学研究》，昆仑出版社2010年版。

［68］刘鄂培、杜运辉编著:《张岱年先生学谱》，昆仑出版社2010年版。

［69］张东荪:《认识论》，商务印书馆2011年版。

［70］明森:《张岱年的哲学思想》，线装书局2011年版。

［71］张岱年:《张岱年自传: 通往爱智之门》，北京大学出版社2011年版。

［72］贺麟:《近代唯心论简释》，商务印书馆2011年版。

［73］胡军:《分析哲学在中国》，首都师范大学出版社2011年版。

［74］胡伟希:《中国本土文化视野下的西方哲学》，首都师范大学出版社2011年版。

［75］张耀南、陈鹏:《实在论在中国》，首都师范大学出版社2011年版。

［76］王夫之:《尚书引义》，载《船山全书》第2卷，岳麓书社2011年版。

［77］江天冀:《逻辑经验主义的认识论·当代西方科学哲学·归纳逻

辑导论》，武汉大学出版社 2012 年版。

　　［78］贺麟：《现代西方哲学讲演集》，上海人民出版社 2012 年版。

　　［79］［美］蒙塔古：《认识的途径》，吴士栋译，商务印书馆 2012 年版。

　　［80］［英］罗素：《西方哲学史》上卷，何兆武、李约瑟译，商务印书馆 2012 年版。

　　［81］［英］罗素：《西方哲学史》下卷，马元德译，商务印书馆 2012 年版。

　　［82］丁子江：《罗素：所有哲学的哲学家》，九州出版社 2012 年版。

　　［83］［美］霍尔特：《新实在论》，伍仁益译，郑之骧校，商务印书馆 2013 年版。

　　［84］［奥］维特根斯坦：《逻辑哲学论》，韩林合译，商务印书馆 2013 年版。

　　［85］金岳霖：《金岳霖全集》，人民出版社 2013 年版。

　　［86］胡军：《中国哲学的现代转型》，北京大学出版社 2013 年版。

　　［87］吴汝均：《当代中国哲学的知识论》，台大出版中心 2013 年版。

　　［88］冯契主编：《中国近代哲学史》，生活·读书·新知三联书店 2014 年版。

　　［89］杜运辉：《张岱年文化哲学研究》，中国社会科学出版社 2014 年版。

　　［90］［美］威廉·詹姆士：《实用主义——某些旧思想方法的新名称》，李步楼译，商务印书馆 2014 年版。

　　［91］陈卫平：《第一页与胚胎：明清之际的中西文化比较》，广西师范大学出版社 2015 年版。

　　［92］郁振华：《形上智慧如何可能：中国现代哲学的沉思》，广西师

范大学出版社 2015 年版。

[93] 顾红亮:《实用主义的误读:杜威哲学对中国现代哲学的影响》,广西师范大学出版社 2015 年版。

[94] 崔治忠:《金岳霖知识论比较研究》,知识产权出版社 2015 年版。

[95] [英] 罗素:《罗素自传》,陈启伟译,商务印书馆 2015 年版。

[96] [英] 瑞·蒙克:《罗素传》,严忠志、欧阳亚丽译,浙江大学出版社 2015 年版。

[97] 丁子江:《罗素与中国文化:东西方思想的一场直接对话》,北京大学出版社 2015 年版。

[98] 《冯契文集》(增订版),华东师范大学出版社 2016 年版。

[99] [英] 罗素:《物的分析》,贾可春译,商务印书馆 2016 年版。

[100] 余永林:《罗素的知识论研究》,中国社会科学出版社 2016 年版。

[101] 李高荣:《罗素的世界结构理论研究》,中国社会科学出版社 2016 年版。

[102] [英] 罗素:《神秘主义与逻辑及其他论文》,贾可春译,商务印书馆 2017 年版。

[103] [英] 罗素:《哲学大纲》,黄翔译,商务印书馆 2017 年版。

[104] 丁子江:《罗素与分析哲学》,北京大学出版社 2017 年版。

[105] [英] 迈克尔·波兰尼:《个人知识》,徐陶译,上海人民出版社 2017 年版。

[106] 翟玉章:《罗素》,陕西师范大学出版总社 2017 年版。

[107] 高宣扬:《罗素哲学概论》,上海交通大学出版社 2018 年版。

[108] 杨国荣:《实证主义与中国近代哲学》,华东师范大学出版社 2018 年版。

[109] 杨国荣:《科学的形上之维——中国近代科学主义的形成与衍

化》，北京师范大学出版社 2018 年版。

［110］张耀南：《知识论转向——张氏构建与中华哲学新子学时代》，人民出版社 2018 年版。

［111］刘检：《罗素看中国：罗素与中国新文化运动》，中国大百科全书出版社 2021 年版。

二、学术期刊类

［1］胡伟希：《金岳霖与中国近代实证主义哲学的感觉论》，《南京大学学报》1986 年第 2 期。

［2］胡伟希：《金岳霖与中国近代实证主义哲学的概念论》，《华东师范大学学报》1986 年第 3 期。

［3］林夏水、张尚水：《数理逻辑在中国》，《自然科学史研究》1983 年第 2 期。

［4］许全兴：《张申府与中国现代哲学》，《清华大学学报》（哲学社会科学版）1996 年第 1 期。

［5］张耀南：《张东荪与金岳霖：两条不同的知识论路向》，《长沙理工大学学报》（社会科学版）1996 年第 1 期。

［6］江怡：《分析哲学在中国》，《中国社会科学》2000 年 6 期。

［7］胡伟希：《中国新实在论思潮的兴起》，《中国人民大学学报》2002 年第 4 期。

［8］胡伟希：《"共同意谓说"：张岱年的语言哲学观略论——兼论其对金岳霖语言哲学的超越》，《哲学研究》2003 年第 6 期。

［9］蒙培元：《张岱年的中西哲学观及其"综合创新论"》，《北京大学学报》（哲学社会科学版）2004 年第 5 期。

［10］李存山：《张岱年先生的中国哲学史研究》，《哲学研究》2004 年第 6 期。

［11］胡军：《张岱年哲学慧观中的逻辑分析方法》，《北京大学学报》

（哲学社会科学版）2004 年第 5 期。

[12] 胡军:《论张岱年哲学思想的理论特色》,《中国哲学史》2004
年第 3 期。

[13] 贾可春:《罗素的摹状词理论》,《哲学研究》2004 年第 9 期。

[14] 胡军:《中国现代哲学视野下的分析哲学》,《广东社会科学》
2009 年第 6 期。

[15] 贾可春:《对罗素摹状词理论的另一种解释》,《河北师范大学学
报》(哲学社会科学版) 2009 年第 3 期。

[16] 王明生:《罗素的两大命题与 20 世纪初社会主义论战的再审
视》,《江苏社会科学》2010 年的第 2 期。

[17] 陈波:《归纳问题: 罗素与金岳霖——中西哲学交流的一个案
例》,《社会科学论丛》2011 年第 9 期。

[18] 纳雪沙:《张岱年文化综合创新论的理论来源》,《东岳论丛》
2011 年第 8 期。

[19] 郑师渠:《五四前后外国名哲来华讲学与中国思想界的变动》,
《近代史研究》2012 年第 2 期。

[20] 李存山:《张申府的“大客观”思想: 兼论其对张岱年思想的影
响》,《哲学研究》2013 年第 10 期。

[21] 臧勇:《外在关系说的困难与辩护——罗素与布拉德雷外在关系
之争》,《深圳大学学报》(人文社会科学版) 2014 年第 4 期。

[22] 顾红亮:《论梁漱溟对罗素哲学的儒化》,《学术月刊》2015 年
第 4 期。

[23] 刘静芳:《金岳霖、冯契对康德认识论三种分裂的弥合》,《华东
师范大学学报》(哲学社会科学版) 2016 年第 3 期。

[24] 张建军:《摹状、规范与半描述论——“金岳霖—冯契论题”与
当代指称理论的“第三条道路”》,《清华大学学报》(哲学社会科学版)
2016 年第 1 期。

［25］胡军:《"所与是客观的呈现"说评析——以金岳霖、冯契为例》,《华东师范大学学报》(哲学社会科学版) 2016 年第 3 期。

［26］柴文华、刘桃秀:《论张岱年早期的中国哲学观和方法论——以"中国哲学大纲"为中心》,《河北师范大学学报》(哲学社会科学版) 2016 年第 2 期。

［27］杜国平:《金岳霖"范围逻辑"的扩充》,《湖南科技大学学报》(社会科学版) 2017 年第 5 期。

［28］何杨:《20 世纪前期现代逻辑在中国的译介补述》,《现代哲学》2017 年第 2 期。

［29］许宁:《论张岱年对罗素哲学的诠释与会通》,《东岳论丛》2017 年第 12 期。

［30］李维武:《张岱年先生的哲学观——以〈天人五论〉及相关札记为中心》,《吉林大学社会科学学报》2018 年第 2 期。

［31］刘梁剑:《有"思"有"想"的语言——金岳霖的语言哲学及其当代意义》,《哲学动态》2018 年第 4 期。

［32］何松旭:《感觉材料的三种地位:罗素、金岳霖和摩尔》,《现代哲学》2018 年第 4 期。

［33］陈波:《客观事实抑或认知建构:罗素和金岳霖论事实》,《学术月刊》2018 年第 10 期。

［34］黄兆慧:《罗素思想在上海的传播及其影响》,《上海文化》2018 年第 10 期。

［35］安谧:《逻辑分析与中国哲学的现代开展:金岳霖的经验》,《社会科学家》2019 年第 3 期。

［36］陈波:《罗素的逻辑学和分析哲学——为纪念罗素访华一百周年而作》,《北京大学学报》(哲学社会科学版) 2020 年第 3 期。

［37］许宁:《张申府对罗素哲学的阐释与建构》,《衡水学院学报》2021 年第 2 期。

三、学位论文类

[1] 朱志伟:《罗素指称理论研究》, 南开大学博士学位论文 2012 年。

[2] 李主斌:《事实、真理与符合》, 复旦大学博士学位论文 2013 年。

[3] 苗磊:《正觉的历程——金岳霖知识论研究》, 华东师范大学博士学位论文 2014 年。

[4] 许春:《普遍性道路之生成——金岳霖〈知识论〉研究》, 华东师范大学博士学位论文 2016 年。

[5] 郑毅:《金岳霖哲学体系建构历程研究》, 陕西师范大学博士学位论文 2017 年。

四、外文类

[1] E. B. Holt, *The Concept of Consciousness*, George Allen, 1914.

[2] W. P. Montague, *The Ways of Knowing Or the Methods of Philosophy*, Macmillan, 1925.

[3] P. Schilpp, *The Philosophy of Bertrand Russell*, Northwestern Company Press, 1944.

[4] Bertrand Russell, *A History of Western Philosophy*, Simon and Schuster, 1945.

[5] Bertrand Russell, *Human Knowledge: Its Scope and Limits*, Simon and Schuster, 1948.

[6] Bertrand Russell, *Our Knowledge of the External World*, Routledge, 1993.

[7] Bertrand Russell, *Introduction to Mathematical Philosophy*, George Allen and Unwin LTD, 1956.

[8] Bertrand Russell, *The Analysis of Mind*, George Allen and Unwin LTD, 1956.

[9] Bertrand Russell, *The Analysis of Matter*, Dover Publication, Inc., 1954.

[10] A. Wood, *Bertrand Russell—the Passionate Skeptic*, Simon and Schuster, 1958.

[11] Bertrand Russell, *My Philosophical Development*, Simon and Schuster, 1959.

[12] Bertrand Russell, *Philosophical Essays*, Simon and Schuster, 1966.

[13] Bertrand Russell, *The Autobiography of Bertrand Russell*, George Allen and Unwin LTD, 1967, 1968, 1969.

[14] E. R. Eames, *Bertrand Russell's Theory of Knowledge*, George Braziller, 1969.

[15] Bertrand Russell, *Logic and Knowledge*, George Allen and Unwin LTD, 1977.

[16] Bertrand Russell, *An Inquiry into Meaning and Truth*, Unwin Paperbacks, 1980.

[17] S. P. Ogden, "The sage in the inkpot: Bertrand Russell and China's social reconstruction in the 1920s", *Modern Asian Studies*, 1982, 16(4).

[18] Bertrand Russell, *Religion and Science*, Oxford University Press, 1997.

[19] Bertrand Russell, *The Problems of Philosophy*, Oxford University Press, 1997.

[20] D. Pears, *The Philosophy of Logical Atomism*, Peter Lang Publishing, 1993.

[21] A. D. Wedekind, *Russell and Analytic Philosophy*, University of Toronto Press, 1993.

［22］Ray Monk and Anthony Palmer, *Bertrand Russell and the Origins of Analytical Philosophy*, Thoemmes Press, 1996.

［23］John L. Pollock and Joseph Cruz, *Contemporary Theories of Knowledge*, Rowman & Littlefield Publishers, 1999.

［24］G. E. Moore, "The Refutation of Idealism", in *Philosophical Studies*, Routledge, 2001.

［25］Xu Yibao, "Bertrand Russell and the introduction of mathematical logic in China", 2003, 24(3).

［26］Bertrand Russell, *Skeptical Essays*, Routledge, 2004.

［27］R. Jager, *The Development of Bertrand Russell's Philosophy*, Routledge, 2004.

［28］F. H. Bradley, *Essays on truth and reality*, Cambridge University Press, 2011.

［29］F. H. Bradley, *Appearance and Reality: a Metaphysical Essay*, Cambridge University Press, 2012.

［30］S. P. Schwartz, *A Brief History of Analytic Philosophy: From Russell and Rawls*, Blackwell, 2012.

［31］Elizabeth R. Eames, *Bertrand Russell's Theory of Knowledge*, George Allen and Unwin LTD, 2013.

［32］Chen Bo, "Russell and Jin Yuelin on Facts: From the Perspective of Comparative Philosophy", *Philosophy East and West*, 2019, 69(4).

后 记

本书是在我的博士论文基础上修改而成。我自攻读博士研究生伊始，就在导师顾红亮教授的指导下，从事罗素哲学对中国近现代哲学影响的研究。罗素于 1920 年 10 月至 1921 年 7 月在中国访问，此时又恰逢中国由传统向近现代转型的大变动时期，而罗素访华对中国近现代思想界产生了较为深远的影响。研究和评价这种影响是一个大课题，目前在哲学、历史、文化等领域已有诸多成果，如何在前人基础上推进罗素哲学对中国近现代哲学影响的研究，就成为我的主要致思方向。中国近现代哲学论争的主要问题包括历史观、知识论、逻辑和方法论及人的自由与如何培养理想人格等问题，而这些论争与西方哲学的传入紧密相连。本书主要围绕知识论问题展开，探讨罗素知识论对中国近现代哲学中知识论产生的影响，具体从逻辑分析方法论、感觉论、概念论、真理观等几个方面，呈现近代以来中西哲学会通的一个侧面和场景。

2020 年 6 月博士研究生毕业之后，我的研究方向仍以罗素哲学在中国为主，而研究范围要比读博期间扩大了。随着先后立项教育部人文社科青年基金和国家社科基金青年项目，我的研究主题就从知识论问题扩展到了历史观、逻辑和方法论，以及如何培养理想人格等方面，即全面考察罗素哲学与中国近现代哲学的关系，这在本书第一章"罗素哲学在中国"中作了概述。本书的完成是对博士研究生学习阶段的一个总结，同时我也在此基础上开启一段新的研究旅程。

在拙著即将付梓之际，首先要感谢我的博士研究生导师顾红亮教授。在本书的选题、写作、修改、定稿等各个阶段，顾老师都倾注了大量时间和心血。当我在研究过程中碰到疑难问题无从下手时，顾老师总会给我提出切实可行的解决方案。我会时常翻阅顾老师的《实用主义的误读——杜威哲学对中国现代哲学的影响》，从中寻找写作的灵感和思路，可以说，这本书是我从事这项课题研究的学习典范。此外，还要感谢我的硕士研究生导师陈卫平教授。在华东师范大学哲学系七年的学习生涯，我始终受到陈老师的关心和帮助。在我为学业焦头烂额、为生活迷惘错乱时，陈老师总能为我指点迷津。在开题、预答辩、答辩等各阶段，本书得到了华东师范大学高瑞泉、杨国荣、陈赟、贡华南、朱承、刘梁剑、陈乔见、苟东锋等数位老师的教诲或指导，对他们的帮助表示衷心感谢。本书出版得到了湖南科技大学马克思主义学院的大力支持，在此表达谢意。同时感谢上海人民出版社沈骁驰编辑对书稿的耐心编校，使本书得以出版。

由于水平所限，书中难免有错谬之处，还望同仁不吝赐教指正。

黄兆慧

2024 年 7 月 1 日

图书在版编目(CIP)数据

实在主义知识论的转化：罗素哲学对中国近现代哲学的影响 / 黄兆慧著. -- 上海 ： 上海人民出版社，2024. -- ISBN 978-7-208-18998-0

Ⅰ. B250. 5；B260. 5

中国国家版本馆 CIP 数据核字第 2024RA4061 号

责任编辑 沈骁驰
封面设计 周　烨

实在主义知识论的转化
——罗素哲学对中国近现代哲学的影响
黄兆慧　著

出　　版　上海人民出版社
　　　　　（201101　上海市闵行区号景路 159 弄 C 座）
发　　行　上海人民出版社发行中心
印　　刷　上海景条印刷有限公司
开　　本　720×1000　1/16
印　　张　15.5
插　　页　2
字　　数　207,000
版　　次　2024 年 8 月第 1 版
印　　次　2024 年 8 月第 1 次印刷
ISBN 978 - 7 - 208 - 18998 - 0/B · 1763
定　　价　72.00 元